| 세미오시스 학술총서 06 |

내러티브와 자아

이 저서는 2010년도 정부(교육과학기술부)의 재원으로 한국연구재단의
지원을 받아 연구되었음(NRF-2010-361-A00013).

| 세미오시스 학술총서 06 |

내러티브와 자아

세미오시스 연구센터

SEMIOSIS

HU:iNE

목차

머리말

'세계·언어·삶의 세미오시스(semiosis)'를 아젠다로 하여 인문한국(HK) 사업을 추진하고 있는 한국외국어대학교 세미오시스 연구센터에서는 『내러티브와 자아』를 <세미오시스 학술총서>의 여섯 번째 책으로 내놓는다. 이 책은 2단계 주제 '횡단과 소통의 내러톨로지(narratology)'에 대한 연구의 일환으로서 2차년도 사업('인지와 감정의 내러톨로지')을 위해 기획된 두 공동저술 가운데 하나이다. 본 연구센터에서는 인지와 감성의 동물인 인간이 세계와 대면하며 살아가면서 어떻게 언어 및 비언어 기호체계를 통해 의미를 구성하고 소통하는지를 탐구하고 있다. 이러한 인간의 기호활동(세미오시스) 가운데서 무엇보다 중요한 위치를 차지하는 것은 내러티브 기호에 의한 세계 모델링이다. 내러티브는 인간이라는 종 고유의 특성을 여실히 보여주는 특별한 기호양식이다. 내러티브는 실재를 포착하고 경험에 의미를 부여하는, 곧 세계에 의미를 만들어 주는 재현 시스템이 된다. 내러티브 기호는 세계를 있는 그대로 '현전(現前)'하는 것이 아니라, 세계를 변형하고 재구성하여 '재현(再現)'하는 것이 된다. 세계를 실제로 또는 허구적으로 지시하여 사건을 재현하는 내러티브 기호는 우리가 살고 있는 세계가 '실제' 세계가 아니라 '구성'된 세계임을 보여 준다.

최근 들어 내러티브(이야기)가 인간의 정체성 형성과 관련하여 중요한 역할을 한다는 점이 자주 부각되고 있다. 이야기는 우리가 누구인지를 알게 해 주는 통로가 된다는 것이다. 우리는 시간을 관통하며 행동하는 존재로서 자신을 알아 가기 위해서는 이야기가 필요하다는 것이다. 인간의 경험은 본질적으로는 서사적이고, 자기 정체성은 스토리로 경험된다. 말하자면, 삶을 잘 살기 위해서는 자기 삶을 '이야기할' 수 있어야 하는 것이다. 자아는 스토리라는 견해는 특히 20세기의 마지막 20여 년에 걸쳐 도덕철학의 앨래스데어 매킨타이어(Alasdair MacIntyre), 해석학의 폴 리쾨르(Paul Ricoeur), 정신철학 및 인지과학의 대니얼 데닛(Daniel Dennett) 등을 통해 크게 주목을 받게 되었다. 이러한 '자기 이야기'에는 전통적인 장르인 자서전, 전기, 회고록, 일화, 일기 외에도 다양한 종류의 비문학적인 일상적 내러티브들이 있다. 넓은 의미에서는 모든 허구적 글쓰기가 '자전적'이라고 할 수 있지만, 좁은 의미의 자전적 담화는 저자가 1인칭 서사자이면서 동시에 주인공이 되어 자신의 삶의 사실을 회고적으로 재현한 것이다. 자아란 사실상 복잡하고 변화무쌍한 행위들로 구성되는 카오스적인 것이지만, 자기 이야기에서는 대체로 '나'라는 실제 인물을 등장인물로서의 성격 및 유형 부여를 통해 파악하여 서사화하는 것이 불가피하다. 여기서는 실제 인물로서의 '나'와 등장인물로서의 '나' 사이에서는 구성적 간극이 있는 것이 아닌가? 자기 이야기는 '참'인가 환상인가? 등 다양한 문제가 제기될 수 있다.

본 학술총서에서는 기존의 문학적 자기 서사를 넘어서 넓은 의미의 '생애사(life history)' 내러티브를 다루며, 이러한 이야기를 이용하여 정체성 형성, 인간의 사회적 행동, 관계, 상호작용 등의 문제까지도 세미오시스 관점에서 재고찰하고자 한다. 스토리텔링은 단순히 민담,

문학, 매체의 문제가 아니라, 인간상호간 커뮤니케이션 방식 속에 뿌리박혀 있으며, 욕망, 욕구, 인간관계의 표현과 밀접하게 연관되어 있다. 종래의 구조주의 서사이론에서는 대체로 내러티브의 중립성을 상정했지만, 자연 발생적인 일상 내러티브에 대한 분석은 많은 이야기들이 당파적이라는 것을 보여주고 있다. 또한 이러한 이야기는 세계의 사실에 대한 정보 제공의 기능만 하는 것이 아니라, 타인의 입장, 내면생활, 동기를 이해하고 공감할 수 있게 하는 정보도 포함하고 있다. 예컨대 최근의 '내러티브 의학'은 환자의 질병체험 이야기가 환자와 의사의 주의력을 높임으로써 진단과 치료의 질을 변화시키고 있음을 잘 보여주고 있다. 대부분의 이야기는 실제 일어난 것을 정확하게 기록한 것이 아니라, 주의력을 고양시키고, 희망을 프레이밍하고, 정체성을 투사하는 특별한 수단이 된다. 곧 내러티브는 단순히 사건을 서술하는 행위만 하는 것이 아니라, 그 밖의 많은 다른 화행을 하는 것이 된다.

***

이 책은 7개 장으로 이루어져 있다. 각 장을 구성하는 논문들은 본 연구센터의 연구인력 4인과 외부 연구자 3인이 본 총서의 취지에 맞춰 작성한 것이다.

제1장 「소쉬르와 서사 - 서사인문학의 효시」(김성도)에서 저자는 몇 가지 원론적인 물음을 던지면서 기호학의 시각에서 독립하여 소쉬르 서사학의 이론적 토대를 수립하기 위한 계기를 만들고 있다. 첫째, 소

쉬르는 왜 유럽의 대표적 서사문학 가운데 하나인 독일의 전설 연구에 매달렸는지에 대한 물음을 제기하고, 그 이유를 소쉬르가 궁극적으로 서사적 차원을 언어가 역사와 문화 속에서 펼쳐지는 생생한 증언으로 파악하고 언어의 최고 기능이자 본질로 간파한 데서 찾으려고 한다. 두 번째, 소쉬르의 서사연구의 핵심은 서사적 변형과 서사적 전달에 관한 통시태 서사학을 야심차게 기획하려 했다는 것이다. 또한 소쉬르의 전설 연구는 상호텍스트성의 이론에서 주목받기도 했는데, 그 같은 맥락에서 구술이라는 매체와 신화 또는 소설이라는 문자 매체 사이의 본원적 차이를 논의해야 할 것이다. 소쉬르는 자신의 마지막 강의에서 역사의 심연에 빠지면 그 누구라도 헤어나기 힘들 것이라는 말을 한 바 있다. 저자는 소쉬르가 유도한 그 서사의 심연에서 파편들을 잘 모으면 서사인문학의 체계를 구성할 수 있겠다는 희망을 품는다.

제2장 「사랑 개념과 자아 내러티브」(이윤희)에서 저자는 디지털 시대의 자아 개념을 탐사하려는 목표를 세우고, 이미지와 내러티브에 의해 중재된 세계에서 자아의 의식과 발견 그리고 자아 형성이라는 주제를 퍼스 기호학적 관점에서 고찰한다. 퍼스의 사랑 개념은 대상에 대한 추상적인 자질의 느낌에서부터 대상을 소유하고자 하는 구체적 사랑의 행위, 그리고 그 대상을 해석하는 메타적 인식의 형태로 재현되는 아이디어로 이해된다. 이 글에서 제시되는 자아에 관한 내러티브는 사랑의 방법과 논리를 통해 개인의 정체성이 형성되는 서사적 행로에 대한 기술이다. 구체적으로 말하면, 타자와의 대화적 관계에 기초 한 '이웃 사랑'이 자애(self-love)로 변형되고, 이것이 다시 공

동체에서 자비의 형태로 진화하는 과정을 통해 자아정체성이 형성되는 과정이다. 따라서 이 글은 세 영역의 사랑, 즉 느낌과 연관된 창조적 사랑, 대화에 기반한 이웃 사랑, 그리고 공동체에서 구현되는 진화적 사랑이 서로 연결되는 과정을, 퍼스의 연속성(continuity)이론을 통해 밝히고, 사랑이 개인의 정체성을 형성하며, 더 나아가 자아와 우주 진화의 에너지가 된다는 점을 강조한다.

제3장 「P. 모디아노의 『어두운 상점들의 거리』를 통해서 본 기억, 정체성, 서사의 문제」(변광배)에서는 자전적 요소와 픽션적 요소의 결합을 바탕으로 하는 새로운 문학 장르인 '오토픽션'이 '애매성'을 특징으로 하는 서사를 필요로 하는 점에 주목한다. 모든 존재들의 운명은 시간의 폭력 때문에 필멸성을 띠며, 인간도 여기에는 예외가 아니다. 하지만 인간의 명멸은 이미 정신과 육체의 마모로부터 시작되는데, 정신의 마모는 기억의 퇴조와 망각 등으로 나타난다. 정체성에 대한 물음을 던질 수 있는 유일 존재인 인간은 정신의 마모로 인해 자신의 정체성 확립에 어려움을 겪는다. 자서전은 정체성과 무관하지 않다. 하지만 자서전은 기억의 퇴조, 성실성, 자기 검열 등으로 인해 한계에 부딪치게 된다. 그 점에서 오토픽션의 필요성이 요청된다. 자전적 요소와 픽션적 요소라는 이질적인 두 요소의 결합에 따른 혼종성으로 인해 오토픽션을 새로운 장르로 인정하기를 꺼려하는 학자들도 있다. 하지만 무의식을 바탕으로 하는 정신분석적 시각에서 포착된 인간에 대한 설명, 홀로코스트를 겪었던 유대인들을 위시해 에이즈 환자들과 같은 이른바 소수집단에 속하는 자들의 겪었고 또 겪고 있는 극단적인 고통의 재현에 오토픽션이 요구된다고 주장하는 학자들도 있다.

이런 점들을 염두에 두고 이 글은 2014년 노벨문학상 수상 작가인 모디아노의 『어두운 상점들의 거리』를 중심으로 기억에 주목하면서, 부분기억상실증에 걸린 중심인물 기 롤랑이 정체성을 추구하는 과정에 주목해 본다. 그 과정에서 이 작품이 오토픽션에 속한다는 사실, 이 작품의 오토픽션적 서사의 특징들과 그 구현, 그리고 기 롤랑의 정체성은 결국 이야기를 통한 정체성, 곧 '서사적 정체성'으로 귀착된다는 사실을 규명한다.

제4장 「'어둠' 속 이미지 읽기를 통한 내러티브의 가능성 모색」(조윤주)은 폴 오스터(1947~)의 2008년 작인 『어둠속의 남자』에서 나타나는 이미지와 내러티브의 속성을 탐구한다. 작가 오스터와 작품 속 주인공인 오거스트 브릴, 그리고 브릴이 어둠 속에서 잠을 이루지 못하면서 머릿속에서 쓰고 있는 작품의 주인공인 오웬 브릭의 이미지와 이들이 그리고 있는 이미지가 과연 어떠한 내러티브를 형성하는지를 연구한다. 인간이 살아가면서 형성하는 관계에서 가장 중요한 역할을 하는 내러티브는 각 인물간의 단절을 허무는 계기를 만들어낸다. 따라서 글쓰기화되지 못하는 머릿속의 이미지는 파편으로 사라질 수도 있지만 반면 파편화의 무의미를 깨닫게 되는 순간 머릿속 이미지를 극복하고 등장인물간의 관계를 회복하는 이유가 되기도 한다. 오스터가 특히 중심을 두고자 했던 '어둠'은 각 인간의 단절과 죽음을 암시하기도 하지만 또한 어둠의 극복이 인간관계의 회복이라는 주제를 극대화시키는 데 큰 역할을 하고 있기 때문에 더 큰 극적 효과가 있다. 세계대전의 악몽은 21세기의 현대인에게 역사책에서나 일어나는 과거의 흔적이지만, 오스터는 치열하게 삶을 살아가는 우리에게 여전

히 전쟁의 그늘이 드리고 있음을 지적하며 비록 어둠속에 갇혀있다 하더라도 내러티브를 통해 소통의 가능성을 열어두라고 강조하고 있다. 가족의 파괴가 대세를 이루는 미국의 가정에서 가족관계의 회복이 가장 큰 화두가 된다고 본다면 오스터는 그러한 관계의 회복을 위해 비록 온전한 형태는 아니라 할지라도 세대 간의 소통을 통해 하나의 가족을 만들어 내고 있다고 하겠다.

제5장 「카니발리즘 혹은 타자의 초상」(서종석)에서는 몽테뉴의 『에세』 1권 31장 「식인종에 대하여」 장을 중심으로 몽테뉴의 신세계 담론이 지니는 정신과 그 실천적 의미를 살펴보고 있다. 유럽 문명사에서 신대륙의 발견은 새로운 타자의 출현을 의미하는데, 르네상스 시기 자아성찰과는 또 다른 차원에서 인간조건에 대한 문제를 서구 사회에 던지는 계기가 되었다. 몽테뉴의 신세계 담론은 보통 인류학적 관점에서 문화 상대주의의 시작으로 보기도 하는데, 식인종이라는 신세계 타자에 대한 16세기 유럽인들의 편견을 비판하면서 인간과 문명에 대한 심층적인 반성과 성찰로 독자를 이끈다. 이 글은 몽테뉴가 신세계 타자를 어떻게 이상화하면서 유럽적 자아에 대한 반성으로 이끌었는지를 살펴보고 있다. 또한 신세계 담론을 통해 현재 다문화 한국 사회를 살아가는 우리가 어떻게 타자를 수용하고 자아의 성찰의 계기를 마련할 수 있을지 시사점을 던진다. 아울러 이 글은 우리 사회의 갈등을 치유할 지혜들이 무엇인지, 강요된 문화동화와 통합을 지양하면서도 타문화와 호혜적 교류를 어떻게 이룰 것인지에 대한 인문학적 성찰의 장을 마련해 준다고 할 수 있다.

제6장 「강요의 내러티브 - 공익 캠페인을 중심으로」(김은정)에서는 어떤 사실에 대한 정보는 그것을 누가, 어떻게 활용하느냐에 따라 참이 될 수도 있고 거짓이 될 수도 있음을 강조하고 있다. 또 특정 정보는 사회에 큰 영향력을 미치는데 그 정보가 거짓이며, 어떤 집단의 이익을 위해를 조작된 것이라면 국가에 큰 해를 끼칠 수도 있다. 현재로 우리는 매순간 조작된 정보에 노출되어 있으며, 조작된 정보의 강요 속에서 살고 있다. 이 글에서는 정보의 가치 조작을 통해, 정보를 강제하는 강요의 서사를 공익광고를 통해 살핀다.

제7장 「진경(眞景) 시대 자화상의 자기서사 비교」(엄소연)에서는 현존하는 조선시대의 자화상이 '진경시대'(眞景時代; 숙종부터 정조까지 125여년간 문화의 르네상스기)의 산물이며, 그 서사자(敍事者)는 정치사회적 '비주류' 집단에 속하는 특징을 나타냄에 주목한다. 이러한 자화상의 '자기서사'는 특정한 사회적 맥락 속의 사회적 실체(social being)로 서사자를 봐야 하는 선이해(先理解)를 요한다. 이 글에서는 인물화형식 자화상인 겸재(謙齋) 정선(鄭敾)의 <독서여가도(讀書餘暇圖)>와 단원(檀園) 김홍도(金弘道)의 <포의풍류도(布衣風流圖)>를 중심으로 서사자의 행위와 이야기를 추적해 진경시대 자화상의 자기서사를 규명해 보고 있다. 먼저 이들의 삶과 세계관, 예술관, 사건, 교제방식 등을 기술행위(discourse)로 간주했고, 인물의 배경에서 내러티브의 요소인 시간, 공간을 파악할 단서를 찾았다. 또한 인물의 '시선'을 통해 행위주체(agent)의 움직임으로 내러티브를 파악했다. 그 결과, 이들이 화원(畵員)이란 신분적 한계에도 잃지 않은 본질적 자아의 추구와 그 객관적·창조적 발현을 확인할 수 있었다.

필자소개(가나다 순)

김성도

고려대학교 불어불문학과를 졸업하고, 파리 10대학교에서 '소쉬르 사상의 인식론적 연속성'에 대한 논문으로 박사학위를 받았으며, 현재 고려대학교 언어학과 및 영상문화학 협동과정 교수로 재직하고 있다. 주요 논문으로는 「하이퍼미디어의 기호학」, 「증강도시의 기호학적 풍경」 등이 있고, 저서로는 『로고스에서 뮈토스까지』, 『기호, 리듬, 우주』, 『도시인간학』 등이 있다.

김은정

한국외국어대학교에서 문학박사학위를 받았다. 현재 한국외국어대학교 세미오시스 연구센터 HK교수로 재직하고 있다. 저서로 『사적 기록성과 미적 거리의 길항』(2013), 편저 『북한의 우리문학사 재인식』(2014), 『북한의 문화정전 총서 '불멸의 역사를 읽는다'』(2009) 외 2권, 『북한의 언어와 문학』(2006) 등이 있다.

변광배

한국외국어대학교 불어과를 졸업하고, 프랑스 몽펠리에 3대학교에서 사르트르에 대한 논문으로 박사학위를 받았다. 현재 한국외국어대학교 미네르바 교양대학 교수로 재직하고 있다. 주요 논문으로는 「저자의 죽음과 귀환: R. 바르트를 중심으로」, 「번역의 자리: 사르트르, 바르트, 리쾨르의 사유를 중심으로」 등이 있고, 저서로는 『나눔은 어떻게 인간을 행복하게 하는가』, 『존재와 무: 자유를 향한 실존적 탐색』, 역서로는 『사르트르 평전』, 『사르트르와 카뮈: 우정과 투쟁』, 『바르트의 마지막 강의』 등이 있다.

서종석

한국외국어대학교 불어과를 졸업하고, 파리 4대학교에서 인지언어학에 대한 논문으로 박사학위를 받았다. 현재 한국외국어대학교 세미오시스 연구센터 HK교수로 재직하고 있다. 주요 논문으로는 「선전포스터와 이미지 언어」, 「자발적 복종과 의지적 자유」 등이 있다.

엄소연

이화여자대학교 철학과를 졸업하고, 홍익대학교에서 한국미술의 동물상징에 대한 논문으로 박사학위를 받았다. 현재 한국외국어대학교 세미오시스 연구센터 HK연구교수로 재직하고 있다. 주요 논문으로는 「'우정의 내러티브'로서의 정선(鄭敾)의 《경교명승첩(京郊名勝帖)》」, 「김홍도 자화상의 자기서사(self-narrative) 방식」, 「욕망의 시선과 삶의 역동적 에너지 - 혜원 신윤복의 《혜원전신첩》을 중심으로」, 「박물관 전시와 사회적 맥락의 함의관계」 등이 있고, 저서로는 『기의 분류로 본 한국의 동물상징』(민속원, 2013)이 있다.

이윤희

덕성여자대학교 불어불문학과를 졸업하고 고려대학교에서 활동기호학(Activity Semiotics)에 대한 논문으로 박사학위를 받았다. 현재 한국외국어대학교 세미오시스 연구센터 HK연구교수로 재직하고 있다. 주요 논문으로는 「The Semiotics of Emotion and Narrative Therapy in the Case of Montaigne」, 『퍼스와 영화이미지: <사로얀랜드>이미지 분석에 기초한 가능성의 시학과 미학적 경험 고찰」, 「퍼스 기호학적 관점을 통해 본 소쉬르의 가치이론: 언어가치 개념과 삼차성 개념의 비교 고찰」 등이 있고, 역서로는 『퍼스 기호학의 이해』가 있다.

조윤주

한국외국어대학교 대학원에서 「솔 벨로우 소설의 유태성 연구: 아메리칸 드림과 이상주의」로 박사학위를 받았으며, 현재 한국외국어대학교 및 성균관대학교에서 강의하고 있다. 주요 논문으로는 「벨로우 소설에 나타난 유태인의 동화와 실존의 양상」, 「『샘러씨의 행성』과 『어둠 속의 남자』에 나타난 죽음과 생존의 양상 비교」, 「바르트적 글쓰기로 『M. 버터플라이』 읽기」 등이 있다.

I 소쉬르와 서사

1

소쉬르와 서사
– 서사인문학의 효시

김 성 도

1. 문제 설정

'소쉬르와 서사'라는 제목 아래 생각해볼 수 있는 주제는 세 가지가 될 듯싶다. 무엇보다 소쉬르의 삶 자체가 몇 가지 극적인 서사적 요소들을 갖고 있다는 점에서 신비의 베일에 감춰진 그의 전기 자체에 대한 한 편의 서사학적 연구가 가능할 것이다. 실제로, 근자에 출간된 소쉬르의 전기연구 성과물 가운데 하나는 정신분석학적 접근법을 사용하여 소쉬르 삶의 심리적 궤적을 심층적으로 탐사하는 것이었다.[1] 또한 작년에 출간된 소쉬르의 서간 모음집은 그의 전기에 대한 탁월한 서사 자료이기도하다.[2] 두 번째로 머리에 떠오르는 주제 구상은 소

---

1) cf. Claudia Mejia Quijano, *Le cours d'une vie, Portrait diachronique de Ferdinand de Saussure, t. 1 : Ton fils affectionné, France*, Cécile Défaut, 2008.
t. 2 : *Devenir père*, France, Cécile Défaut, 2011.

2) Ferdinand de Saussure, *Une vie en lettres 1866 - 1913*, Diachronie

쉬르의 육필 필사본을 비롯해 그의 모든 저술에서 다루고 있는 주제들과 성찰들의 전개를 하나의 서사적 차원에서 논의해보는 것도 가능할 것이다. 최근 서사학의 동향을 보건대, 사회과학의 이론적 모델과 자연과학적 논증과 인식에서 작동하고 있는 고유한 서사적 차원을 밝혀내려는 최근의 시도들을 참조한다면, 이 같은 생각은 결코 이론적 근거가 없지 않다. 본고의 제목에서 다룰 수 있는 세 번째 주제는 다름 아닌 필자가 다룰 문제로서 소쉬르가 10 년이 넘는 기간 동안 집중적으로 관심을 갖고 은밀하게 연구해왔던 게르만 민족의 전설을 비롯한 <니벨룽겐리트>의 서사적 정체성에 대한 치열한 탐구의 몇 가지 파편적 사유이다. 소쉬르가 유년기부터 그리스의 신화와 전설에 매료되었고, 그래픽의 천부적 재능을 갖고 주요 주인공들에 대한 스케치를 다수 남겼으며, 청소년기에는 이미 고대 그리스 문학에서 영감을 받아 범상치 않은 습작을 시도했다는 점에서 소쉬르가 서양의 대서사 작품과 맺은 인연은 매우 어릴 적부터 싹튼 것으로 보인다.

독일 전설과 신화에 대한 소쉬르의 필사본에서 제기된 다양한 문제들에 대한 논의는 1970년대 초반 최초로 소쉬르의 서사성의 문제를 제기한 이탈리아 아발레 교수의 논문(Avalle 1973) 이후로 이미 수십 편의 연구물이 축적되어 있는 상태이며 필자 역시 이 문제를 다룬 박사논문과 세 편의 논문을 발표한 바 있다. 그런데, 기존의 대부분의 연구물은 주로 소쉬르의 언어학과 기호학의 차원에서 독일 전설 연구의 이론적 논지들을 다룬 것이 대부분이며, 특히 소쉬르 기호학 이론의 틀 속에서 전설의 서사적 정체성에 대한 논의에 초점을 맞추고 있다. 반면, 정작 서사의 관점, 더 나가 현대 서사학의 관점에서 소쉬르의 전설 연구를 다루려 한 시도를 찾아보기 어려운 실정이다.

---

dressée par Claudia Mejía Quijano, ed. Nouvelles Cécile Defaut, 2014.

소묘의 성격을 띠고 있는 본고에서 필자는 다시 몇 가지 원론적인 물음을 던지면서 기호학의 시각에서 독립하여 소쉬르 서사학의 이론적 토대를 수립하기 위한 계기로 삼고자 한다.

첫째, 왜 소쉬르는 유럽의 대표적 서사문학 가운데 하나인 독일의 전설 연구에 매달린 것인가. 그 이유는 아마도 소쉬르가 궁극적으로 서사적 차원을 언어가 역사와 문화 속에서 펼쳐지는 생생한 증언으로 파악했다는 점에서 언어의 최고의 기능이며 본질로서 간파했기 때문은 아닌지 조심스럽게 진술하고자 한다. 이 같은 소쉬르의 문제의식을 심화시킨다면 서사 기호학은 물론이요 언어의 서사적 차원을 재인식하면서 역사지리언어학과 언어인류학의 새로운 가능성을 열어줄 수 있을 것으로 기대된다.

둘째, 소쉬르의 서사연구에서 핵심 문제는 무엇이었는가? 과연, 몇몇 소쉬르연구자들의 주장처럼, 전설에 대한 소쉬르의 연구를 기호학적 기획이라고 명명할 수 있을 것인가? 전체 필사본 분량에서 기호학, 기호, 상징, 정체성, 단위 등의 이론적 개념어들은 불과 5 % 에 불과하다. 오히려 소쉬르가 관심을 갖고 있던 것은 세 개의 텍스트의 변형관계였다. 첫 번째 텍스트는 4세기에서 5세기 초까지 진행된 게르만 민족의 역사이며, 두 번째 텍스트는 그 역사적 사건들이 전설화된 구전 텍스트, 그리고 세 번째 텍스트는 다시 500 년이 지나서 문자의 기록으로 변형된 니벨룽겐리트(니벨룽겐의 노래)이다. 10 여 년 동안 지속된 소쉬르의 탐구 작업은 매우 지난하고 때로는 무미건조한 작업이었다고 할 수 있다. 수 백여 명의 역사와 전설, 신화의 인물들을 하나씩 비교해가면서, 성격, 기능, 이름, 활동 장소, 이동, 소품, 등의 모든 변형 양상을 체계화시키려는 시도 때문이었다. 한마디로 그것은 서사적 변형과 서사적 전달에 대한 통시태 서사학의 야심찬 기획이었다.

이점에 있어 소쉬르의 전설 연구 필사본을 다룬 일군의 연구자들이 소쉬르의 주제의식과 문학과의 관계를 제기한 것은 당연하다.[3] 특히 이 문제를 오랜 기간 천착해 온 아리베교수는 소쉬르의 고통스러운 성찰 속에서 문학의 본질에 대한 중요한 영감을 받을 수 있다는 진술을 여러 차례 한 바 있다(Arrivé, 2001, 2008, 2012)[4]. 그런데 역설적으로 정작 소쉬르는 필사본에서 문학 작품, 구체적으로 세르반테스의 소설 작품 '돈키호테'를 호명하면서, 그 문학 작품이 결코 기호학의 대상이 될 수 없다는 다분히 수수께끼 같은 진술을 남겨놓았다. 그 이유는 두 가지 기준에 기초한다. 소쉬르의 주장에 의하면 모든 기호학적 대상의 본질은 시간의 진화에서 영향을 받아야하며, 특히 사회화와 결합된 다양한 변화들과 영고성쇠를 겪는다는 데 있다. 그런데 명시적 저자가 서사를 창조하고 그 내용을 제어하거나 독법에 양향을 미칠 수밖에 없는 소설 작품의 독서는 아무리 시간이 흘러간다 해도 그 같은 조건을 충족시킬 수 없다는 것이 소쉬르의 주장이었다.

또한 소쉬르의 전설 연구는 상호텍스트성의 이론에서 주목받기도 했는데, 그 같은 맥락에서 구술이라는 매체와 신화 또는 소설이라는 문자 매체 사이의 본원적 차이를 논의해야 할 것이다. 실제로 소쉬르는 문자라는 매체의 속성, 전설의 창작자와 저자의 문제, 기호학적 순환의 문제, 전승의 문제, 베다 암송의 인류학적 언어학적 독창성 등, 서사 인문학의 보석 같은 문제들을 정신없이 쏟아내고 있다. 이를테면 소쉬르는 육필 원고에서 인류 역사에서 가장 위대한 두 개의 서사

3) 1 cf. Bédouret-Larraburu, S. & Prignitz, G.(éds), *En quoi Saussure peut-il nous aider à penser la littérature?*, Presses de l'Université de Pau et des Pays de l'Adour, 2012.

4) 1 Arrivé, M. «De la lettre à la littérature: un trajet saussurien», in S. Bedouret et G. Prignitz, (éds), *Linguiste et littérature 1. Sa ussure. En quoi Saussure peuti-il nous aider à Penser la littérature?*, Pau : Presses de l´Université de Pau et des Pays de l Ádour, 2012, pp.33-50.

작품이라 할 있는, 호머의 시와 인도의 베다 경전의 차이를 설명하고 있다. 그는 그 두 개의 전승 방식은 연대기적 스케일의 차이이외에도, 창작 동기가 전혀 다르다는 본질적 차이에 주목했다. 하나는 미학적이며 다른 하나는 종교적이다. 바로 그 점에서 두 가지 유형의 기억과 암송이 상이한 목적에 봉사한다. 고대 그리스의 음유시인들이 시의 전통에 자신들의 고유한 수를 즉흥적으로 놓는 사람이었다면, 고대 인도의 리그베다에서는 현대인이 상상조차 하기 어려운 서사의 절대적 불변성이 대응한다. 소쉬르는 이점을 이해하기 위해서는 고대 인도의 암송 주체들이 받은 영성적 교육의 차원을 살펴볼 것을 주문한다.

소쉬르는 자신의 마지막 강의에서 역사의 심연에 빠지면 그 누구라도 헤어나기 힘들 것이라는 말을 한 바 있다. 그런데, 소쉬르는 게르만 전설 연구를 비롯한 고대 서사의 전승의 문제를 제기하면서 다시 우리를 서사의 심연 속으로 빠뜨린다. 필자는 소쉬르가 유도한 그 서사의 심연에서 또 다시 좌절한다. 소쉬르의 인식론 연구자로서 더 나가 서사 이론에 관심을 갖고 있는 기호학자로서 그 나마 몇 개의 이론적 부스러기라도 수집하고자 할 뿐이다. 그 파편들을 잘만 모은다면 때로는 하나의 수려한 서사인문학의 체계를 구성할 수 있다는 희망을 걸어본다.

2. 소쉬르의 전설 연구에 대한 주요 접근법

소쉬르의 게르만 전설 연구 육필 원고에 대한 기존의 연구물에서 제시된 접근법은 크게 세 가지로 압축될 수 있다. 첫째, 기호학적 관점의 접근법이다. 이 같은 접근법을 사용한 학자들로서는 페르와 튀르팡 등을 손꼽을 수 있다(Engler 1974, 1980, Fehr 2000, Prosdocimi

1983, Turpin 2003a, b). 일찌감치, 이들 연구자들은 소쉬르의 기호학적 성찰들과 게르만 전설 연구 사이에 존재하는 밀접한 연관성을 포착했다. 독일 전설의 정체성에 대한 탐구를 진행하면서 소쉬르가 제시한 기호학적 성찰들은 기호의 존재론적 문제를 제기하게 만들었으며 특히 언어학의 한계를 벗어나 기호학이라는 보다 방대한 기획을 추진하는 데 있어 큰 동력이 되었다는 것이다. 그런데 소쉬르는 전설이라는 상징, 즉 전설의 인물이라는 상징에 대한 기호학적 정체성의 문제를 제기하면서, 기호는 몇몇 특질들의 잠정적이면서 우연적인 만남에 기인할 뿐, 그 어떤 실체적 속성으로도 이루어지지 않는다는 점을 고백한다. 전설이라는 상징은 존재하지 않으며, 그의 표현을 빌리자면, 그것은 존재하지 않는 존재(être inexistant)이다. 필자 역시 이미 90년대 중반기에 발표한 일련의 논문에서, 소쉬르의 전설 연구가 역사적 시각에서 이루어졌음과 동시에 기호학적 관점에서 진행되었다는 점을 지적하면서, 신화와 전설의 상징이 갖는 기호학적 위상과 관련된 세 개의 논점으로서, 상징의 의미, 상징의 변형 법칙, 상징의 인식론적 위상을 제시한 바 있다. 첫 번째 논점과 관련하여 필자는 소쉬르의 필사본에서 제시된 상징이라는 단어의 의미와 관련하여 소쉬르가 상징을 기호의 한 종류로 간주한다는 점을 밝혔다(Kim, 1993, 1995). 달리 말해서, 상징은 하나의 기호이며, 특별한 기호이다. 아울러 전설의 상징들은 두 개의 일반적인 변형 법칙들을 따른다는 점도 지적했다. 하나, 상징의 적절한 한계가 그어진 변이, 즉 그것은 고정된 채로 남아 있지도 않으며, 무한하게 변화하지도 않는다. 둘, 상징의 이 같은 영속적 변질은 매 순간 그 가치를 변형시키는 그것의 사회적 순환에 의해서 설명된다.[5)]

---

5) KIM Sung Do, 1995, p.296.

끝으로, 필자는 소쉬르가 상징의 인식론적 위상을 정의하기 위한 결정적 기준으로서 제시한 것은 사회적 특징이라는 점을 지적했다. 풀어 말해, 소쉬르는 오직 하나의 사회적 산물로서의 특징적 현상들의 부분만을 기호학의 대상으로 인정했으며, 순전히 개인적 차원의 현상들을 기호학적 인 것으로 간주하는 것을 엄격하게 거부했다.

필자는 전설이라는 상징의 정체성과 관련된 소쉬르의 고민에 대해서 다음과 같은 결론을 도출했다. 즉, 소쉬르는 자신의 신화 기호학에서 정체성의 가치를 문제시했으나, 전설을 구성하는 요소들의 검토에 이어서, 즉 행위들, 기능들, 모티브 등, 신화학자 소쉬르는 정체성이 무엇인가에 대해서 답을 내놓을 수 없다는 자신의 한계와 딜레마를 고백한다. 필자는 소쉬르가 서사의 정체성을 어떤 기호에 기인하는 것으로 고려해야할지에 대해서 해답을 내놓을 수 없다는 점을 토로한 것으로 보았다.

소쉬르의 아나그람 연구와 더불어 전설 연구를 천착해 온 튀르펭 교수는 그의 니벨룽겐 전설과 신화 연구를 기호학적 기획이라고 명시적으로 선언한 바 있다.[6] 그녀의 주장에 의하면 언어학자 소쉬르는 언어의 민족지학자이면서 동시에 역사학자라는 점에서 결코 두 명의 분열된 소쉬르를 볼 필요가 없다는 것이다.[7] 그녀는 소쉬르의 게르만 전설 연구에 대한 기호학적 모델을 소묘하면서 그것을 일러 담화체의 기호학(sémiologie du discursif)라고 명명한다. 그 같은 모델에서, 전설이라는 상징은 안정된 정체성을 갖는 고정된 단위가 아니다.

6) Turpin 2003b.
7) ibid., p.308.

"소쉬르에게 하나의 단위는 또 다른 단위를 상징화할 수 밖 에 없는데, 그 이유는 기호학적 과정이 존재하기 때문이며, 모든 단위는 그것이 형태이건 의미이건 한편 또는 다른 편에서의 연상 작용의 망 속에 포획되어 있기 때문이다."[8]

소쉬르가 파악한 게르만 전설은 일련의 연상 작용과 변형들을 설명해주는 상징화의 과정을 겪었다. 그 같은 상징화의 작동들은 동일성과 차이 사이에서의 상징들의 놀이를 통해 역사, 전설, 신화 사이에서의 복잡한 변형들을 통해서 이루어진다. 이를테면 전설의 인물들이나 모티브들의 상징화의 과정의 분석은 따라서 전설들의 불변요소들의 탐구, 그것들의 변형 규칙으로 이루어진다. 그 모델은 다음과 같이 요약된다.

"하나의 단위, 하나의 정체성은 하나의 담화로 조직화되는 차이들의 플럭스로 성립된다. 전설, 신화, 한 편의 서사로 변형된 역사 등, 이 같은 담론은 다른 담론들의 플럭스이며, 모든 담론은 다양한 연상 작용적 연쇄를 통해서 다른 담론을 참조하고 지시한다. 하나의 전설은 특질들의 일종의 전염을 통해서 또 다른 전설로 귀결된다. 편년체 역사 기록(chronique) 또는 신화는 담화의 이 같은 작업을 통해서, 즉 암송 주체가 동일한 무의도적인 변이들을 도입하면서, 만들어낼 수 있는 담화화를 통해서 전설에서 교차한다. 오늘날 소문이라는 사회적 담론의 작업에서 이 같은 현상을 다시 발견할 수 있다."[9]

소쉬르의 게르만 전설 연구에 대한 두 번째 관점은 텍스트이론, 특히 상호 텍스트성 이론의 접근법이라 할 수 있다. 이 같은 관점을 표방한 대표적인 학자로는 라스티에 교수와 살몬 교수를 손꼽을 수 있

8) ibid., p.312,
9) Turpin, 2003b, 314.

다(Rastier, 2009, Salmon 2010). 특히 라스티에는 소쉬르 언어학의 혁명성을 기호의 언어학에서 텍스트의 언어학으로 관점을 이동시킨 데 있다고 설파했다. '소쉬르와 텍스트'라는 논문 제목에서 짐작할 수 있듯이, 라스티에는 소쉬르의 아나그람 연구와 전설 연구는 분명히 텍스트 이론의 실천이며, 텍스트의 구조에 대한 본격적 사유를 증언하고 있음을 강조한다. 요컨대 게르만 전설의 구성과 관련된 규범들과 일반화가 가능한 텍스트적 변형들에 대한 소쉬르의 성찰은 다름 아닌 텍스트성(textualité)에 대한 고차원적 사유라는 점을 지적하고 있다.[10)]

라스티에의 논문이 다분히 선언적 가치를 갖는다면, 살몬의 연구는 소쉬르의 전설 연구에서 상호텍스트성 이론의 토대를 수립하려는 시도를 했다는 점에서 주목할 가치가 높다.[11)] 살몬의 논지를 요약한다면, 소쉬르는 전설의 형성이 모티브들의 이동, 인물들 사이의 특징들의 전이 등을 통해서 상이한 텍스트들의 복잡한 변형 작동들에 종속된다는 사실을 보여주면서 상호 텍스트성의 혁신적 토대를 수립했다는 것이다. 무엇보다 소쉬르가 역사, 전설, 신화 사이에서 제기한 새로운 비교 방식은 구성적 상호텍스트성을 표상한다.

소쉬르의 전설 연구에 접근하는 세 번째 관점은 문학과의 관계이다. 소쉬르에게 있어서 문학적인 것은 무엇을 의미했는가라는 물음은 본고의 핵심주제인 서사와 문제와 맞닿아 있다는 점에서 중요한 사안이다. 아리베 교수는 소쉬르의 작업 속에서 문학에 할애한 역할을, 일반 언어학, 독일 게르만 전설의 기호학적 연구, 아나그람 연구를 종

10) Rastier, 2009, p.18-19.
11) Gildas Salmon, "Les conditions d'une science de l'intertextualité : réflexion sur les apports du comparatisme saussurien.", RFIL, 2010, 3:12-10.

합적으로 검토한다.[12] 그는 무엇보다 전설 텍스트가 소쉬르에 의해서 문학적인 것으로 간주되었는가라는 물음을 던지면서 텍스트의 정확한 개념화를 주문한다. 니벨룽겐을 다룬 단락에서 소쉬르는 전설과 문학 사이의 대립을 중화시킨 것으로 보이며, 니벨룽겐은 전설적이면서 동시에 문학적이다. 하지만 돈키호테의 독서를 언급하는 단락에서 소쉬르는 문학 작품은 기호학의 대상이 되기 어렵다는 특이한 진술을 남겼다. 서론에서 언급했듯이, 소쉬르에 따르면 문학 텍스트는 기호학적 대상의 본질에 필수불가결한 시간과, 시간화와 결합된 영고성쇠들에 종속되지 않기 때문이다. 아리베는 소쉬르의 그 같은 진술이 문학 기호학의 구성에서 장애가 될 수 있음을 지적하면서도 이와 동시에 소쉬르 이후에 문학을 사유하는 것을 도와줄 수 있는 결정적 기능을 맡을 수 있다는 점을 지적했다.[13] 구체적으로 아리베 교수는 전설들에 대한 소쉬르의 사유의 치열한 성찰에서 다양한 해석의 단서를 찾아내고 있다. 이를테면, 문학 작품을 비롯한 문학적 대상은 그것의 비 진화적 성격에도 불구하고 공시적 분석을 겨냥하는 것이 얼마든지 가능하다는 것이다. 뿐만 아니라, 소쉬르의 기호학적 사유 시스템의 내부에 머무르면서도, 동일한 문학 텍스트의 상이한 독법들을 제시할 수 있는 가능성을 배제할 수 없다.

12) Arrivé, 2012.

13) Arrivé, p.47.

3. 역사, 전설, 신화: 서사적 정체성의 탐구

앞에서 서술한 주요 독법과 달리 소쉬르의 전설 연구를 서사이론 또는 서사학의 이론적 체계라는 관점에서 주요 문제들을 조망하는 작업을 소묘해볼 수 있다. 이 같은 연구를 수행하기 위해서는 소쉬르의 전설 관련 필사원고의 총체를 모두 검토해야 가능하겠으나, 여기서는 기존의 출간된 판본들의 내용에 기초하는 것으로 만족한다. 현대 서사학의 이론적 체계들 가운데, 소쉬르의 전설 연구에서는, 실재와 허구, 특히 역사와 전설의 관계, 서사물의 조직과 구조, 전설이라는 서사를 들려주고 있는 서술자의 문제를 비롯한 서사적 상황들에 대한 언급, 전설의 인물들의 서사적 정체성에 대한 치열한 성찰, 서사의 공간과 묘사, 서사의 기원, 구술 서사에서 문자 서사에로의 이동을 비롯한 서사 전승의 문제를 중요하게 다루고 있다.[14]

서사는 서술자의 매개를 통해서 행동하는 인간들을 재현하는 것으로 정의될 수 있다. 여기에는 무엇보다 매개화, 즉 서술 행위를 담당하는 서술자의 현존이 마련되어야 한다. 서사 내용 또는 서사의 기의에 해당되는 이야기는 줄거리로서 결집된 행동들, 다양한 인물들, 사건들이 전개되는 공간적 시간적 틀을 포함한다. 그리고 이 같은 요소들이 마련되면 마침내 서사물, 즉 이 같은 사건들을 제시하는 구술 담화 또는 문자 담화가 존재한다. 서사물을 분석하기 위해서 서사학자가 갖고 있는 것은 하나의 조직된 텍스트로서, 문학적 또는 언어학적 분석의 방법들에 의해서 제공된 도구들에 힘입어 그는 그 같은 구술 텍스트 또는 문자 텍스트를 연구할 수 있다. 하지만 그 같은 서사물은 이와 동시에 그것을 탄생시킨 서술 행위의 흔적들을 담고 있다.

---

14) Jean Molino & Raphaël Lafhail-Molino, *Homo Fabulator: Théorie et analyse du récit*, Leméac/Actes du Sud, 2003.

서사물의 분석은 크게 두 개의 방향에서 이루어질 수 있다. 그것은 한편으로는 있는바 그대로의 이야기에 관심을 가질 수 있으며 이때 이야기를 재현하는 텍스트와의 일체의 관계에서 독립하여 진행된다. 이 경우, 서사 분석은 인문학의 전문가들이 사용하는 분석 방법과 다르지 않다. 심지어 실재하는 사실들의 이야기와 허구적 이야기 사이의 구별을 도입한다하더라도, 허구적 이야기들의 분석은 여전히 신화학, 민속학, 인간의 상상물의 생산들에 속한다. 이 같은 방향은 서사물의 구조적 분석의 옹호자들이 실천한 것이다. 또 다른 노선은 서사 담화의 특수성을 성립하는 것으로 관심을 한정하는 것이다. 즉, 이것은 서술자의 매개화를 사용하는 다양한 이야기들의 재현이라는 특수한 방식으로서, 드라마의 재현이라는 직접적 방식과 대립되는 방식이다. 이 경우, 서사학은 오직 이 같은 매개화를 통해서 제기되는 문제들에만 관심을 갖는다. 즉 서사물의 텍스트와 서술 행위 사이의 관계로 관심을 한정시킨다. 이때 이 두 개의 노선 사이에 위치하는 보다 확장된 서사학을 구상하는 것이 가능하다. 이 같은 서사학은 서술자의 매개화를 통해서 제기되는 문제들에 관심을 가질 뿐만 아니라, 스토리와 서사 담화 사이에 존재하는 관계에 관심을 갖는다. 체계적 서사 이론은 이야기를 하는 행위, 인물들, 행동들과 그것들의 연쇄, 공간, 시간, 시점 등의 문제를 다루어야 한다.[15)] 소쉬르의 서사학 프로그램은 이 같은 확장된 서사학의 전범이라 할 수 있다.

소쉬르의 서사학 프로그램의 이론적 단초를 파악할 수 있는 전설 연구 필사본은 크게 세 개의 서사 집합으로 이루어져 있다. 니벨룽겐 서사시, 트리스탄의 모험들, 베다 문헌이 그것이다. 니벨룽겐리트를 다루고 있는 육필 수고에서 소쉬르는 전설과 역사와의 체계적 관계를

15) 위의 책, pp.81-82.

탐구하는데, 특히, 당시에 수용된 테제에 맞서, 니벨룽겐 신화의 주요 내용이 부르군트 역사에 결부된 것이라는 것을 증명한다. 한편, 트리스탄과 더불어 그의 연구는 중세이야기들과 그리스-로마 신화들과의 관계에 초점을 둔다. 하지만 이 두 개의 문제 틀은 서로 근접한다. 두 경우, 소쉬르의 관심을 끈 것은 역사와 전설 사이에서 이루어지는 서사적 변형의 문제였다. 전설의 역사적 토대를 결정하려 할 때, 소쉬르는 역사적 진리의 문제를 제기하지 않는다. 풀어 말해 소쉬르는 전설과 역사적 사실들의 일대일 대응 방식을 염두에 두고 있지 않았다. 소쉬르가 제기한 물음은 전설이라는 서사물의 통시적 정체성의 문제로서, 문제의 관건은 12 세기의 전설들을, 그 보다 6 세기에 선행했던 사건들의 당대적 편찬(chronique)에 결부시키는 서사적 변형들을 연구하는 작업이었다.

니벨룽겐 전설의 전승에 대한 추정에 따르면 일련의 시가들은 여러 세대에 걸쳐 문자에 의존하지 않고, 수 백 년 동안 구전의 형태로 전승되었다. 이 전설이 문자로 기록된 것은 비교적 후기의 발전 단계에 속한다. 니벨룽겐 전설이 생겨난 지 대략 700 년 후에 비로소 문자로 기록된 것이 바로 니벨룽겐리트이다. 구전의 노래들은 다소간 간결한 형식을 지녔을 것이고, 니벨룽겐의 노래가 보여주는 바, 대서사적인 형식은 무엇보다도 문자로 기록된 후기의 발전 단계에 속한다.

<니벨룽겐의 노래>를 한국어로 완역한 허창운 교수가 그의 번역 해제에서 제시한 문제들은 소쉬르가 필사 원고에서 다루고 있는 주요 주제들과 완전하게 겹치고 있음을 알 수 있다.

1. 〈니벨룽겐의 노래〉와 니벨룽겐의 전설, 특히 전설의 역사적 기원과 역사적 구속력
2. 니벨룽겐 리트의 생성과 전승, 특히 생성 장소들에 대한 문제에 천착

3. 텍스트 구성의 문제에서, 보물, 기만행위 등의 소품, 행동, 기능 등의 문제

4. 서사시인의 예술에서 상징화의 과정

5. 해석과 수용의 문제[16)]

니벨룽겐 전설의 역사적 뿌리를 정확히 인식하고 있는 허교수의 설명에 의하면 역사적 출전들의 희소성과 희박성이라는 문제도 있으나, 전설의 서사적 정체성을 파악하기 어려운 이유는, "전설은 그것이 출발하고 있는 역사적 사건들을 바꾸어 이야기한다는 데서 그 본질이 발견되기 때문이다." [17)]

소쉬르는 다름 아닌 이 같은 서사적 변형의 몇몇 양식을 포착했다. 이를테면, 서사의 전달과정에서 발생한 내용의 축소가 대표적인 양식이다. 다시 말해서 '니벨룽겐의 노래'에서는 역사적으로 라인의 부루군트국이 몰락한 사실이 한 여자가 자신의 친족에게 가하는 개인의 복수로 축소된다. 그 이외에도 동화(assimilation)의 방식을 손꼽을 수 있는데, 동화의 경우, 특정 역사적 사건의 연관은 전통적인 서술 모티브 내지 서사 도식에 동화된다. 니벨룽겐의 노래에서는 신부 구하기 도식(지크프리트-크림힐트, 군터-브륀힐트, 에첼-크림힐트)과 배반적인 초대의 도식이 그 같은 예이다.

"이처럼 전설은 대체로 구성되면서 벌써 역사적 출발점으로부터 상당히 멀어지게 되며, 전승의 진행에 따라 그 거리는 점점 더 벌어지게 된다. 전설은 수백 년을 거치면서 다소간의 변함 없이 계승되는 것이 아니라, 반복해서 변형을 거듭하게 된다."[18)]

---

16) 니벨룽겐의 노래, 상.하, ; 독일의 영웅서사시], 서울대학교 출판부, 1996.
17) 위의 책, p.29.
18) 같은 책, p.30.

당시 19세기 말에서 20세기 초에 활동한 니벨룽겐 전설의 연구자들에게, 역사적 사건의 전설적 재형상화는 역사가 시적 예술로 변화는 것으로 해석되었다. 풀어 말해서 역사적 사실들이란 시인들이 단지 임의적으로 순수한 예술적 천착에 따라 자유롭게 처리하면서 전설을 영웅가의 형태로 형상화시킨 원료에 지나지 않았을 것으로 본 것이다. 하지만, 그 같은 재형상화는 결코 탈역사화가 아니라는 점을 강조해야 한다. 영웅전설은 역사전승의 특수한 모습으로서 출현하고 있기 때문이다.

실제로, 전설에서 역사의 사건으로의 단순한 전이는 존재하지 않는다. 융합, 압축, 환원, 또는 증폭, 이동 등의 가능성이 존재한다. 그 결과, 인물들에게 있어서, 아버지의 이름이나 할아버지의 이름이 아들로 전이되거나, 두 인물이 한 명의 인물로 환원되거나, 한 명의 인물이 두 명의 인물로 양분되거나, 왜곡과 어원의 경우 등, 역사적 사실에서 전설의 인물로 이동하면서 발생하는 서사적 변형의 양상은 다양하고 변화무쌍하다.[19)]

기호학의 용어를 빌려 설명한다면, 전설의 단위들은 결코 자연스럽게 주어지지 않으며, 따라서 그것의 불안정성으로 인해 결정하기가 쉽지 않으며 다양한 본질에 속할 수 있다. 그의 육필 원고에서 소쉬르는 특질들(traits), 모티브, 행위, 등의 단어를 사용한다. 이들 용어들은 현대 서사학에서 체계화된 개념들이다. 소쉬르의 다음과 같은 진술은 회의적이며 동시에 냉소적 분위기마저 자아낸다.

> "전설적 존재의 모든 특질은 그의 이름만큼이나 용이함과 더불어 첫 번째 숨결에서 용해될 수 있다."[20)]

19) Légendes, 3958/7, 35.
20) Légendes, 3958/7, 35.

이 같은 테제를 지지하기 위해서 채택된 방법은 몇 가지 문제들에 직면한다. 소쉬르는 변형들의 연구를 오직 동일성들과 차이들의 가능한 정밀한 비교결산표를 통해서만 파악할 수 밖에 없었다. 그런데, 소쉬르의 표현을 빌리자면, 전설이라는 서사의 단위들은 비누 거품과 같아서, 파악하기 힘들고, 용해될 준비가 되어 있다. 그의 필사본에는 절망이 선명하게 나타난다. 기호들의 순환에 대한 그 같은 추적이 공허하다는 자각 앞에서 절망감을 드러내고 있는 것이다. 이 같은 절망에다 역사와 전설을 아무리 체계적으로 비교 한다 해도, 그 비교의 총합이 그 어떤 결정적 결론을 허용치 않을 것이라는 두려움이 첨가된다. 아나그람에서처럼, 우연의 일치들의 풍요로움은 연구자의 당혹감을 더욱더 악화시킬 뿐이기 때문이다.

한편, 역사언어학자의 대가답게 소쉬르는 지명학에 대한 자신의 연구 성과에 기초하여 치밀한 문헌 고증을 거쳐 지리적 장소들의 명명과 관련한 고유명사의 연구로부터 그리고 그것들의 진화로부터 역사적 사실들을 결부시켰다. 요컨대, 게르만 전설 연구에서 역사의 지표들을 언어학적 지표들과 대질시켰다. 그것은 수 백 개의 지명들이 쏟아져 나오는 엄청난 작업이었다.

사실, 소쉬르의 시초의 기획은 고유한 지명들에 대한 그의 연구와 매우 근접하는 것으로 보인다. 즉, 그의 기획은 역사적 기원을 결정하려는 시도를 하기 위해서 전설들의 상이한 판본들을 비교하는 작업이었으며 이 같은 기획은 그가 출판을 가상화하면서 제시한 다음과 같은 책 제목에서 선명하게 나타난다.

> "제목: 부르군트 민족의 전설로서의 니벨룽겐의 전설: 니벨룽겐 시의 역사적 해석 시론"[21]

---

21) Légendes, 3598/4, 121.

그렇지만, 소쉬르는 자신의 연구를 심화시키면서, 엄청난 복잡성에 직면한다. 무엇보다 그는 전설에 대한 자신의 동시대 학자들과 철저하게 분리된 방식을 추구했다. 당시에 전설들이 역사로부터 해석될 때, 그것은 결코 비교가 기초하는 단위 또는 정체성 개념에 대해서 문제를 제기하지 않은 채 진행되었다. 그 결과, 그 같은 연구의 대부분은 역사의 인물과 결부시키기 위해서 전설에 나오는 한 인물의 이름에서 출발하는 것이 고작이었다. 정작 전설의 인물이라는 이 같은 중요한 개념에 대해서는 어떠한 물음도 제기하지 않은 채 연구가 진행되어왔던 것이다. 반대로 소쉬르는 역사와 전설 사이에는 일련의 다양한 계열들의 변형들이 발생한다는 점을 입증했다. 특히 그는 그 변형들은 시간과 사회화의 시련과 결부된다는 점을 감지했으며, 아울러 이 같은 변형들 속에서 단위(통일성)은 결코 주어지지 않는다는 점을 꿰뚫어 보았다.

이 같은 동시성 속에서, 이미 담화와 사건 사이에는 하나의 간극이 존재한다. 왜냐하면 담화는 기호의 세계에 참여하기 때문이다. 전설들에 대한 연구에서 소쉬르는 따라서 이중적 복잡성 속에 직면한다. 역사의 복잡성은 그 자체가 오직 역사에 대한 담화로서 겨냥될 수 있다. 아울러 그것은 전설의 담화와 그것의 변형들의 역사이다. 그 비교는 따라서 구성 항과 구성 항으로 제기되는 상사성의 연구에 기초할 수 없다. 상사성들은 그 자체로서 역사적 사실을 다시 찾을 수 있게 해줄 수 없다. 왜냐하면 전설과 역사는 '기호들의 소용돌이' 속에 빠져 있기 때문이다.

소쉬르는 그 결과 양자 사이에서 역동적 관계를 제기하기 위해서 전설을 역사의 어느 정도 왜곡된 거울로 보는 기존의 이해 방식에서 일탈한다. 바로 그 같은 이유에서, 그는 궁극적으로, 전설학자와 역사학자의 과제를 구별했던 것이다. 역사학자가 과거의 사실들의 재구성에 의해서 연대기나 전설을 통해서 관심을 갖는 것과 반대로, 전설학자는 하나의 담화가 어떻게 변형되는가를 알기 위해서, 더 나가 변형들의 가속화된 운동 속에서 고정된 요소들이 무엇인지 연구하기 위해서 차라리 전설 그 자체의 연구에 관심을 갖는다.

요컨대 소쉬르는 전설의 기호들이 변형되는 핵심 노선들을 찾으려는 시도를 했던 것이다. 그렇지만 그는 시종일관 역사학자의 입장과 전설학자의 입장 사이에서 주저한다. 기호학자 소쉬르는 그 같은 서사 기호들의 놀이 규칙을 파악함으로써 역사의 베일을 벗길 수 있다는 희망을 품었다, 그리고 역사와 전설 텍스트 사이에 존재하는 관계는 담화의 법칙에 종속될 것이라는 가설을 제시했던 것이다.

보다 구체적으로 소쉬르는 그의 논증을 자신이 구축한 고유한 방법론인, 전설과 역사 사이의 우연의 일치(coincidence)의 결산보고서에 기초한다. 이 같은 가설은 아울러 그에게 전설의 지리를 설명해주는 장점을 갖는다. 이는 전설에서 묘사되는 부르군트 왕가의 사건들이 역사의 부르군트 사건들에 의해서 설명된다는 사실에 기초한 것이다. 특히 전설의 지리는 실제로 소쉬르에게 가장 고정적인 요소들 가운데 하나이다. 소쉬르 시대에서 전설은 아울러 신화에 결속되었다. 하지만 소쉬르 자신은 전설과 신화 사이의 연관성을 수립하는 데 있어서, 그의 개념화가 그의 동시대인들, 뮬러(W. Müller), 뮬렌호프(K. Müllenhoff) 등의 신화학자들과는 철저하게 상이한 방식으로 진행되었다는 분명히 밝혀둔다.

무엇보다 소쉬르는 뮬러의 개념화를 거부한다. 그는 소쉬르와 마찬가지로 역사적 개념화를 주장하였으나, 역사가 상징들을 통해서 전설 속에 전승된다고 생각했다. 통상적으로 여성은 왕권을 상징하고, 보물은 정복을 상징한다. 소쉬르는 창작가가 의도한 이 같은 알레고리로서의 상징 개념화를 거부한다. 그 개념화는 상징이 '있는 바 그대로' 전설에서 다른 전설로 전승된다는 것을 전제로 한 것이다. 소쉬르는 전설 상징에 대해 철저하게 상이한 역사적 개념화를 진술한다. 소쉬르에게 상징이 존재한다면 그것은 창작자가 원했던 상징이 아니라, 독서 효과이다. 상징은 기호의 계기이다. 소쉬르는 상징을 역사에 할당시킨다. 상징은 진화의 결과물이다.

"일정한 시간의 경과에서, 사건들의 비례의 축소나 증폭을 언급할 수 있다. 즉, 무한한 수의 변형된 암송들의 숫자에 이어서 말이다. 그 어떤 순간에도 상징화는 없었다."

"어떤 상징도 그것이 순환 속에 던져지기 때문에만 비로소 존재한다. 그 어떤 순간에도 상징의 정체성이 다음 순간에 무엇이 될 것이라고는 말할 수 없다."

전설의 역사적 전승의 개념화를 거부한 것과 동일한 이유에서 그는 상징을 거부한다. 이 두 가지 개념화는 고정된 단위, 안정적인 정체성을 전제로 한다. 소쉬르에게 있어 하나의 단위는 또 다른 단위를 상징화할 수 있는데 그것은 오직 기호학적 과정이 존재하기 때문이다. 모든 단위는 연상 작용들의 망 속에 놓여 있다. 형태이건 의미의 측면이건 말이다.

전설은 따라서 소쉬르에게 있어 역사적 사실의 모방도 아니며, 간단한 전이도 아니다. 그것은 일종의 퇴행된 신화도 아니다. 상징화가 존재한다면 그것은 일련의 연상작용적 작동들을 통해서이다. 변형들을 통해서이다. 신화로부터 전설로부터, 역사로부터 작동되게 될 변형들을 말한다. 소쉬르가 전설과 역사 사이의 관계를 다루는 방식을 참조하면서, 다음 단락에서 텍스트들 사이의 비교를 실천하는 방식에 대한 정확한 지시들을 따라서 도출할 수 있다.

1. 전설의 일반적 특질들을 하나의 역사적 에피소드에 일대일로 대응시키려는 시도 속에는 그 탐구를 체계적으로 에 일대일로 대응시키려는 시도 속에는 수 있는 모티브가 존재하지 않는다.

또는 그 집합 전체가 불일치하는 것인지를 말할 수 있다.

왜냐하면, a) 비록 그 기초가 역사적이라도 해도, 그 어떤 심리학적 이유 또는 다른 이유가, 그 전통이 하나의 세부 사항에 결속하기 위해서, 그 자체로 절대적으로 무의미한 세부사항에 연연하지 않을 이유가 없다.

b) 정확히 집합의 데이터는 단순한 작업에 의해서 변형될 수 있다. 바로 거기서 진정한 서사시가 나온다. 그것은 일련의 사건들 속에서 하나의 의미와 하나의 단위를 도입한다.

텍스트의 세부사항과 이야기의 전체적 조직 사이에서 관습적으로 수용된 위계의 도치, 소쉬르가 위의 단락에서 강조하고 있는 바이다. 그것은 그가 채택한 관점이 아리스토텔레스의 시학의 관점과 다르다는 점을 증명한다. 아리스토텔레스는 사실들의 조직을 하나의 줄거리로서 조직화되는 것을 지칭한다. 사실, 줄거리의 전개에 대한 무의미한 요소는 그것이 소중한 지표가 될 수 있다. 사람들이 더 이상 서사의 내재적 구성을 탐구하는 것이 아니라., 그것이 다른 텍스트들과의 관계를 탐구하는 순간 말이다.

4. 전설 인물의 정체성과 해체적 성격

소쉬르가 서사 기호학 또는 서사이론의 문턱에 당도했다는 근거로서, 무엇보다 인물들의 서사적 정체성을 집요하게 성찰하였다는 점을 제시할 수 있다. 소쉬르가 언급한 대표적 인물들 세 명을 언급하고자 한다. 독일전설들의 연구를 다룬 필사노트에서 소쉬르는 독일과 스칸디나비아의 다양한 전설들의 역사적 기원과 여러 세기를 거쳐 이루어진 전달의 문제들을 다루기 위해서 상상을 초월하는 방대한 분량의 박식한 지식을 동원하면서 시간과 공간의 지적 탐험을 여행한다. 특히 그는 전설에 등장하는 인물들의 서사적 형성과정의 문제에 관심을 보였다. 소쉬르는 이들 전설의 인물들을 기호학적 인식론을 적용하여 사회적 삶의 한복판에서 시간의 추이 속에서 끊임없는 변형들을 감수해야 할 수 많은 상징들로서 사유하였다. 소쉬르는 게르만 중세 전설에 나오는 인물들을 명시적으로 기호학적 대상들로서 간주되었으며, 그 같은 맥락에서 바로 그 같은 서사적 대상들의 기능 작동 원리를 파악하는 데 자신의 지적 에너지를 쏟아 부었다. 기호학의 장 속에 전설을 포함시켰다는 증거로서, 제시할 수 있는 논거는 소쉬르가 전설 속의 상징들을 언어 기호들과 명시적으로 비교하였다는 데 있다. 따라서 이점에서 볼 때 분명히 소쉬르는 서사 기호학이라는 새로운 학문의 문턱에 와 있었던 것이 분명하다. 예컨대 서사시의 인물과 역사적 인물이 동일한 이름을 사용하는 경우가 존재한다. 그 같은 제목에 할당된 프로그램 역시 여전히 명시적으로 요약되었다.

"이 책의 제목은 우리가 443년에서 534년 사이에 사브와 지방에서 부르공인들이 세운 왕국에 발생한 사건들 사이에서 하나의 역사적 관계를 가정한다는 것을 지시한다. 부르군트 왕국이라는 이름 아래 설립된 것이다. 우리에게 있어 부르공 서사시를 설명하는 핵심적 군터가 되는 것은 434년에 죽은 군다카리우스(Gundacharius)가 아니라 516년에 죽은 군도바두스(Gundobadous)가 될 것이다."[22]

22) LEG 130.

군터라는 전설의 인물에 대해서, 그것은 바로 실제로 군도바두스(Gundobadous)라는 이름을 지닌 역사적 인물이다. 즉, 전설 텍스트에 대한 이 같은 최초의 개념화에서 소쉬르는 그것에 선행하는 텍스트를 제기한다. 아리베는 그것을 선-텍스트라고 부를 것을 제안한다. 즉 역사적 텍스트이거나 신화 텍스트이다.

특히, 신화들의 연구는 언어학이라는 근접영역과 더불어 단어, 신화에 나오는 인물, 또는 알파벳의 철자 등과 마찬가지로, 존재하지 않는 존재(un être inexistant)를 놀이화하고 있다는 공통점을 지닌다. 이를테면, "알파벳의 한 철자는 철학적 의미에서 기호(SIGNE)의 상이한 형태들에 불과할 뿐이다."라는 매우 심오하면서도 수수께끼 같은 진술을 남기고 있다.[23)]

여기서 매력적인 개념에 사로잡힌다. 자기 모순적인 것, '존재하지 않는 존재'(être inexistant) 이 개념을 세 개의 상이한 형식들, 기호 형식들, 단어, 신화적 인물, 알파벳의 글자에 적용시킬 것인가? 정확히, 언어와 전설 사이의 제 3의 비교 항으로서 알파벳의 철자를 취할 수 있다. 바로 이 같은 비교가 '존재하지 않는 존재'라는 까다로운 개념에 접근하는 것을 가능케 한다.

> "알파벳의 한 철자, 예컨대 게르만의 룬 알파벳의 한 철자는 자명하게, 시작부터 다음과 같은 결합에서 결과되는 정체성 이외의 다르 정체성을 소유하지 않는다.
>
> a. 일정한 음성적 가치
>
> b. 일정한 그래픽 형태

---

23) cf.Bibliothèque de Genève, Ms.fr.3958/9, fol.21r, 일부분의 전사 판본, F. de Saussure, *Le Leggende Germaniche*, éd., par A.Marinetti et M.Meli, Este, Zielo, 1986, p.192.

c. 그것에 주어진 성과 이름들

d. 알파벳 속에서 그것의 위치

이들 요소들 가운데 두 개 또는 세 개가 변화한다면, 그것은 매순간 일어난다, 아울러 그만큼 신속하게 하나의 변화가 다른 변화를 유발한다는 점에서, 액면적으로 아울러 물질적으로 더 이상 들었던 것을 알지 못한다."

여기에서 문자, 특히 룬문자가 다시 언급된다는 점을 주목할 필요가 있다. 룬문자는 기호학의 대상목록체에 속한다. 여기서 문자는 음성언어에서 파생된 보조적 것을 만드는 것이 아닌 한나의 고유한 모델에 따라서 착상된다. 즉, 이것은 기호들의 시스템으로 삼는 모델을 말한다. 철자라는 기호는 실체적 존재를 갖지 않는다. 바로 이점에서, 그것은 존재하지 않는 존재로서 성격지어진다. 소쉬르의 판단에 의하면 철자라는 기호가 그것의 위상에 접근하는 것은 오직 그것이 일정수의 특질들을 결합한다는 점에서 가능하다. 그런데 여전히 이 같은 결합은 매순간 파괴의 위협에 직면한다. 돌려 말해, 매순간, 그것은 그것이 결합시키는 특질들의 변형에 의해서 재구성된다. 예컨대, 철자는 그것이 자신의 정체성을 상실할 정도로 이름을 변화시킨다. 전설의 인물들은 몇몇 특질들의 매순간 변화하는 결합에 의해서 성립된다. 요컨대 다음과 같은 단락에서 서사기호학의 이론적 소묘 더 나가 프로그램을 발견하는 것이 가능하다.

"전설의 인물들의 각각은 하나의 상징으로서 그것을 변화시킬 수 있다. 정확히 그것은 룬 문자에서와 마찬가지다. a)이름 b) 다른 위치들에 견주어서의 위치 c)성격 d) 기능, 행위들. 하나의 이름이 전이된다면 그 결과 행위들의 일부분이 전이되고, 그 역도 마찬가지다. 또는 드라마 전체가 이 같은 장르의 하나의 우발적 사건으로 인해 변할 수 있다."[24)]

그 요소들의 목록체, 그 요소들의 관계는 인물이라는 상징을 성립하는 데 그 목록체는 연구가 진행되면서 변화한다. 소쉬르는 거기에 문장(blason) 더 나가 모자(casque)를 첨가한다. 이름은, 가장 먼저 인용된다. 바로 그 전설의 인물에게서 특별한 위상을 갖는다. 그것은 이론적 중요성을 갖는 다음과 같은 구절에서 설명된다.

"여기서는 전설의 존재를 성립하는 요소들에 대한 각주이다. 이름은 다른 측면에 견주어서 더도 덜도 아닌 중요성을 지닌다. 그것은 살아 있는 개인에게서 인물에 대한 에티켓이 아라, 다른 것들과 같은 반열에 속한다. 더 중요한 이같은 관점에서 말이다.

단지 보상하는 것은 개인의 다른 성격들이 그와 분리될 수 없는 반면, 전설의 존재의 모든 특질은 너무나 쉽게 최초의 숨결에서 흩어질 수 있다."[25)]

이름은 그 시스템이 상징으로서의 인물을 성립하는 특질들 가운데 하나이다. 이름은 이 같은 특질들의 각각과 동일한 자격으로, 모든 변천들을 감수하도록 되어 있다. 그것의 전달이 그 이름에 부과시키는 모든 변천들을 말한다. 트리스탄에 대한 육필본의 한 단락은 그 점을 명시적으로 말한다. '용해되도록 되어 있는(se dissoudre) 특질들의 목록체에서 말이다. "다른 특질들 보다 더 존속할 수 있는 그 어떤 특질에 대한 절대적 부족 이후에, 이름을 포함해서 말이다. 그것은 개인들의 성격과 아버지와 아들의 차이와 동일한 자격으로 '중간적 집요함

24) LEG 31.
25) LEG 142.

'의 수혜를 누린다.[26]

전설의 인물들이라는 기호들, 약한 상이한 조건들 속에서, 알파벳의 철자들은 결코 물질적 알맹이(consistance)를 갖지 않는다. 그것들의 자격은 본질적으로 사라져가는 것이며 불안정하다. 마치 그것은 유령(fantomes) 또는 비누거품에 비유될 수 있거니와, 그것조차 아니다. 왜냐하면 비누거품은 물리적 수학적 단위를 소유하기 때문이다.[27] 기호는 그 무엇으로도 이루어지지 않는다. 그것은 매 순간 분리되어 잇을 운명에 처한 몇몇 특질들의 잠정적이며 우발적인 만남에 기인할 뿐이다. 하지만 이 같은 분리, 분해는 그 효과로서 지체 없이 도 다른 기호를 성립한다.

여기에는 한 가지 유의사항이 있다. '시간'이 기호의 이 같은 변형들에 필수불가결한 것이라면, 시간을 벗어난 하나의 변형은 어떻게 착상시킬 것인가? 어쩌면 시간 자체는 원인이 아닐 수 있다. 오히려 기호는 문학적 대상의 조건인 순환 속에 던져져야 한다. 즉 변천들의 우연에, 시간의 흐름 동안 그것의 사용자들의 손아귀에 들어가야 한다. 이 같은 순환에 이어서 기원의 포기가 존재해야 할 것이다. 소쉬르의 기호학 원리에서 기호학적 대상은 더 이상 최초의 기원을 보존할 수 없으며 또한 보존해서도 안 된다.

문학적 텍스트는 이 같은 이중적 조건에 부응하는가? 소쉬르는 아니라고 대답한다. 돈키호테의 텍스트는 마음대로 방치될 수가 없다. 기원의 포기와 더불어 순환이 유도할 수 있는 곳에서 말이다. 세르반테스라는 이름은 영원한 공시성 속에서 그것을 결정적으로 고정시킨다.

아울러 소쉬르는 전설의 인물들과 언어 기호들이라는 두 개의 기호

26) LEG, 210.
27) LEG 192.

체계를 접맥시키거나 아니면 동떨어지게 만드는 요인을 정확히 지목하고 있다. 여기서 흥미로운 사실은 소쉬르가 허구의 인물들은 기호학의 영역에 속하기 어려울 것이라고 진술했다는 것이다. 이미 아발레 판본부터, 여러 학자들이 빈번하게 인용한 다음과 같은 구절을 옮긴다.

> "〈노트〉. 소설가(시인)이 창조한 인물들은 두 가지 이유에서 비교될 수 없다. 요컨대 그 두 가지 이유는 동일한 한 가지 이유라 할 수 있다. 그 같은 인물들은 기원의 포기와 더불어 순환 속에 던져진 대상이 아니다. 즉, 돈키호테[28]를 읽는 것은 돈키호테에게 발생할 수 있을 것을 연속적으로 교정한다. 사람들이 세르반테스를 참조하지 않고 돈키호테를 자유롭게 내버려두는 순간부터 말이다. 이 말은 곧 이 같은 창작들은 시간의 시련도, 사회화의 시련도 거치지 않으며, 특정 개인의 상태로 남아 있다는 것을 말한다. 중요함: 허구의 인물은 하나의 단어와 같지 않다. 그 두 개를 비교할 여지가 없다."[29]

이 같은 파편적 육필노트는 기호들의 과학, 즉 기호학의 장에서 돈키호테 또는 햄릿으로 대표되는 몇몇 문학적 창조들을 배제하면서, 허구적 인물들의 한 복판에서 엄격한 분할 선을 그려놓고 있다. 그렇다면, 도대체 왜, 니벨룽겐의 인물, 지그프리트 등의 전설의 인물들은 시간과 사회화의 시련을 거친다는 점에서 기호학의 영역에 속하는 반면, 돈키호테 등의 소설가나 시인이 창조한 허구의 인물들은 기호학에서 배제되어야한다는 논리를 제시하는 것일까? 이점에 대해서는 두 가지 이유를 제시할 수 있다.[30]

첫 번째 이유는 문학적 창조의 문자적 성격에서 기인한다. 소쉬르

---

28) 소쉬르는 필사본에서 Hamlet, Gil Blas를 예시로 적었으나 지웠다.
29) Le Leggende Germaniche, éd. p.193
30) Pierre-Yves Testenoire, pp.63-64.

가 햄릿(Hamlet), 질 블라(Gil Blas), 돈키호테에서 망설이다가 최종적으로 돈키호테를 예시로 들었다손 치더라도, 소쉬르는 예술적 평판과 수많은 다시쓰기가 이루어질 창작들을 선택할 수 있었을 것이다. 소쉬르는 하이퍼텍스트의 구조와 성격에 속하는 문학적 순환의 현상들을 의식하고 있었으며, 이점은 일부 연구자들이 상호텍스트성의 주제를 소쉬르 서사 이론의 핵심 주제로 제시하기도 했다는 점에서 설득적이다.[31] 설사, 허구의 인물 돈키호테가 '세르반테스를 참조하지 않은 채 마음껏 달릴 수 있다손 치더라도' 문자로 적힌 본래의 텍스트는 기호학적 순환 속에서 하나의 응고상태를 작동시킬 것이며, 그때부터 세르반테스에게 빚을 지게 만든다. 요컨대, 문학적 창작물의 기호학적 기준은 그것들이 문자로 기록되었다는 것의 위상에 기인한다. 즉, 그 기원에 개입하면서, 돈키호테에서와 마찬가지로, 문학작품은 사회적 대중 속에서 자유로운 출범과 개시(lancement)에 족쇄가 채어지는 형국이다.

소쉬르의 서사 이론에서 전설의 인물과 비기호학적인 문학적 창작 사이의 두 번째 분할지점은 저자의 유무와 성격(auctorialité)과 관련된다.[32] 모든 기호학의 성립 요건을 무효화시키는 기원의 상기는 소설의 독서에 의해서 만큼이나, 저자의 형상에 의해서 실행된다. 주지하다시피, 아나그람 연구에서, 저자의 십급이 의도성의 문제에서 구현되면서 그것이 소쉬르의 접근법을 지배했다. 이 같은 문제를 중심으로, 동일한 분할선이 구술 전통에서 나온 문헌들과, 라틴의 시조에 속한 문헌 사이에서 그려진다. 소쉬르는 아나그람의 실천에서도 첫 번째 유

31) 하이퍼텍스트성의 원리에 대해서는 다음 저서 참조. Gérard Genette, *Palimpsestes.. La littérature au second degré*, Paris, Seuil, 1982.

32) Pierre-Yves Testenoire, "Littérature orale et sémiologie saussurienne", in: *En quoi Saussure peut-il nous aider à penser la littérature ?* Presses de l'Université de Pau.

형에서 두 번째 유형으로의 이동을 겨냥한다.

> "시는 그것이 시간 속에서 전진하게 됨에 따라, 보다 개인적이게 된다. 나는 그 물음이 시적 의도와 보다 더 가까이 결부됨을 인정한다. 이것을 나는 개인적 시 이전에 널리 퍼진 수 십 세기의 총합에 대해서 부정했던 바이다."[33]

그 결과, 시적 의도에서 출발하여, 아나그람은 그 같은 처리의 굴절을 감수한다. 전기적 데이터, 시적 예술, 이 같은 시적 절차와 수순에 대한 가능한 암시들이 그 연구에서 통합된다. 그 가설을 지오바니 파스콜리에게 확인하는 서신을 보낸다. 개인적 시에 대한 소쉬르의 분석에서 반드시 필수적인 것이나, 저자는 구술 시에 대한 그의 접근에서 부재한다. 그것은 그 같은 사실로부터 의도와 우연이라는 양자택일에서 벗어난다. 바로 이 같은 양도 불가능한 저자의 의도라는 기본 가정은 지그프리트와 돈키호테를 갈라놓는다.

두 개의 기준, 즉 문자와 저자성의 문제를 중심으로, 문학적 장의 분할이 소쉬르의 필사본에서 추출된다. 한편으로, 문자로 쓰여진 텍스트들은, 개인적 텍스트들은 기호학에 속하지 않는다. 다른 한편, 구술 전승에서 나온 텍스트들, 기호학적 순환의 증인들, 약한 저자성의 체제에 종속된 것들이다. 이 세 가지 특징들은 소쉬르의 성찰에서 나타나는 바대로의 구술 문학의 특징들을 성립한다. 그것은 세 가지 무리의 텍스트에 의해서 구성된다. 게르만 전설, 베다의 시, 호머의 시들이 그것이다.

이 같이 이미 어려운 난점들에 대해서 추가적 난관이 첨부된다. 사실, 소쉬르가 니벨룽겐과 부르공의 역사 사이에서 파악하는 대응들

33) Starobinski, Les mots sous les mots, p.126.

은 결코 완벽하지 않다. 또는 트리스탄과 테제 사이에서 파악하는 대응들 역시 결코 완벽하지 않다. 그것들은 늘 변질들이 동반된다. 왜곡과 이동의 메커니즘은 하나의 인물이나 전설적 모티브의 비교 분석의 모든 시도를 위해서 넘어설 수 없는 장애물을 구성하는 것으로 보인다. 전설의 모든 요소가 변형될 수 있다는 점에서, 동일한 모티브의 또는 동일한 텍스트의 두 개의 변이형들과 관련된다는 것을 확신하기 위해서 요구되는 최소한의 정체성을 어디서 찾을 것인가?

비교학자가 직면할 어려움을 정확히 하기 위해, 소쉬르는 유기체적 개인과 기호학적 개인을 분리시키는 대조를 전면에 내세운다. 성장과 노화를 통해서 하나의 유기체는 알아볼 수 없을 정도로 변질될 수 있다. 하지만 그가 감수하는 변화들은 정체성의 바탕에 기대될 수 있다. 전설에서, 이와 반대로, 이 정체성의 바탕은 전적으로 결여한다. 왜냐하면 기호학적 개인은 '그 기초부터 자유 연상 작용에 토대를 두기 때문이다." 하나의 인물은 결코 전설이 그에게 부여하는 특징들의 합 이외에 다름아니기 때문이다.[34] 아울러 이같은 특질들의 각각은 쉽게 다른 인물로 전환될 수 있으며, 일체의 정체파악의 가능성을 해체할 정도까지 가능하다.

"만약 전설이 디에트리히(Dietrich)의 모자(casque)를 그를 잡아서 그것을 지그프리트(Sigfird)의 머리 위에 놓는다면, 지그프리트의 부인은 그것을 결혼식에서 디에트리에게 주기 위해서 취한다. 지그프리트라는 이름은 그것을 군터에게 주기 위해서 말이다. 더 이상 디에티리히도 없고 지그프리트도 없다. 우리는 하나의 모자와 관련해서 그것이 동일한 사람과 관련된다는 말할 수 없게 된다. 단지 일반적으로 이 사람은 부분적으로 그의 모자에 의해서 성립된다는 진술

34) Turpin 2003a, p.387.

을 할 수 있을 뿐이다."[35]

모자의 예는 정체성의 추구에서 우리가 직면하는 역설들을 부각시켜 준다. 유기체적 개인 또는 역사적 개인의 경우, 하나의 모자는 정체성의 나쁜 표시소이다. 왜냐하면 그것은 인물과 분리될 수 있기 때문이다. 그런데 소쉬르에게, 전설에서, 모든 정체성의 표시소들은 모자와 동일한 차원에 놓여야 한다. 왜냐하면 모든 것은 개인에서 다른 개인으로 이동할 수 있기 때문이다. 그것을 일러 소쉬르는 신화적 형상의 구성적 특질들의 동일한 무차이성의 원칙이라고 부른다.[36] 유기체적 정체성이 내재적인 성격들 사이에서 하나의 를 허용한다면, 유기체와 공실체적인 특질들, 우연적 자질들, 전설은 위계화의 모든 가능성을 중립화한다. 왜냐하면 그것의 변형들은 동일한 방식으로, 본질적인 것과 우연적인 것을 변화시키기 때문이다. 바로 이 같은 차원에서 모든 의미작용을 상실하게 만든다.

물론, 정체성의 문제는 전설로 한계가 그어지지 않는다. 그 문제는 실제로 기호학의 모든 문제와 관련된다. 특히 언어의 문제다. 언어 기호는 그 자체로 그것을 실증적으로 정의하게 해줄 수 있는 어떤 특징들을 갖고 있지 않다. 차이는 언어 기호가 외부로부터 취하는 것이다. 그 기호 주변에 존재하는 다른 기호들의 사실로부터 말이다. 언어 기호가 랑그의 시스템에서취하는 위치는 가치를 부여한다. 전설의 인물에 대해서는 결코 그렇지 않다. 소쉬르는 한명의 인물이 다른 인물들이 아닌 모든 것이라는 말을 한 적이 없다. 달리 말해서 전설의 경우는 언어의 경우에서 하나의 기호의 가치를 실체적 정체성의 부재에서 정의하도록 해주는 계열체의 시리즈를 갖고 있지 않다. 바로 그 같은

35) Turpin 2003a, p.389.
36) Turpin 2003a, p.338.

이유에서 전설에 대한 소쉬르의 필사본은 부정적이다.

바로 그런 이유에서, 그는 개인을 속성들의 부여로서 논리적 주체로 만듦과 동시에, 일련의 부수적 성격으로 인한 존재론적 기층으로 만드는 전통적 개념이 전설 인물의 경우에는 이중적으로 실패한다는 점을 강조한다. 먼저, 전설의 인물은 성격들의 자유연상에 불과하며, 소쉬르는 자유연상이라 부른다. 왜냐하면 그 같은 연상은 그 어떤 기층에도 기초하지 않기 때문이다. 그 결과, 그 진정한 본질에서 취해진 디에트리히는 역사적 인물도 아니며 역사와 무관한 인물도 아니다. 그는 순전히 세 개 또는 네 개의 특질들의 조합으로서, 이 특질들은 매순간 분해되어, 전체적 통일성의 해체를 유발할 수 있다.[37)]

심지어 소쉬르는 한 걸음 더 나간다. 전설에서는 이름조차 부여(attribution)의 주체로서 사용될 수 없다. 이름은 다른 이름들 가운데 특징 이상이 아니다. 그것은 결정적으로 모자 이상으로 인물의 정체성을 보장할 수 없다. 이름 역시 전환의 대상이다. 그 논증은 허구의 존재들이 실재적 존재를 갖지 않는다고 말하는 것으로 한정되지 않는다. 돈키호테와의 비교가 보여주는 것처럼 말이다.

인물은 서사의 중핵이라 해도 과언이 아니다. 이를테면 19세기, 인물은 소설의 한 복판에 놓여 있다. 소설가는 설득력 있는 인물들의 창조 속에서 자신의 예술의 본질을 목도하고 있다. 소쉬르 역시 전설과 신화의 서사에서 가장 먼저 주목한 것이 인물의 서사적 변형의 문제였다. 20세기 초반기에 접어들면서, 자신들의 예술을 말하는 소설가들에 의해서 다시 언급된다. 그것은 자신들의 예술과 독립된 인물들의 독립을 말한다. 작가는 그가 창조한 인물들에 대해서 유도되고, 마치 실재적인 인물들처럼 말이다. 그들에게 관심을 갖고, 그들을 사랑

---

37) *ibid.*, p.387.

하고, 그들의 자유를 존중하면서도 증오한다. 작가가 그의 인물들과 맺는 관계들은 바흐친의 의미에서 그의 작품을 하나의 다성적 소설로 만든다.

그것은 독자 측면에서도 마찬가지다. 우리가 사랑하는 한편의 소설에서 취하는 것은 텍스트의 단어들이 아니며, 우리의 기억들 속에서 제시되는 인물들과 장면들이다. 어느 정도 규정된 이미지들의 형식 아래서 말이다. 심지어 돈키호테와 같은 인물들은 집단적 상상계의 신화적 형상들로 변형된다. 자신의 저서, [돈키호테와 산초의 삶]에서 우나무노는 세르반테스의 주인공들은 문학적 존재들로서, 독자들의 상상계 속에서 하나의 고유한 삶을 계속해서 체험한다고 진술한다.[38)]

인물의 개념화는 오랜 진화의 결과물이며 인물들을 연구할 수 있는 여러 관점들이 존재한다. 사실주의적 인물의 출현은, 그것으로 하여금 실재적 인물과 경쟁할 수 있도록 해주는 두께를 가지면서 17세기에서 18세기에 추출된 소설의 새로운 개념화의 파급 효과이다. 사실주의적 인물은 인간 경험의 완결된 진정한 종합 보고서인 것이다. 그것은 독자에게 인물들의 개별성과 사회에서의 그들의 각인과 관련하여 모든 세부 디테일을 제공한다.

평균적 일상의 개인의 영역에서 개인의 새로운 개념화가 발달한다. 중세의 서사적 작품들의 인물들은 이 단어의 근대적 의미에서는 개인들이 아니다. 그것들은 사회에서 그들의 자리에 의해서 정해진 유형들이며, 다른 한편으로는 성격들을 만들어내는 심리적 도덕적 특질들의 소유에 의해서 정해진 유형들에 해당된다. 점차적으로 특히 르네상스 시대부터 그의 사회적 역할과도 혼동되지 않고 하나의 도덕적 유형과도 혼동되지 않는 자율적 개인의 개념화가 발달함을 알 수

---

38) Unamuno, *Vie de Don Quichotte et Sancho*, 1905.

있다. 이 같은 개인화의 과정은 다음가 같은 관념에 도달한다. 즉 각자는 다른 인물들과 그를 닮게 만드는 것에 의해서 정해지는 것이 아니라, 그의 본질적 차이에 의해서 그를 규정하게 만든다. 이 같은 변형은 인물들에 주어진 이름들 속에서 발현된다. 문학적 전통에서, 이 같은 이름들은 다음과 같은 범주들 가운데 하나에 속한다. 역사 또는 전설의 위대한 인물들의 이름들, 고대 세계에서 차용한 이름들, 그들의 성격을 계시하는 투명한 의미를 갖는 유형의 이름들이 것이다. 소쉬르가 연구한 게르만 전설의 인물들은 하나의 정체성을 갖고 있으나. 기 같은 사용 관례는 근대 소설의 인물과는 상이하다. 17세기와 18세기의 전환기에 접어들면서 소설의 인물들은 개인적 정체성을 갖기 시작하는 것이다.

그와 평행적인 진화는 인물 초상의 기법에서 나타났다. 전통적 소설에서 초상들은 개인적 특이성들을 강조하지 않고 예외적 주인공들로부터 기다리는 성질들을 열거하는 것으로 한정된 코드에 따라서 조직화되었다. 시를 다룬 중세의 교과서는 초상의 정전적 차원을 엄격한 법칙들에 해당되는 것에 따라 정의했다. 관상, 신체, 의복 등, 각각의 디테일에 대한 묘사이다.[39)]

그렇다면 소쉬르는 인물의 일반 이론을 조준했는가? 20세기 중반기부터 일부 소설가들과 비평가들은 인물의 위기를 설파하였다. 인물의 소멸을 정당화하기 위해서 그들은 다양한 논증들에 기대었다. 상황적 논증이다. 현대 사회는 대중사회로서, 부르주와 개인주의에 종언을 가져왔다. 사실주의가 가능한 인물이 전개될 수 있는 유일한 토대가 바로 개인주의이다. 존재론적 논거이다. 서사물의 인물은 살아 있는 생명체처럼 살과 피로 이루어진 것이 아니며, 오직 단어들만을 갖고 있

39) Molino, 앞에 책, pp.161-162.

는 실재이다. 이점에서 소쉬르는 이미 인물의 위기를 내다보았다. 언어가 실재와 직접적인 관계를 갖지 않는다면, 인물은 텍스트를 벗어나 자율적 존재를 갖지 못한다. 현대 서사학에서 봉착할 딜레마를 소쉬르는 이미 토로하고 있다. 즉, 인물들은 실재적인 사람인지 아니면, 종이 존재에 의해서 창조된 순수한 환상에 불과한 것인지 말이다. 인물에 대한 적합한 해석은 너무나 빈번하게 모순적인 것으로 간주되는 이 같은 두 가지 직관들을 설명해주어야 한다.[40)]

소쉬르는 두 번째 가정을 선택했다. 사실, 인물은 엄밀한 의미에서 담화의 존재이다. 즉 그것은 소설가가 사용하는 단어들을 통해서만 알려져 있다. 또한 인물들은 행동들과 밀접하게 결합되어 있다. 행위의 규정이 아니라면 인물은 도대체 무엇이라 말인가? 행위는 인물의 일러스트레이션이 아니라면 무엇이라 말인가? 인물의 전형들과 규정된 행동들 사이에 존재하는 상관관계는 인물들을 그들이 행사하는 기능들을 통해서 정의하도록 하게 만든다. 이를테면 18세기 이탈리아의 극예술 전문가 고찌(Carlo Gozzi)의 제안을 다시 취하면서 프랑스 미학자 수리오는 6개의 드라마 기능들을 제안했으며, 그것의 조합술은 20만개의 극예술의 상황들의 인물들과 줄거리 도식을 가능케 한다.[41)]

기능들은 직접적으로 인물들에 대응하지 않는다. 인물들 속에서 여러 개의 기능들이 조합될 수 있다. 그 기능들은 매우 일반적인 가치를 갖고, 추상적 줄거리를 규정한다.

---

40) Molino, ibid., p.173.

41) Etienne Souriau, *Les 200,000 situations dramatiques, Paris*, Flammarion, 1950.

1. 일정한 방향성을 지닌 주제적 힘

2. 대립적 힘

3. 가치의 재현, 희망하는 재화의 재현

4. 상황의 심판관

5. 희망하는 재화의 가상적 획득자

6. 선행하는 힘들의 하나를 도와주기 위한 구출

극예술의 기능으로 인물을 환원시키는 것은 러시아 민담학자 프롭에 의해서 작동되었다. 민담을 특징짓는 기능들에 대한 연구와 나란히 그는 7개의 행동의 장들을 추출했는데. 이것은 역할들에 해당되며, 자신의 책에서 세 장을 이 같은 역할들이 인물들 속에서 구현되는 방식에 할애하고 있다.[42)]

주지하다시피, 역할들은 반드시 인물들과 일치하지 않는다. 역할들의 이 같은 목록은 수리오가 제안한 목록보다 더 구체적이다. 왜냐하면 그것은 더 한계가 그어지고 구체적인 코퍼스에서 도출되었기 때문이다. 즉 왕비와 그의 아버지, 증여자, 위임자, 가짜 주인공 등은 민담을 특징짓는 인물들이지만, 다른 문학 장르에서는 찾아볼 수 없다. 더구나 프롭은 인물들의 속성들의 중요성을 강조한다. 그들의 나이, 성, 상황, 외모, 신체적 도덕적 특이성 등. 행동의 장들은 그 결과 오직 가장 추상적인 분석 수준에 해당될 뿐이다. 그 분석이 의미를 갖는 것은 인물들의 속성들이 성립하는 구체적 규정들과 더불어서 관계를 지을 때만 비로소 의미를 갖는다.

그레마스는 앞서 제시한 두 개의 유형론을 일반화시키기를 원했다. 그는 자신의 분석의 토대를 행동자 개념에 두었다. 6개 종류의 행동자

42) Vladimir Propp, *Morphologie du conte, Paris*, Seuil, 1970.

구별(발신자, 대상, 수신자, 주체, 조력자, 대립자)과 6개의 유형들은 프롭의 역할에 해당되며 보충적인 추상화 과정의 대상이다.[43] 그레마스의 주체는 프롭의 주인공, 대상은 왕비, 대립자는 폭력적 인물, 조력자는 보조자와 증여자에 해당된다. 기능들은 그것이 어떤 형식으로 제시되건, 하나의 인물을 정의하기에는 충분하지 않다. 하나의 인물은 다수의 기능들에 해당될 수 있을 뿐만 아니라, 그의 서사적 기능들로부터 도출되는 성질 이외의 다른 성질들을 수용할 수 있기 때문이다. 끝으로 소쉬르가 탐구한 니벨룽겐 전설의 인물을 이해하는 데 있어서 프라이(Northrop Frye)가 제시한 다섯 가지 유형의 주인공을 참조할 수 있을 것이다.[44]

1. 신화적 서사물의 주인공들은 모든 존재들에 비해서 우월하다.
2. 전설적 서사물의 주인공들은 평범한 인간들의 능력에 비해서 우월한 능력을 갖고 있으며 인간적 존재의 특징들을 갖고 있으면서 그들의 환경을 지배한다.
3. 서사사오 비극의 주인공들은 다른 존재보다 우월하나 자연 세계의 법칙에 종속된다. 전설적 서사물의 주인공과 상반된다.
4. 우리와 비슷한 주인공들을 사실주의적 소설의 주인공들이다.
5. 우리보다 열등한 주인공들이다.

즉, 우월한 미메시스는 전설의 인물, 서사사의 인물, 비극의 인물에 해당된다. 열등한 미메시스는 희극의 인물들에 해당된다. 신들, 영웅들, 성인들인 우월한 인물들에 맞서, 우화의 반 영웅들, 만담과 희극

43) A.J.Greimas, Sémantique structurale, Paris, Larousse, 1966.
44) Northrop Frye, *Anatomie de la critique, Paris*, Gallimard, 1969, pp.47-50.

의 반 주인공들이 존재한다. 서사시의 주인공은 오직 그의 이름을 통해서만 정의되고, 그의 정체를 파악하게 만들어주는 짧은 공식은 하나의 반복적 특질에 힘입어서이다. 그것은 호머의 에피테트이다. 인물들은 하나의 초상화 덕분에 특징지어지지 않는다. 그들은 그들의 행동들과 담화를 통해서 자신을 알려지게 만든다. 소쉬르가 다룬 전통의 주인공들은 보통의 인간성 보다 우월하다. 왜냐하면 그는 공동체의 가치들을 구현하기 때문이며, 자신이 속한 공통에서에서, 구술 문화의 청자가 자신과 동일시하려는 경향을 갖고 있는 모델을 성립한다.

5. 구술 전승의 문제: 기억의 서사인류학

소쉬르의 서사 이론의 주제 가운데 하나는 구술 서술물의 전승 과정이라 할 수 있다. 이 주제는 게르만 전설의 차원을 벗어나 고대 인도의 베다와 호머의 시를 아우르는 방대한 연구 공간을 주파하고 있다는 점에서 특이하다.[45)]

소쉬르의 필사본 자료 가운데 구술 문학과 관련된 가장 큰 부피의 이론적 탐구 가운데 하나는 하버드 도서관에 소장중인 노트이다. 이들 필사본의 일부는 1897년부터1898년 제노바 대학의 아테네 학당에서 행한 연설의 초고로서 이 강연들의 제목은 '고대 인도에 대한 일

45) 소쉬르가 제기한 구술 전승의 문제에 대해서는 Parret, H. «Les manuscrits saussuriens de Harvard», *Cahiers Ferdinand de Saussure* 47, 1993, pp.179-234, Testenoire, P.-Y. «Saussure métricien : les diérèses homériques», *Cahiers Ferdinand de Saussure* 61, 2008, pp.43-59, Testenoire, P.-Y. Ferdinand de Saussure à la recherche des anagrammes : les cahiers homériques, thèse de doctorat sous la dir. de P. Brunet, Rouen, 2010. 참조.

별'로서, 대부분의 분량을 베다 문헌과, 베다를 문자를 통해 옮기는 작업을 금기하는 내용을 다루고 있다. 베다의 글쓰기와 관련된 타부는 두 개의 물음을 촉발시킨다. 첫 번째 것은 베다문헌의 전달의 양태성과 관련된다. 만약, 베다를 문자로 기록하는 것을 엄격히 금지했다면 어떤 종류의 전달을 통해서 이들 문헌들은 고대 인도의 가장 오래 전의 시간으로부터 우리에게 전달되었는가? 그것들이 어떻게 보전될 수 있었는가?라는 일련의 물음들을 소쉬르는 제기하고 있다.[46] 두 번째 물음은, 베다를 문자로 기록하는 것을 금기한 것은 어떤 이데올로기적 혹은 종교적 의중(scrupule)을 반영한 것인가. 이 같은 금기는 한 시대에서 지속된 반면, '문자는 통용되고 일반적인 사용관례에 속하는 것'이라고 소쉬르는 적고 있다. 소쉬르는 그의 청중에게 이 두 개의 물음을 차례로 다룰 것을 제안한다. 그는 베다 송가의 전달과 보존의 수수께끼를 먼저 다루었다.

"물론 그것은 기억을 통해서 보존되었다. 하지만 곧바로 첨언할 점은 자유로운 기억을 통해서라는 것이다. 우리가 그리스에서 호머의 시들의 보존을 배타적으로 설명한 자유로운 기억처럼 말이다. 문자 이전에 호머의 시를 처음부터 끝까지 노래할 수 있었던 음유시인은 자신의 쾌락을 위해서, 또는 청자들의 쾌락을 위해서 그 같은 강력한 과제를 수행했다. 결코, 예술적 향유의 간단한 동기(mobile) 이외의 다른 어떤 것도 최초의 그리스인들에게 있어서 우리를 놀랍게 만드는 이 같은 암송을 유리하게 만들지 않았다. 이 같은 암송은 인도의 암송과 나란히 놓고 비교할 바가 거의 없다. 고대 인도에서 모든 것을 명령한 것은 종교적 동기였다. 종교적 목적과, 종교교육을 염두에 두고 암송으로 학습한 가르침의 종교교리 방법을 통해서 비로소 베다의 보존이라는 놀라운 현상이 지

46) BGE, AdS 373, fol.14). cité par, Testenoire, p.65.

속되었다."[47]

"지금, 그 비교를 계속하기 위해서, 주목할 사실은 그리스에서는 음유시인 양성 학교들은 문자에 의탁하지 않고 호머의 텍스트를 보존해야 했다. 기껏해야 4세기 또는5세기 동안이며 그것도 절대적 충실성에 집착하지 않은 채, 정반대로 이 텍스트에 의해 스스로 수를 놓으면서 말이다. 그 동안 기억에서 나온 복제는 순전히 인도에서는 기억술에서 나온 것으로 4세기나 5세기가 아니라, 무려 30 세기를 이어져왔다."[48]

위에서 제시된 소쉬르의 진술을 통해 두 개의 구술 전승 방식이 소묘됨을 감지할 수 있다. 고대 인도와 고대 그리스의 구술 문학의 전승 방식으로서 양자 사이에는 연대기적 크기의 변화이외에, 시인들의 동기부여가 전혀 상이하다. 하나는 미학적이며, 다른 하나는 종교적이다. 바로 거기서 두 가지 유형의 기억과 암송이 상이한 목적에 봉사한다. 첫 번째 것은 호머의 음유이신(aedes)의 것이며 변이(variatio)의 원칙에 기초하며 소쉬르는 즉흥으로 섞여 있는 암송의 양태성을 파악하려 애쓴다. 그것을 표현하기 위해서 소쉬르는 여기서 자수(broderie)의 이미지를 사용한다. 즉, 음유시의 용어에서 전제된 어원을 발굴하면서 말이다. 그리스 음유시인들이 자수를 놓는 구술 방식에, 고대 인도의 종교 교리의 구술성이 대응한다. 베다의 전승은 같은 것을 동일하게 반복하는 것으로 작동된다. 고대 인도에서 기억의 이 같은 비 자유로운 사용 관례 지표는 리그-베다에서 보존된 변이형의 부재이다. 그의 강연에서 소쉬르는 역사적으로 그처럼 긴 기간 동안에 구술로 전승된 송가들에 대해서 전혀 예외적인 불변이성을 강조한

---

47) BGE, AdS 373, fol.14-16.

48) H.Parret, "Les manuscrits saussuriens de Harvard", Cahiers F.de Saussure 47, 1993, p.224.

다. 그 같은 설명은 암송 주체들의 영성적인 형성 측면에서 탐구되어야 한다. 여기서 소쉬르가 염두에 두는 것은 고대 인도의 브라만들이다.

"베다의 암송이라는 사실을 다시 언급하기 위해서, 무엇보다 목격할 사실은 각 브라만은 카스트의 가장 오래된 규칙들에 따라서 최대 48년을, 최소 12년을 자신의 영성 교육에 할애해야 했다. 바로 이점이 암송에 의한 반복에 일정한 여분을 주는 것이며 우리를 계시하기 시작한다. 만약 그 규칙이 지속적으로 준수되었다면, 그 같은 조건에서 베다라는 절대적으로 불변하는 텍스트를 전승할 수 있는 가능성에 대해서 우리에게 훤하게 설명해주고 있다."[49]

소쉬르는 그의 마지막 제 3차 일반언어학 강의에서도 고대인도 전통의 이 같은 놀라운 암송 능력에 대해서 다음과 같이 유사한 진술을 남긴 바 있다.

"리그-베다의 송가에 관한 한 그것이 이 소중한 텍스트를 전달하기 위해서 기억에만 호소했다는 것은 연대기적으로 훨씬 더 큰 공간에 해당된다. 또 다른 한편, 다른 장르의 암기가 문제가 되는데, 그것은 더 이상 음유시인, 곧 중세의 음유시인의 암기가 아니다. 그들의 목적은 순전히 시적이고 문학적인 향유였으며, 성스러운 목적에 결부된 의례적인 암기였던 것이다. 이것은 보다 커다란 보장을 제공한다. 우리가 거슬러 올라갈 수 있는 오랜 기간만큼이나 우리는 송가들의 정확한 전달을 위해 취해진 무한한 조심성을 보게 된다. 고대 인도인들은 통용되는 형태 속에서 베다를 암송했을 뿐만 아니라 단어 하나하나씩 암송했다 (...) 베다 텍스트의 전체 작품을 상이한 방식으로 암송하는 브라만들이 있었다."[50]

---

49) BGE, AdS 373, fol.20-21.
50) 소쉬르, [제3차 일반언어학 강의], 김성도 번역, 근간, 민음사.

이 두 개의 구술성의 형식들의 접근은 한 가지 놀라운 사실에 의해서 지적된다. 그것은 문자의 역사적 제어의 문제와 결부되지 않는다. 산스크리트어 문헌이건, 그리스 문헌이건, 게르만 문헌이건, 언어학자 소쉬르는 구술 전승이 문자의 사용과 나란히 추구된다는 사실을 염두에 두고 있다. 그 결과 시적 구술성은 소쉬르에게 있어서 글쓰기 기술의 결핍으로 해소되지 않는다. 베다에 있어, 구술 전승은 보다 심오한 동기부여에 부응한다. 최소한 그것은 두 번째 물음의 처리에 속한다.

"성스러운 송가들을 문자로 적는 것에 대한 종교적 금기.

힌두교의 도그마는 베다의 글쓰기를 그것의 신성한 정수의 변질로서 제시하였다. (...)베다를 글로 적는 것에 대한 전통적 금기의 진정한 이유는 그것이 아니다." [51]

베다의 암송의 엄밀한 양태성의 유지는 그들의 카스트의 지배를 영속화하려는 데 사용되었다. 소쉬르에 따르면 브라만들은 "베다가 공적 영역 속에 떨어지지 않는 데 모든 일차적 관심을 가졌다. 즉, 모든 사람의 것이 되지 않는 것이다."

소쉬르가 브라만의 암송에 부여한 미덕은 바로 그가 자신의 일반언어학 강의에서 문자에 대해서 부정했던 내용이다. 즉, 충실한 재현을 가능케 하는 것을 말한다. 암송 주체들은 '정전에 기초한 축자적 복제'를 겨냥했다. 언어학자 소쉬르는 다른 곳에서 철자에 대한 애착과 동시에 철자에 대한 미신을 언급한다. 그것은 베다의 전승 정신에서는 고유한 것이다. 두 개의 문학적 구술성의 방식들은 [고대 인도에 대한 일별]에서 제시되며, 형용사의 두 개의 어의에 해당된다. 문학적이라

---

51) BGE, AdS373, fol.23.

는 형용사는 소쉬르의 텍스트를 통해서 확인되며 액면적이라는 의미와 등가이며, 반드시 문자를 전제하는 것은 아니다.

베다의 음성언어의 의례적 암송 모델에 맞서, 그리스 음영시인들의 자유기억(mémoire libre)의 양태성은 인도에 대한 강연을 위한 노트에서, 상대적으로 미규정된 상태로 남아 있다. 만약, 이 같은 음유시의 구술성의 제안된 원형이 호머의 텍스트라면, 게르만 전설들과 스칸디나비아의 사가(Saga)들은 똑같이 소쉬르에게 있어서 두 번째 유형의 구술성에 속한다. 전설들에 대한 필사본들은 호머 시들의 형성과 게르만 서사시 사이에 존재하는 다수의 평행성을 제시한다. 소쉬르는 이 같은 관점에서 19세기의 독일 문헌학의 흐름에 각인된다. 즉 그는 일리아드와 오딧세이를 19세기 초에 재발견된 중세 민족 시들의 모델에 민간 정신의 발산으로서 간주한다. 이 같은 흐름의 가장 대표적인 학자는 라흐만(Karl Lachmann)으로서, 그는 이 시들의 기원에서 원시적인 노래들을 구별하면서 19세기 중반기, 호모의 시들에 대해서 그가 니벨룽겐의 주제에 대해서 적용했던 방법들을 적용한다. 소쉬르는 라흐만의 문헌학적 방법들에 대해서 극도로 비판적이지만, 원초적 노래들이라는 라흐만의 이론을 자기 것으로 선취한다. 니벨룽겐, 일리아드와 오딧세이는 그에게 있어, 구별되는 노래들의 조합, 상이한 연대기와 작가들의 조합으로서, 구술 전승의 과정에서 결합된 조합된 것이다. 시들의 이질성을 강조하면서, 소쉬르는 호머 시의 문제의 틀에서 공리주의자들에 맞서 분석가들의 편에 속한다.

음유시의 접근법의 장점을 자랑할 때, 소쉬르는 바로 독일 전설에 대한 그의 필사본에서 바로 그 같은 독일의 문헌학적 전통을 참조하는 것이다.

"아마도 올바른 노선을 갖고 있는 하나의 학파가 텍스트의 전승, 암송되거나 문자로 기록된 문학적 정교화에 대해서 중요한 것을 기여한다. 바로 그것은 우리가 음유시학(rhapsodologie)과 음유시의 재성립이라고 부르는 것이다. 사실 하나의 음유시(rhapsodie)를 지칭하는 것은 바로 거기서 출발해야 한다. 음유시의 전달방식과, 게르만 전설들에 공통적인 양태성의 설명은 아나그람 연구 필사본에서 제시된다.[52] 구술 문학을 다루는 이들 텍스트들의 검토를 통해 얻을 수 있는 결론은 무엇인가? 최소한 세 개의 가르침으로서 소쉬르의 기호학과 시학, 서사학과 직결된 것이다.

구술 문학을 다루는 이들 텍스트들의 검토를 통해 얻을 수 있는 결론은 무엇인가? 최소한 세 개의 가르침으로서 소쉬르의 기호학과 시학, 서사학과 직결된 것이다. 먼저, 소쉬르는 시의 구술성에서 작시법의 원칙은 그 기원을 찾는다. 소쉬르의 개념화에서 작시법은 대부분 기억을 통한 전달을 위한 버팀목이며 보장물이다. 운율적 제약은 그것이 각운과 두운처럼 전통적이건, 아니면 아나그람처럼 전혀 새로운 것이건, 본래는 기억술의 기능을 갖고 있다. 두 번째 가르침은 언어와 시적 구술성의 공통적인 기호학적 바탕과 관련된다. 즉 인간기억의 운반체 속에서 하지만 동시에 망각의 능력 속에 있는 시적 구술성의 공통적 바탕이다.

망각이나 기원의 포기는 특히 언어의 기호학적 순환 또는 구술 시들과, 돈키호테와 같은 문학적 인물의 상호 텍스트적 순환과 구별시켜는 요인이다. 기억과 망각의 이 같은 변증법은 소쉬르 기호학의 심장부에서 특히 전설에 대한 육필원고에서 발전되었다. 그 같은 변증법은 특히 언어와 시스템과 전설 서사들의 시스템 사이에서 추출된 유

52) Pierre-Yves Testenoire, “Littérature orale et sémiologie saussurienne”, in: En quoi Saussure peut-il nous aider à penser la littérature ? Presses de l’Université de Pau.

추들 사이에 포함된다.

> "기억의 결핍. 원하는 순간에 이야기꾼의 기억에 도래하지 않는 다른 무엇인가를 대체하기 위해서 무엇인가를 발명하는 것은 이야기꾼에는 지나가는 경미한 굴욕으로서, 그는 그것을 청중에게서 감추려고 시도한다. 이것은 전설의 일반적 운명에 있어서 변형 요인들의 가장 엄청난 요인들 가운데 하나이다. 망각은 여기서 긍정적인 심리적 요인으로서 작용한다고 말할 수 있을 것이다. 왜냐하면 그것은 모든 대가를 치르고서라도 망각을 회복해야하기 때문이다. 아울러, 첨언해야 할 것은 우리는 정확히 언어적 형태들의 가장 미묘한 영역 속에서 동일한 현상을 목격한다는 것이다."[53]

망각 현상은 브라만들의 의례적 기억과 문자의 고정화에서는 접근될 수 없는 현상으로서 음유시인의 문학과 언어에 공통적인 변형의 원칙이다. 시적 암송의 틀 속에서 망각을 회복하려는 필요성은 일반언어학 강의에서 다루어진 문법변화의 설명과 일맥상통한다.

이 마지막 가르침은 소쉬르의 사상에서 문자의 양가적 위상이며, 기호학의 정의 자체 속에서 양가적 위상이다. 문자는 일반언어학강의에서 상기된 기호학적 시스템들 가운데 하나이다. 그것은 확실히 소쉬르가 그 목록을 제시하는 것들 가운데 가장 풍요롭게 언어에 가장 근접한 것이다. 이와 나란히, 소쉬르는 문자를 기호학적 시스템의 운반체로서의 자격을 인정치 않는다. 언어에서 그것은 기만적인 재현체계이며, 수많은 오류들의 근원이다. 문학에서, 그것은 기원의 고정을 통해서 사회적 삶의 한 복판에서 기호들의 순환을 금기한다. 음운중심주의와 문자의 고정주의적 개념화는 소쉬르에게서 문학 기호학

53) Le Leggende Germaniche, p.440.

의 발전에서 두 개의 주요 인식론적 장애물들로서 나타난다.

6. 결론: 서사 담화의 기호학[54)]

소쉬르가 남몰래 진행했던 니벨룽겐 전설의 서사적 정체성에 대한 연구는 미완성으로 끝났으며 공식적 출판물을 생산하지 못했다. 필자는 본고에서 기존의 기호학적 관점에서의 연구 성과를 참조하면서 서사인문학의 프로그램을 찾기 위한 일환으로서 소쉬르의 서사기호학의 핵심 주제들을 간략하게 제시하는 데 주안점을 두었다.

소쉬르는 니벨룽겐 전설의 역사적 기원을 설정하고, 두 개의 텍스트 사이에서 발생하는 인물의 변화를 중심으로 서사적 정체성을 파악하는 작업에 몰두했다. 혹자는 그 같은 서사적 변형들을 담화의 기능 작동의 기호학 이론 속에서 파악할 것을 시사한다. 소쉬르의 언어학 이론에서 제시한 랑그와 달리, 담화는 사회화의 과정과 역사의 변화무쌍한 소용돌이 속에 놓인다는 점에서 서사는 분명 그 같은 담화의 차원에서 살펴볼 필요가 있다. 수 백 여명의 전설 인물들의 변형 양상을 검토한 소쉬르는 정체성과 차이로 이루어진 기호들의 놀이를 작동시키고 있다. 한 단어가 무의식적 방식으로 인간의 정신에 대해서 전혀 다른 단어들의 무리의 관념을 불러올 수 있듯이, 전설의 인물에서도 변형의 한계는 확정될 수 없다. 일반언어학 강의에서와 마찬가지로, 전설에 대한 필사본에서 기호의 이 같은 개념화는 소쉬르로 하여금 실증적 정체성의 개념을 문제 삼게 만들면서 다분히 해체적 양상으로 치닫는다. 다음과 같은 필사본의 단락은 소쉬르의 육필 원고

54) 담화체의 기호학에 대한 보다 상세한 논의는 Turpin 2003b 참조.

에서 반복적으로 나타나며, 소쉬르의 고민이 무엇이었는지를 비교적 선명하게 일러준다.

"이름만으로는 아무것도 의미하지 않는다. 정체성의 기준을 성립하는 것은 인물의 행위인가, 또는 그의 성격인가, 또는 그의 주변 환경인가, 아니면 [...]? 어느 정도는 이 모든 것이며, 동시에 이들 가운데 그 어떤 것도 아니다. 〈왜냐하면 모든 것은 변형되고 A에서 B로 옮겨갈 수 있기 때문이다.〉 그 문제를 연구하면 할수록, 그 물음의 본령은 어디에 정체성이 있는 것인가를 아는 것이 관건이 아니라, 과연 정체성에 대해서 언급하는 것에 있어 의미가 있는지를 물어보게 된다."[55]

어쨌거나 소쉬르는 전설의 서사적 변형들의 다양한 변이형들과 그것들의 규칙들을 탐구하는 것을 시도하게 된다. 문제의 관건은 발현된 것을 넘어서, 변형들이 작동하는 잠복적 특징들을 찾아내는 일이다. 이름은 인물들, 그것의 성격, 그것의 행동들 곁에서, 단지 이 같은 발현된 것의 요소들 가운데 하나에 불과하다.

"- 특히, 하나의 이름은 정확히 동일한 반열에 위치한 a, b, c, d 등의 요소들의 하나에 불과하다는 것을 보는 것이다. 왜냐하면 아마도 우리가 단언하려고 애쓰는 바의 진리를 가장 많이 가리고 있는 것이 바로 그 점이기 때문이다. 특정 이름들에 대해서 다음 사실을 수용하게 만들지 않을 것이다. 디에트리(Dietrich)에게서 그 이름은 무관하다. 이름은 오직 그것이 거기에 일정 총합의 특징들을 첨가할 때 비로소 중요성을 가질 수 있다. 그 같은 특징들이 부재하게 되면 우리를 절대적 공허 앞에 방치시킬 것이다."[56]

---

55) Légendes, 3959/11, 15.
56) Légendes. 3959/8, 22.

"전설이 그 자신에게서 지니는 모든 변화가능하거나 변형에 종속되는 모든 것들 가운데, 행동들의 모티브가 동일한 자격으로 위치한다. 모티브가 동일한 채로 남아 있는 것과 마찬가지로, 우리는 행위의 본질이 변화하는 것을 빈번하게 목격한다.

- 마찬가지로, 행위가 동일한 채로 남아 있으며, 행동의 선 텍스트 또는 원인이 연속적으로 변화됨을 알 수 있다."[57]

위에서 인용된 내용으로 미루어보아, 소쉬르는 현대 서사학 이론의 모든 핵심주제들을 의식하고 있음을 확인할 수 있다. 특히 소쉬르는 서사의 변형에서 부각되는 인물의 주요 특질(traits)을 여러 차례 언급하며 모두 동일한 중요성을 지닌다는 점을 재차 강조한다. 요컨대, 서사학자 소쉬르는 서사의 변형에서 다른 특징들 보다 안정적인 특징들을 결정하는 작업에 대해서 호의적이다.

"도덕적 성격이 시간에 의해서 부과된 변이들의 나머지에 비해서 더 안전하게 보호된다고 상상하는 것은 하나의 환상이다."[58]

이 같은 주저에도 불구하고, 소쉬르는 자신이 연구한 전설의 여러 판본에서 집요하게 나타나는 몇 가지 요소들을 지적하고 있다. 이를테면, 인물들의 이동들에 대한 추억, 다른 자격 호칭에 비해서 왕정의 칭호, 도덕적 조합의 의미에서 말하는 개인들의 성격, 인물이 싸우는 대상 등이 그것이다.[59]

57) Légendes, 3959/3, 2.
58) Légendes, 3958/8, 23.
59) Légendes, 3959/10, 17.

"여기서 빈번한 것처럼, 전환들의 플럭스(plexus)를 눈앞에 두고 있는데, 그것은 어려움 없이 최초의 전이로 귀결된다. 모든 전이들은 다른 전이들과 결합된다. 하지만 우리는 이동이 시작한 것은 특정 끝 쪽이 아니라 다른 쪽으로 시작한 것이라고 단정적으로 말할 수 없다."[60]

하나의 단위, 정체성은 하나의 담화로 조직화되는 차이들의 플럭스로 구성된다. 전설, 신화, 서술화된 역사 등, 이 같은 담화 자체는 다른 담화들의 플럭스이며, 그 만큼 모든 담화는 다다양한 연상 결합적 연쇄들을 통해서 다른 담화들로 귀결된다. 하나의 전설은 특징들의 전염을 통해서 다른 전설로 귀결될 수 있다. 하지만 그와 동시에 그것에 선행했던 다른 유형들의 담화들로 귀결될 수 있다. 연대기 편찬, 신화들은 그 전설에서 담화 배치의 작업을 통해서 교차한다. 매번 낭송자가 동일한 무의지적 변이들을 도입하면서 만들어낼 수 있는 담화화를 말한다. 그 같은 무의지적 변이들은 소문이라는 도 다른 사회적 담화의 작업 속에서 다시 찾을 수 있다.

"5-6 개의 물질적 요소들이 주어지면, 의미는 공간 속에서 단 몇 분 만에 변화할 수 있다. 만약 내가 그것들을 5-6명의 인물들을 개별적으로 작업하게 조합한다면 말이다."[61]

여기서 소묘된 기호학적 모델은 수많은 점에서 언어기호학 모델과 접맥한다. 소쉬르의 전설 연구에서 인물들의 특질들(traits)는 주어지지 않는 실재들이다. 그것은 음운론적 자질들과 비교될 수 있다. 바로 이 같은 특질들의 조합으로부터 구체적 단위를 만들어 낸다. 그것은

60) Légendes, 3598/31.
61) Légendes, 3595/10, 18.

인물, 행동, 기능 등의 단위를 말한다.

아울러 소쉬르가 말하는 특질들은 언제라도 발생할 수 있는 조합의 요소들이다. 그것들의 현존이나 부재, 그것들이 조합되는 방식은 구체적 단위를 규정한다. 의미는 아울러 이 같은 조합적 과정의 결과물이다. 이 결과물은 바로 의미가 변이하게 만든다. 단위는 따라서 자의적이다. 전설의 인물은 오직 우발적 사건을 통해서만 역사의 인물로 귀결된다. 바로 그런 이유에서 소쉬르는 기호는 존재하지 않으며 오직 요소들만이 존재한다고 말하게 된다. 그것은 그로 하여금 자신의 동시대 학자들이 주장한 상징을 거부하게 만들었다. 소쉬르의 판단에 의하면 전설이 맺는 역사와의 관계는 담화가 존재하는 순간부터 결코 총체적인 것도 체계적인 것이며 오직 간접적일 뿐이다.

이와 동일한 방식으로 소쉬르는 그의 일반언어학 강의에서 언어적 상징성을 부정한다. 즉 하나의 단어가 그것이 시차적 과정이 존재하지 않은 채 직접적으로 사물을 지시할 수 있다는 사실을 부정한다. 우리는 여기서 랑그와 파롤 사이의 한계에 대한 성찰을 다시 만난다. 양자 사이에는 간결한 경계선이 존재하지 않는다. 랑그와 파롤 사이에는 담화와 그것의 사회성이 분절된다. 이 같은 담화 개념은 그 자체가 강의 속에서 제시된다.

필사본 원고에서 소쉬르는 동시기에 그가 구축했던 언어학과 기호학의 이론적 문제를 전설에 명시적으로 적용하지는 않았으며, 먼저 전설과 역사 사이의 관계의 문제에서 출발했다. 전설에서 기호는 언어학적 방식으로 작동함과 동시에 특수한 방식으로 작동한다. 일부 연구자는 그것을 상징적이라고 규정한다. 소쉬르는 전설의 상징이라는 표현을 사용했으며 신화적 인물, 상징들은 특질들로 성립된다. 이 특질들 자체는 불안정하고, 불확실하고, 교환가능하고, 따라서 전설의 불안정성과 불확실성의 토대를 설립한다.

끝으로 소쉬르의 서사 이론이 문학 텍스트에 대해서 갖는 함의를 지적하면 다음과 같다.

첫째, 문학 텍스트는 소쉬르가 제시한 두 가지 이유에서 기호학의 대상이 될 수 없었다. 기호학적 대상으로서의 전설 텍스트를 특징짓는 통시적 진화는 문학 텍스트에 영향을 미치지 않는다. 오히려 그것의 저자의 이름에 의해서 결정적으로 정지된다. '그 자체로서 있는 바 그래도', 그것은 문학적 텍스트로서의 그것의 위상에 의해서 단번에 고정되며, 따라서 기호학적 접근법에서 벗어난다.[62)]

둘째, 선-텍스트(pré-texte) 개념은 소쉬르가 전설에 할애한 위상을 참작할 때 변별적으로 보인다. 소쉬르가 역사적 정박을 사유할 때, 선-텍스트는 역사적 현실의 세계 속에 전설에 뿌리를 두는 사건들의 이야기 이외에 다름 아니다.

---

62) Michel Arrivé. "Texte, pré-texte et intertexte chez Ferdinand de Saussure", Approches interdisciplinaires de la lecture, 2010, pp.167-190.

참고문헌

Arrivé, M. «La sémiologie saussurienne entre le CLC et la recherche sur la légende», *Linx*, 44, 2001, pp.13-27.

Arrivé, M. «Linguistique et littérature : retour aux origines saussuriennes», in D. Ablali, et M. Kastberg Sjöblom, *Linguistique et littérature : Cluny, 40 ans après*, Besançon, Presses Universitaires de Franche-Comté, 2010, pp.33-45.

Arrivé, M. «Saussure aux prises avec la notion de littérature», in M. Arrivé et C. Normand (éds.), *Saussure aujourd'hui*, Actes du colloque de Cerisy la Salle 12-19 aout 1992, CRL - Université Paris X, Nanterre, 1995, pp.154-172.

Arrivé, M. «Unité linguistique et unité sémiologique chez Ferdinand de Saussure », in G. Quiroz, I. Berthoud-Papandropoulo, É. Thommen et C. Vogel(éds), *Les unités discursives dans l'analyse sémiotique*, Peter Lang, 1998, pp.11-21.

Arrivé, M. À *la recherche de Ferdinand de Saussure*, Paris, PUF, 2007.

Arrivé, M. (éd.), *Du côté de chez Saussure*, Limoges, Lambert-Lucas, 2008.

Arrivé, M. «De la lettre à la littérature: un trajet saussurien», in S. Bedouret et G. Prignitz, (éds), *Linguiste et littérature 1. Saussure. En quoi Saussure peuti-il nous aider à Penser la littérature?*, Pau : Presses de l'Université de Pau et des Pays de l Ádour, 2012, pp.33-50.

Avalle, D. «La sémiologie de la narrativité chez Saussure», in Ch. Bouazis(éd.), *Essai de la théorie du text*, Paris, Galilée, 1973, pp.17-49.

Bédouret-Larraburu, S. & Prignitz, G.(éds), *En quoi Saussure peut-il nous aider à penser la littérature?*, Presses de l'Université de Pau et des Pays de l'Adour, 2012.

Benveniste, É. «Lettres de Ferdinand de Saussure à Antoine Meillet», *Cahiers Ferdinand de Saussure*, 21, 1964, pp.93-130.

Chiss, J.-L. et Dessons G. (éds.), *Linguistique et poétique du discours à partir de Saussure. Langages* 159, Paris, Larousse, 2005.

Constantin, É. «Linguistique générale, Cours de M. le Professeur deSaussure, 1910-1911», in Mejia Quijano(ed), *Cahiers Ferdinand de Saussure*, 2005, pp. 83-290.

Engler, Rudolf, E. «Sémiologies saussuriennes I », *Cahiers Ferdinand de Saussure*, 29, 1974-1975, pp.45-73.

Engler, Rudolf. «Sémiologies saussuriennes II », *Cahiers Ferdinand de Saussure*, 34, 1980, pp.1-16.

Engler, Rudolf. «Sémiologies saussuriennes. De l'existence du signe», *Cahier Ferdinand Saussure*, 29, 1974, pp.45-73.

Estanislao, S. «Quelques problèmes philologiques posés par l' oeuvre de Ferdinand de Saussure», *Langages*, 2010, p.178.

Fehr, J. *Saussure entre linguistique et sémiologie*, Paris, PUF, 2000.

Freud, S. «L'inconscient», in Œ*uvres complètes*, XIII, Paris, PUF, 1915-1988, pp.203-242.

Gambarara, D. «La bibliothèque de Ferdinand de Saussure», *Genava*, 20, 1972, pp.316-368.

Gandon, F. *De dangereux édifices. Saussure lecteur de Lucréce*, Louvain, Peeters, 2002.

Garet-Gaudek, E. «Saussure aujourd'hui, de l'écrit au discours», *Acta fabula*, vol. 14, n° 7. Disponible sur: http://www.fabula.org/revue/document8137.php, (consultée le 10 mars 2014), 2013.

Godel, R. *Les sources manuscrites du Cours de linguistique générale de Ferdinand de Saussure*, Genève, Droz, 1957-1969.

Greimas, A. J. *Sémantique structurale*, Paris, Larousse, 1966.

Hénault, A. «Saussure et le théorie du langage», in A. Hénault (éd.), *Questions de sémiotique*, PUF, 2002, pp.53-72.

Kim, S. «La mythologie saussurienne : une nouvelle vision sémiologique? (Á propos de la continuité de la pensée saussurienne)», *Semiotica*, 97, 1/2, 1993, pp.5-78.

Kim, S. «La mythologie saussurienne: une ouverture sémiologique», *Linx*, 7, 1995, pp.293-300.

Komatsu, E. «Tristan – Notes de Saussure» , *The Annual Collection of Essays and Studies*, Faculty of Letters, Gakushuin University, vol. XXXII, 1985, pp.149-229.

Levi-Strauss, C. et Eribon, D. *De Prés et de loin*, Paris, Odile Jacob, 1988.

Marinetti, A. et Meli, M. *Ferdinand de Saussure : le leggende germaniche*, Este (Padova), libreria editrice Zielo, 1986.

Nava, G. «Lettres de Ferdinand de Saussure à Giovanni Pascoli»,

Cahiers Ferdinand de Saussure 24, 1968, pp.73-81.

Normand, C. *Saussure*, Paris, Les Belles Lettres, 2000.

Parret, H. «Les manuscrits saussuriens de Harvard», *Cahiers Ferdinand de Saussure* 47, 1993, pp.179-234.

Prosdocimi, A. «Sul Saussure delle leggende germaniche», *Cahier Ferdinand Saussure*, 37, 1983, pp.35-106.

Rastier, F. «Saussure et les textes - de la philologie des textes saussuriens à la théorie saussurienne des textes», Texto!, XIV, n.3, 2009, pp.01-27.

Salmon, G. «Les conditions d'une science de l'intertextualité: réflexion sur les apories du comparatisme saussurien», *Rivista Italiana di Filosofia del Linguaggio*, 3, 2010, pp.169-182.

Saussure, F. de, *Cours de linguistique générale. Tome 1*, éd. critique par R. Engler, Wiesbaden, Otto Harrassowitz, 1968.

Saussure, F. de, *Écrits de linguistique générale*. Édition par Bouquet, S. et Engler, R. Paris: Gallimard, 2002.

Saussure, F. de, «les Burgondes et la langue burgonde en pays roman», *in* Saussure, F. de, 1904, 1922-1984.

Saussure, F. de, *Cours de linguistique générale*, Paris, Payot, 1972 (1916).

Saussure, F. de, *Cours de linguistique générale. Tome 2 : Appendice. Notes de F.de Saussure sur la linguistique générale*, éd. critique par R. Engler, Wiesbaden, Otto Harrassowitz, 1974.

Saussure, F. de, *Recueil des publications scientifiques*, Genève, Sonor, puis Paris-Genève, Slaktine, 1922-1984.

Saussure, F. de, *LEG, Le leggende germaniche*, a cura de Marinetti,

Anna et Meli, Marcello, Zielo, Este, 1986.

Shepheard, D. «Saussure's Vedic Anagrams», *Modern Language Review*, 77/3, 1982, pp.513-523.

Shepheard, D. «Saussures Anagramme und die deutsche Dichtung», *Sprachwissenschaft*, 11, 1986, pp.52-79.

Starobinski, J. *Les mots sous les mots. Les anagrammes de Ferdinand de Saussure*, Paris, Gallimard, puis Limoges, Lambert-Lucas, 1971-2009.

Testenoire, P.-Y. «Saussure métricien : les diérèses homériques», *Cahiers Ferdinand de Saussure* 61, 2008, pp.43-59.

Testenoire, P.-Y. *Ferdinand de Saussure à la recherche des anagrammes : les cahiers homériques*, thèse de doctorat sous la dir. de P. Brunet, Rouen, 2010.

Turpin, B. «Légendes et récits d'Europe du Nord: de Sigfrid à Tristan», in S. Bouquet(éd.), *Saussure*, Paris, L'Herne, 2003a, pp.351-429.

Turpin, B. «Légendes – Mythes - Histoire. La circulation des signes», in S. Bouquet(éd.) *Saussure*, Paris, L'Herne, 2003b, pp.307-316.

II 사랑 개념과 자아 내러티브

2

사랑 개념과 자아 내러티브

이 윤 희

1. 들어가며

영화나 드라마에서 사용된 문장 혹은 시적 표현이 특정한 메시지를 전달하며 관객에게 강한 인상을 주는 경우가 있다. 영화 <역린逆鱗>(2014)에서 사용된 중용의 23장 기차치곡장(基次致曲章)[1]이 그 것이다. 그 내용은 다음과 같이 표현된다.

> 작은 일도 무시하지 않고 최선을 다해야 한다.

---

1) '치곡'은 "곡(曲)에 이르게 한다는 뜻으로, 사소한 일에도 극진히 함을 이름. 곡은 일편(一偏)의 뜻으로 전체가 아닌 일부분을 말함.『중용(中庸)』23장에서 '그 다음은 곡에 이르게 하는 것이다. 곡에도 성은 있으니, 성해지면 곧 나타나고, 나타나면 곧 뚜렷해진다.[其次致曲 曲能有誠 誠則形 形則著]'라고 하여, 성이 아직 지극함에 이르지 못한 자들[其次]은 사소한 일, 개개의 사물에도 성을 다해서 하나하나 성취해 나가야 하는데, 이를 치곡(致曲)이라 하였음." [네이버 지식백과] (한국고전용어사전, 2001.3.30, 세종대왕기념사업회)

작은 일에도 최선을 다하면 정성스럽게 된다.

정성스럽게 되면 겉에 배어 나오고,

겉에 배어 나오면 겉으로 드러나고,

겉으로 드러나면 이내 밝아지고,

밝아지면 남을 감동시키고,

남을 감동시키면 이내 변하게 되고,

변하면 생육된다.

그러니 오직 세상에서 지극히 정성을 다하는 사람만이

나와 세상을 변하게 할 수 있는 것이다

(其次는 致曲 曲能有誠이니, 誠則形하고, 形則著하고, 著則明하고, 明則動하고, 動則變하고 變則化니, 唯天下至誠이아 爲能化니라)

위의 문장은 지극히 작은 것에 대한 주의력(attentiveness)과 정서적이며 자발적인 행동(emotional, volitional act)이 나와 세상을 변하게 하는 중요한 가치라는 것을 표현하고 있다. 주의력과 의지는 일상적인 삶의 태도로 역사, 정치, 문화적 영역을 넘어서 모든 개인이 갖추어야 할 품성으로 여겨진다. 특히 "인생의 진리는 단순한 객관적 세계에만 있는 것도 아니고, 또 순전한 주관적 세계에만 있는 것도 아니며, 그것은 어디까지나 중용에 있는 것..."[2]이라는 중용사상에 비추어 볼 때, 우리는 이러한 삶의 태도를 개인과 세계를 연결하는 관계의 원칙으로 이해할 수 있다. 사물, 인간, 사건 등, 대상에 대한 충만한 주의력과 정서적이며 자발적인 행동은 내부와 외부를 연결하며 두 세계를 변화시키는 힘이다.

---

2) [네이버 지식백과] 중용사상 [中庸思想] (한국민족문화대백과, 한국학중앙연구원)

본 논문의 목적은 충만한 주의력[3]과 사랑이 자아발전의 소통적 매개가 된다는 점을 입증하는 것이다. 구체적으로 말하면, 미국의 철학자, 찰스 S. 퍼스(1839-1914)의 자아[4] 개념을 토대로 앎의 주체로서 나(I)와 앎의 대상으로서 나 자신(me)의 관계를 설명하고, 사랑의 매개를 통해 자아의 정체성이 형성되는 과정을 대화적 상상력에 기반하여 살펴 볼 것이다(퍼스 *CP* 6.156-157).

자아-내러티브는 말하는 주체(a speaking subject)인 내가 말의 대상(the subject of speaking)인 나 자신(me)을 향한 욕망의 움직임과 사랑의 방법을 통해 알아가는 주체인 나(I)와 알려지는 대상[5]인 나 자신(me)의 대화적 과정을 재현한다. 이 때 나 자신(me)은 타자인 너(you)로 간주되며, 너에 대한 사랑은 따라서 자애(self-love)의 형태로

---

3) 주의력(attentiveness)은 시몬 베유, 괴테, 벤야민 등을 비롯한 여러 사상가들이 주목한 개념이다. 벤야민이 지적하듯이 괴테는 주의력을 인간의 가장 중요한 품성으로 여겼다. 벤야민은 한 걸음 더 나아가 습관과 고통을 짝 개념으로 주의력을 설명한다. 각각은 서로 다른 영역에서 주의력을 보완한다. 우선 주의력은 습관과 긴장관계에 놓이는 데, 주의력이 너무 긴장하지 않기 위해서는 습관이 필요하지만, 습관이 경직되면 주의력이 사라진다고 본다. 하지만 꿈 속에서는 일상적 습관의 단편들이 왜곡되어 나타남으로 주의력이 회복된다. 한편 최고의 주의력이 고통을 통해 발산되며 습관을 발생시킨다(벤야민 2009:193-194). 동일한 맥락에서 본 논문은 사랑과 자발적 의지를 짝 개념으로 하는 주의력이 대화과정에서 어떻게 실현되는지에 대하여 관심을 갖는다. 다른 말로하면, 본 논문은 C. S. 퍼스의 진화적인 사랑(evolutionary love)의 개념을 토대로 타자와의 관계에 의해 규정되는 기호적 자아의 진화과정에 주목한다.

4) 유기체로서의 대상이 아닌 언어, 즉 기호적 관계 속에서 규정되는 자아로, 형이상학적 자아 개념이다. 이런 점에서 퍼스에게 인간은 기호, 엄밀히 말하면 사고기호(thought-sign), 혹은 말(a word)로서 정의된다(퍼스 *CP* 5.313-5.314).

5) 윌리엄 제임스에 의하면 "I" 는 알아가는 자아 혹은 주체로서의 자아와 같고, "ME"는 알려지는 자아 혹은 대상으로서의 자아와 같다. *Handbook of Dialogical Self Theory* (Kindle Locations 283-284). Cambridge University Press. Kindle Edition. 2012.

나타난다. 이러한 자애는 공동체에서 주는 사랑, 아가페로 진화한다(이 과정은 뒤에서 논의될 것이다). 그러므로 말하는 주체인 나와 너 속에서 발견한 나 자신(me)은 서로를 규정하며, 내적 세계와 외적 세계가 연결된다. 그러므로 내가 타자로서의 나 자신을 사랑하는 방법은 너와의 관계를 통해 가능해진다.

본 논문에서는 자아-내러티브의 개념을 세 가지 특성으로 기술한다. 첫째, 자아의 개념은 언어적으로 구성되며, 둘째, 사회적 자아의 진화에 관한 것이며, 셋째, 역사 내러티브와 유사한 방식으로 설명된다(게르겐 & 게르겐 2001: 163 참고). 자아가 언어적으로 구성된다는 말을 기호학적으로 설명하면 '나는 누구인가'라는 질문에서 나(I) 라는 표현은 지표기호로 대상인 나 자신(me)에 의해 재현된다는 것을 의미한다. 이 때 나 자신(me)에 의해 규정되는 지표기호 나(I)는 사회적 자아의 성격을 띠며, 사회적 유기체에서 순전한 세포(mere cell)가 된다(퍼스 *CP*[6] 1.647). 이같이 사회적 자아는 유기체로서 자기(ego)가 언어 구조를 통해 나(I)라는 기호로 재현됨으로써 미래적 자아로 진화하는 시간의 내러티브를 수반한다. 이러한 자아-내러티브는 단순한 생물학적 진화가 아닌, 타자와의 관계를 통해 자신을 발견하는 과정이다. 즉 하나의 아이디어(an idea)가 일관성(consistency)을 획득하며 보편성을 갖는 자아로 발전하는, 개인의 역사 내러티브라고 볼 수 있다. 그러므로 언어의 상징시스템을 매개로 형성되는 사회적 자아와 미래를 향해 진화하는 자아는 나(I) 라는 기호적 자아의 개념을 토대로 서로 연결된다.

자아 탐구의 한 방식으로 자전적 글쓰기가 있다. 성 아우구스티누스의 <고백록>에서 처럼 글쓰기 수행을 통하여 사적 자아에서 보편

---

6) *CP*는 퍼스 선집(Collected Papers)를 지칭하며, 숫자(1. 647)는 차례로 권수와 단락을 가리킨다.

적 자아로 성장하는 경우가 있는가 하면, 루소의 <고백록>에서 처럼 개체로서의 사적 자아가 재현되는 경우도 있다(애벗 2010: 264-266). 하지만 두 유형 모두, 궁극적으로는 자신과의 대화과정을 통해 자아 정체성을 확립하는 데 목적을 둔 자동사로서의 글쓰기 수행이라고 할 수 있다. 주관적 관념론에 기반한 이러한 자전적 글쓰기 수행은 개인적 영역에 머무는 경향이 있다.

본 논문에서 주장하는 자아-내러티브 개념은 내부 지향적인 자아의 스토리에 국한되지 않으며, 외부 지향적인 이타주의를 필요로 한다. 즉 자아의 발견이 타자를 향한 관심을 토대로 이루어진다는 점에서 자아는 기본적으로 사회적이며, 진화의 성격을 갖는다는 점에서 또한 공동체적이다. 나와 타자와의 관계를 통한 변화가 우주적인 진화로 이어지는 것은 자아의 형이상학적 개념을 통해 가능하다. 이런 점에서 공동체의 법에 부합하는 자기통제(self-control)의 경험은 메타의식으로, 사적 자아와 사회적 자아의 영역을 연결하는 무경계의 의식이자 동시에 새로운 경계를 창조하는 진화의 의식이다. 이 같은 자기통제적 행위는 합리적 자아가 주의력과 정서적, 자발적 행동을 매개로 시간, 공간적으로 타자와 연결되며, 나와 타자가 경계가 없는 공동체의 구성원으로 우주적인 진화에 참여하는 것을 의미한다. 그러므로 자아-내러티브에서는 개인, 사회, 공동체의 서로 다른 영역이 연결되어 기술된다. 세 영역에서의 자아, 즉 사적, 사회적, 보편적 자아 간을 연결하는 법칙은 사랑의 논리이다.[7] 따라서 개인, 사회, 공동

---

7) 퍼스는 본능과 정서(sentiment)가 합리적인 자기통제(self-control)와 상충되는 것이 아니라 필요하다는 점을 지속적으로 강조하며 마침내 추론이 정서에 종속된다고 공언한다(퍼스 *CP*1.673). 이는 논리가 이타주의(altruism)를 요청할 뿐만 아니라 논리적 정서를 요구한다는 점과 연결되어 있다(후크웨이 2002: 225). 사번이 지적하듯이 퍼스에게 정서의 가장 중요한 예는 사랑 혹은 아가페(agape)이며, 이는 감정(emotion)과 구별되

체를 연결하는 사랑의 논리를 논의하기 위해서 우선 기호적 자아와 퍼스의 사랑 개념을 살펴보고, 뒤이어 대화적 관계가 어떻게 자아-내러티브 형식을 통해 드러나는 지에 관해 논한다. 결론적으로 본 논문은 모든 것이 연결되어 진화하는 퍼스의 우주론을 기반으로 자아와 우주의 공동 진화(co-evolution)를 가능하게 하는 창조적 사랑의 에너지가 이웃 사랑에서 시작된다는 점에 주목한다.

2. 나는 누구인가?

자아의 개념은 '나는 누구인가?'라는 본질적 물음에 대한 응답으로 자아인식(self-consciousness)과 자아정체성의 문제와 연관되어 있다. 언어학적으로 보면 '나는 누구인가'(Who am I?)라는 질문은, '나는 누구이다'(I am who)라는 평서문의 변형이다. 논리적인 관점에서 보면 이 문장은 주어와 서술어의 두 부분으로 나누어지는데, 여기서 계사(be 동사)는 주어와 보어를 연결하는 기능으로 동일성의 관계를 재현한다. 즉 주어와 보어는 각각 동일한 대상을 지시하며 연결된다. 따라서 누구(who) 자리에는 선생, 학생, 엄마, 동생, 준희, 크다, 작다, 예쁘다, 행복하다 등 지위나 상태를 나타내는 명사나 형용사로 대치될 수 있다. 이 때 주어가 생략된 서술어인 명사나 형용사는 개념적 이미지로 의미화가 되어있다. 서술어가 주어와 연결되기 전 까지 그러한 개념은 규정되지 않은 가능성의 '이미지'로만 존재한다. 이때 '나'라는 주어는 지표로서 실제 대상을 가리킨다. 즉 말하는 화자가 행위의 주

는 감정의 시스템으로 하나의 방법이다(사번 1981:331). 이런 점에서 논리적 정서로서 사랑은 자아의 세 영역, 즉 본능적, 감정적, 합리적인 영역을 연결하는 법이라고 할 수 있다.

체가 된다. 따라서 유기체인 자기(ego)는 '나'(I)라고 발화하는 순간 앎의 주체로 상징 세계에 참여하게 된다. 그러므로 "나는 ___ 하다" 혹은 " ___ 이다"를 통해 나를 인식한다. 언어가 나를 규정하는 언어적 사실이 발생한다. 결과적으로 나는 발언을 통해, 즉 언어를 매개로, 자아에 대한 의식이 생겨나며 자아의 개념을 얻는다.

자신을 '나'(I)로 기호화하지 못하는 아이의 경우는 대상에 대한 직접적 경험을 다른 사람의 증언(testimony)을 통해 비교함으로써 자아를 의식하는 과정을 거친다. 퍼스는 아이의 난로경험을 통하여 이를 설명하고 있다. 가령, 난로가 뜨거우니 만지지 말라는 주의에도 불구하고 그것을 만지는 경험을 통하여 아이는 자신의 무지와 오류를 자각하게 되는 순간에 이르는 데, 퍼스는 이를 자아를 인식하는 과정으로 설명한다(퍼스 *CP* 5.233; 5.235; 5.317).

자아에 대한 의식은 언어 혹은 타인의 증언을 매개로 모델링이 된다. 다른 말로하면, 내가 나 자신을 의식하는 것은 중재된 행위를 통하여 이루어진다. 이 때 언어를 중재 수단으로 하던지, 증언을 매개로 하던지 자아에 대한 의식은 나의 느낌이 외부의 느낌과 비교될 때 생기는 이중의 의식(double consciousness)을 통해 이루어진다(퍼스 *EP* 2:154).

이중의 의식은 주어와 서술어가 다른 영역임을 인식하는 것이다. 서술어는 개념화된 사회적 의미이다. 그러므로 주어인 나는 서술어를 통해 규정되는 사회적인 자아를 인식한다. 요컨대 '나는 선생이다'에서 '선생'이라는 말은 언어 공동체에서 약속된 의미로 소통된다. 이런 측면에서 자아 정체성은 기본적으로 사회적이며, 따라서 기능적 역할을 수행한다. 다르게 표현하면 나는 공동체의 사고를 재현한 서술어로 규정된다는 점에서 사고기호(thought-sign)가 된다. 그러므로 사고는 나의 내부에 존재하는 것이 아니라 외부에 존재한다. 퍼스는 이 점을 다음과 같이 표현한다. "몸이 움직임 안에 있고 움직임이 몸 안에 있는 것이 아니라고 말하는 것처럼 우리가 사고 안에 있는 것이지 사고가 우리 안에 있는 것이 아니라고 말해야 한다"(퍼스 *CP* 5.289 n.1). 따라서 사고기호, 즉 기호 자체는 사회적이며 일반성에 근거한다.

정리하면, 인간은 언어를 매개로 자아를 의식하는 기호적 자아와, 타자와의 관계를 통해 자아를 발견하는 사회적 자아의 성격을 갖는다. 언어시스템과 사회적 관계를 근거로 자아가 확립되고, 진화하는 이야기인 자아-내러티브는 각 개인이 사회적 관계 속에서 어떻게 규정되며, 어떻게 자신을 인식하는지, 자아의 진화 과정에 관심을 갖는다.

위에서 언급하였듯이 나의 본질을 찾는 과정은 유기체로서의 내가 언어를 통해 나를 의미화하는 기호과정이라고 볼 수 있다. 내가 나 자신을 지속적으로 해석해 나가는 과정, 즉 인간 세미오시스이다(anthroposemiosis). 인간 자체가 기호학적 탐구의 대상이 되는 자아-내러티브는 인간 중심적(anthropocentric)이면서 동시에 의인화(anthropomorphism)의 과정을 통해 주관적 세계와 객관적 세계를 유비적 관계로 재현한다(퍼스 *CP* 8. 262 참고). 퍼스는 다른 진화이론가들과는 반대로 정신이 시원(primordial)이고 물질은 정신의 변형(modification)이라는 입장을 취한다. "물리학의 법칙은 정신의 재현법칙과 동일하다"(CD: 2974, 발 2013: 151에서 인용). 이러한 점에서 퍼스의 우주론은 객관적 관념론(objective idealism)으로 정신이 우주에 편재하여 있다는 형이상학적 사유를 재현한다. 따라서 기호적 자아의 개념은 우주의 진화와 연결되는 공동체로서의 개인, 즉 개인성(personality)의 성장, 진화와 연관된다(퍼스 *EP*[8] 1: 330-331).

개체가 아닌 개인의 개념은 아이디어 혹은 아이디어의 연결인 일

---

8) *EP*는 퍼스의 철학적 논고들을 모은 선집으로 *The Essential Peirce*을 지칭한다.

반적 아이디어로 인간의 개념과 동의어는 아니다(퍼스 *CP* 6.155; 머피1993: 343). 퍼스는 개인의 개념을 다음과 같이 비유적으로 기술한다. "...실제로 개인(a person)은 별의 무리(a cluster of stars)와 같은 것으로서 육안으로 볼 때는 하나의 별로 보이지만 과학적인 심리학의 망원경으로 자세히 보면 그 별 자체가 다수이며, 또 다른 한편으로는 인접한 물질과 절대적인 경계가 없다는 것을 알게 된다"(R 403, 1894)[9] 개인의 개념은 사적영역에 속하면서도 상징으로서 공동체의 개념을 포함한다. 덧붙이면, 퍼스는 일반적 아이디어를 공유하는 공동체적인 자아 개념을 강조하면서도 살아있는 느낌인 아이디어(feeling-idea)에 대한 사랑을 강조하며 이에 대한 사랑을 창조적인 사랑(creative love)으로 여긴다.

이러한 맥락에서 개인(person)과 개체(individual), 정신(mind)과 의식(consciousness)의 구별은 중요하다. 퍼스는 심리학자들이 정신을 의식과 동일한 것으로 보는 관점을 거부한다. 이 둘은 다른 것이다. 의식은 단지 느낌이고, 정신은 둘을 연결하는 기능적 차원에서 설명된다. 기호로서의 인간은 해석체(interpretant)로서의 사고 기호(thought-sign)이자 동시에 개인은 말(a person is a word)로서 인식된다. 이 때 의식의 유무에 따라 개인과 말이 구별된다. 개인은 의식을 갖는 살아있는 말이고, 말은 일반성을 통해 존재하는 부동의 정신(effete mind)이다. 그러므로 아이디어로서의 개인은 생동하는 느낌이며 이는 가능성의 자질을 갖는 창조성과 연관되어 있다. 이러한 개인 안에 있는 느낌인 아이디어를 인식하는 것은 사랑을 토대로 대상에 대한 충만한 주의력과 자발적 행동을 요구한다.

그러므로 자아 발견의 시발점은 개인적 차원에서 느낌인 아이디어

---

9) R 403으로 구분되는 퍼스의 필사본으로 앙드레 드 티엔느의 논문, "The Sign in Person" (*Cognitio* (2/2002))에서 인용되었다.

의 인식에 있으며, 사회적 차원에서 대화적 관계를 통해 그러한 아이디어가 확장되고 성장한다. 이 때 정신의 법[10]은 아이디어를 시간적, 공간적으로 연결하는 기능을 한다. 이러한 아이디어의 연속성(continuity)은 자아-내러티브의 형식을 통해 다음 장에서 기술될 것이다.

요약하면 일반적 아이디어로서의 개인이 대화적 관계를 통해 일관성을 갖게 되는 과정이 정신의 법칙을 통해서 기술될 수 있다. 이러한 아이디어는 공간적 연속성을 통한 이웃사랑을 통해 성장, 발전되며, 시간의 연속성을 통해 자아 사랑으로 나타난다. 나와 이웃은 경계가 없으며, 둘은 공동체의 구성원으로 분배의 사랑과 정의로 우주의 진화에 참여한다. 이런 점에서 나와 세계의 변화는 생물학적이 아닌 형이상학적 개념의 진화론에 의해 설명된다. 따라서 자아-내러티브는 정신의 법칙을 따라 나라는 실체가 자아라는 의미로 재현되는 과정이다. 가령, 대화적 자아, 사회적 자아, 상징적 자아, 미래적 자아, 사적 자아 등의 자아 개념은 유기체인 내가 규정되는 사고 기호이자 말(a word)로서 자아-정체성의 한 모습이다. 즉 나는 일관성을 통해 자아 정체성을 확립한다.

---

10) 퍼스가 모니스트*The Monist*에 기고한 형이상학에 관한 논문 시리즈 중 하나인 "정신의 법"The Law of Mind(1892)(*EP* 1: 섹션 23)를 참고. 이 논문은 마지막 5번째 논문인 "진화적인 사랑" Evolutionary Love(1893)(*EP* 1: 섹션 25)과 내용적으로 연결되어 있으며, 사랑과 진화의 개념을 이해하는 데 도움을 준다.

3. 이런 사랑도 있다

사랑이란 주제만큼 흔한 것도 없지만 동시에 사랑만큼 신비로운 대상도 없다. 우리는 나름대로 사랑을 정의하고 나름대로의 사랑의 개념을 가지고 있다. 보편적이면서도 매우 다양한 사랑의 개념들이 존재한다. 음악, 미술, 문학, 역사, 개인의 삶 속에서 사랑은 끊임없이 이야기되어왔다. 본 논문은 이러한 사랑의 개념에 또 다른 개념을 보태는 셈이 될 수도 있을 것이다. 그럼에도 불구하고, 사랑 이야기를 하지 않을 수 없는 것은 사랑이 인간의 진화과정과 연관되어 있기 때문이다.

SBS TV 인문학 강좌 시리즈 '나는 누구인가'에서 고미숙은 사랑을 사계절에 비유한다.[11] 변하는 것이 사랑이라고. 한편 멜로드라마는 변하지 않는 영원한 사랑을 노래하며 진정한 연애를 못하게 하는 요인을 제공한다고 비판한다. 하지만 사랑은 여러 모습을 통해 우리 자신의 갈망의 형태를 보여준다. 사랑이 변하는 것도 옳은 말이고 변하지 않는 것도 옳은 말이다. 다른 말로 표현하자면, 우리는 내부 세계가 투영된 외부세계를 통해 우리 자신을 알아간다. 이는 앞서 언급한 자아에 대한 의식이 기호의 중재를 통해 알려진다는 기호적 자아와 그 맥을 같이한다.

우리의 감각과 감정은 사계절처럼 변화하며 몸과 마음을 통해 사랑을 경험한다. 한편 우리의 정신은 멜로드라마의 사랑처럼 그 사랑이 영원하기를 꿈꾼다. 아주 오래된 기억처럼 그러한 사랑을 갈망한다. 이처럼 사랑은 쌍곡선을 그리며 서로 다른 모습으로 나타난다. 우리의 몸과 정신은 이렇게 두 가지 형태의 사랑을 경험하며 그 사이에서 긴장을 통해 사랑은 우리를 성숙하고 자유롭게 만든다. 즉 내가 소유

---

11) 인문학강의[Who am I]- 고미숙: 우리시대 인문학의 세 가지 키워드, 돈, 몸, 사랑https://www.youtube.com/watch?v=CaG9HCVTVpA

하는 사랑이 아니라 내가 속하는 사랑에 머물면 그러한 긴장은 나를 진화하게 만드는 상징이 된다. 내 안에 사랑이 있는 것이 아니라 내가 사랑 속에 존재하는 원칙이다. 그러한 사랑은 나와 너의 관계에서 우리 사이에 존재하며 우리를 움직이며 진화시키는 외부적인 힘이자 내부적인 에너지이다. 사랑은 사계절의 변화처럼 반복하는 원의 형태이기도 하지만 연속성을 통해 움직이는 선의 형태이기도 하다. 즉 변화와 불변은 서로 엮이면서 공간과 시간의 내러티브를 구성한다. 따라서 사랑에 대한 우리의 관념은 사계절처럼 변화하면서도 멜로드라마의 변하지 않는 사랑처럼, 변화와 불변의 역설적인 두 모습을 가진다.

이러한 사랑의 두 모습은 마치 인간의 사랑과 신의 사랑의 자질을 재현하는 것처럼 보인다. 변하는 사랑은 현실세계에서의 인간 사이의 사랑을 재현한다면, 변하지 않는 사랑은 신이 인간을 향한 사랑, 즉 기독교 하나님의 사랑에 견주어 볼 만하다. 인간 사이의 사랑은 특히 그리스 신화에서 비유적으로 등장한다. 그리스 신화에서 신은 인간과 동일한 성정을 갖지만 죽지 않는 불멸의 존재로 나타난다. 그리스 신화에서 그려지는 사랑은 증오가 대립 항으로 나타나며 그 사이에 원망과 노여움과, 질투와 슬픔, 기쁨, 행복 등 다양한 감정의 파노라마가 펼쳐지는 드라마가 된다. 특히 남녀 간의 사랑으로 표현되는 에로스는 어떤 신비로운 사랑에 대한 체험으로 그 사랑은 신으로 의인화되고 자아는 그 사랑과 동일시되며, 신비의 묘약처럼 그 사랑에 이끌린다. 그 사랑과 하나가 되고 싶은 황홀경에 빠지며 자아는 부인되거나 복종을 통한 합일의 느낌을 체험한다. 전적으로 이는 수동적인, 느낌의 상태이다. 사랑은 행위가 아닌 감각질(感覺質) 혹은 퀄리어(qualia)의 상태로 우리 안에 존재한다. 하지만 이러한 상태를 지나면 나와 사랑은 분리되어 내 안의 사랑은 외부로 드러나며 나를 갈망하게 하는 사랑의 대상인 너로 변형된다. 따라서 나는 수동적으로 느끼는 주체가 아니라 너를 욕망하는 능동적인 주체가 되고, 대상을 소유하려는 탐욕으로 재현된다. 이러한 나와 너의 분리는 사랑에 대한 자각과 아울러 둘의 관계에 대한 주의력을 요구한다.

마르틴 부버가 정확히 지적하듯이 사랑은 나와 너 사이에 존재한다(부버 2010:30). 따라서 사랑은 관계의 논리로 이해된다. 즉 두 사람 사이에 존재하며, 둘을 이어주는 논리이다. 기호적으로 보면, 사랑은 둘의 관계를 재현하는 논리이다. 궁극적으로 인간은 사랑의 하나 된 느낌, 즉 황홀경을 이상적으로 갈망하며 현실적 관계 속에서 그러한 하나 됨의 사랑을 이루려고 한다. 이런 측면에서 두 사람의 관계에 따라 그 사랑의 모습이 다르게 재현될 수 있다. 이 점은 매우 흥미로운데, 사랑의 자질은 가능성으로 존재하며 규정되지 않은 에너지와 같은 것이고 특정한 두 사람의 관계를 매개로 그러한 사랑의 자질이 구현된다는 점이다. 그러므로 서두에서 밝힌 치곡(致曲)의 개념에 비추어서, 서로가 마주한 '너'를 충만한 주의력으로 대하는 태도는 사랑의 자질이 충만하게 표현되도록 하는 추동적인 요소가 된다.

이같이 두 사람이 갖는 태도, 혹은 두 사람만의 유일한 관계가 서로 다른 개념의 사랑을 재현한다. 가령, 세기적인 사랑이라 할 만한 몽테뉴와 라 보에시의 우정, 나자렛 예수의 사랑, 돈 주안의 사랑 등은 각각 유일한 사랑의 형태를 띠면서도 보편적이다. 주목할 점은 에로스의 형태든지 아가페 형태든지, 사랑은 개념이 아니라 나와 너의 실제적 관계를 통해 실현된다는 것이다. 너와 나의 관계가 에로스의 황홀경을 재현할지, 탐욕의 사랑을 재현할지, 아니면 진화하는 사랑을 재현할지와 관련하여, 본 논문은 사랑이 재현되는 양상을 통해 나와 너의 관계를 논한다. 궁극적으로 이는 나와 너와의 관계를 통해 자아를 인식하고 나 자신을 사랑하는 방법에 대한 자아-내러티브가 될 것이다.

내가 나를 사랑하는 것, 즉 나와 나 자신과의 관계를 통해서 사랑을 이해하는 과정은 나와 나 자신과의 대화 이전에 나와 타자와의 대화를 전제로 한다. 부버에 따르면, 나(I)와 너(YOU) 그리고 그것(IT)이 만들어 내는 근원어는 나-너(Ich-Du)와 나-그것(Ich-Es)이다. 부버는 근원어를 "홀로 있는 낱말이 아니요 어울려 있는 낱말이다"라고 정의한다(부버 2010: 15). 여기서 부버는 중요한 지적을 하는 데 근원어가 둘이면 나도 두 겹일 수밖에 없다는 것이다. 이러한 근원어의 개념을 퍼스의 현상학의 원형적 범주인 자아(I)와 타자(THOU) 그리고 대상(IT)을 통해서 이해하고자 한다. 자아(I), 타자(THOU), 대상(IT)은 세 범주로 각각 가능성의 세계, 실제성의 세계, 일반성의 세계로 기술된다. 퍼스는 타자(THOU)는 대상(IT)을 전제하고, 대상(IT)은 자아(I)를 전제한다고 적는다(퍼스 W[12]1: xxix). 구체적으로 설명하면 자아(I)는 1의 성질로 느낌과 자질의 세계이고, 타자(THOU)는 2의 성질로 작용과 반작용, 혹은 원인과 결과의 관계를 재현하는 이중적 느낌의 세계이며, 마지막으로, 대상(IT)은 3의 성질로 두 느낌을 연결하는 의식으로, 일반성의 세계를 재현한다.

내가 나 자신을 사랑한다는 의미는 무엇인가? 혹은 어떻게 사랑할 수 있는가? 기호적 자아의 관점에서 보면 내가 너를 사랑하는 것은 결국 내가 나 자신을 사랑한다는 의미로 이해된다. 퍼스의 기호학적 범주를 통해 설명하자면 나는 사랑하는 주체이고 너는 내가 사랑하는 대상이 되는데, 이는 타자(YOU)인 네가 대상(IT)을 전제하고, 그러한 대상(IT)은 너와 내가 공유하는 일반성에 근거한다는 점에서, 내가 너, 즉 너 안에 전제된 대상(IT)을 사랑한다는 말은 대상(IT)안에 전제된 자아, 즉 객관적인 자아를 사랑한다는 것을 의미한다. 그렇다면 둘을 연결하는 대상(IT)은 무엇인가? 퍼스에 따르면 일반적

12) W1(*Writings of C. S. Peirce: A Chronological Edition*, Volume 1)는 퍼스의 원고를 연대기순으로 편집한 판본이다.

인 느낌의 아이디어이다. 너에게서 발견된 그 아이디어는 또 다른 나 자신이다. 결국 나를 사랑하는 것은 너 속에 있는 그 아이디어를 사랑하는 것이다. 그 아이디어로 나와 너는 공간적으로 연결된다. 실제적으로 자아의식은 이중의 의식을 통한 무지와 오류로 이루어진다는 퍼스의 지적을 상기해 볼 때, 자아의식은 나와 너의 대화적 관계, 근본적으로 말하면 기호의 대화적 관계 속에 놓일 때 가능하다. 즉 다른 점에서 같은 점(similarity-in-difference)을 찾는 과정이다. 이는 대화적 관계가 사고과정을 재현하는 것으로 "[...]사고 과정은 항상 대화, 즉 자기(ego)의 다른 단계들 사이의 대화 형식으로 진행된다는 사실[...] 그래서 대화적이 된다는 것은, 마치 체스 게임에서 그것의 물질로서 체스맨이 존재하는 것과 같은 의미에서, 본질적으로 사고의 물질인 기호로 구성된다"(퍼스 *CP* 4.6). 따라서 이러한 대화적 관계 속의 너는 나로부터 배제된 타자가 아니라 사랑해야 할, 주의력과 의지를 가지고 포용해야 할 대상이다.

지금까지 기술된 사랑의 형태를 구분하면 창조적 사랑, 이웃 사랑, 진화적 사랑이 될 것이다. 이를 구체적으로 설명하면 다음과 같다. 첫째, 창조적 사랑이란, 느끼는 사랑으로 나는 사랑의 주체이지만 자기를 굽혀 복종하는 수동적인 역할로, 외부의 힘과 하나가 되어 분리가 되지 않는 총체적인 느낌을 갖는다. 이는 느낌으로서의 아이디어인 퀄리어(qualia)를 통해 나와 대상이 하나가 되는 관계로 황홀경의 상태라고 볼 수 있겠다. 이 같은 느낌으로서의 아이디어는 오래된 기억의 환기 같은 것일 수도 있다. 아이디어의 모호성과 그로 인한 가능성으로서의 감정은 타자를 의식하게 되면서 동시에 자아의식의 실제적인 행위로 나타난다.

둘째, 이웃 사랑에서 타자는 소유나 혹은 공유의 대상이 되며, 둘은 각각 탐욕과 자애의 형태로 나타난다. (이 점에 대해서는 다음 장에서 구체적으로 설명될 것이다.) 창조적인 사랑에서의 느낌과 비교하여 이웃 사랑에서는 행동이 전제된다. 사랑의 주체와 대상이 위계적이며 둘은 분리되어 있다. 창조적인 사랑에서 내가 감정적이며 수동적인 정서적 주체였다면 이웃 사랑에서 나는 주의력과 자발적 행위의 능동적 주체가 된다. 아울러 창조적 사랑에서 정서적 주체가 시간의 연속성에서 감정, 느낌으로 대상과 연합되어 있다면, 이웃 사랑에서 행위적 주체는 너와 공간적으로 연결된다. 이를 언어적 형태로 표현하면 'I love you'가 된다. 즉 이행성(transitivity)을 통해 사랑은 너를 향한 움직임을 재현하는 내러티브 형식으로 재현된다. 이는 마르틴 부버의 근원어인 '나-너'의 관계 양상에 따라 탐욕과 자애의 두 내러티브로 설명된다. 두 사랑의 형태는 대화적 과정과 내레이션의 기술을 통해 자아를 발견하고 합리적 주체로 진화하게 하는 상호보완적 관계에 있다. 이 부분은 뒤에 구체적으로 논의될 것이다. 궁극적으로 이웃 사랑은 공간적으로 인접한 타자의 아이디어에 대한 사랑이고 이러한 아이디어에서 나를 발견하는 자아의 사랑으로 이어진다.

이웃 사랑은 대화적 관계를 설명할 수 있는 사랑의 형식이다. 즉 사랑을 하는 행위와 받는 행위가 연결되어 있는지, 즉 두 행위가 대화적인지 아니면 전혀 분리된 행위인지를 고찰할 수 있는 사랑의 형태이다. 이원적 행동을 연결하는 것은 주의력과 자발적 행동에 의거한 대화적 관계이다. 이 같은 대화적 관계에 기초한 사랑은 너와 나를 연결하는 중재 행위로, 주는 사랑의 형태로 진화한다. 즉 사랑의 논리가 자기를 통제하는 원리로 작동된다.

셋째, 진화적 사랑이 있다. 이웃 사랑이 대화적 관계를 기반으로 작용과 반작용의 이원적 행동(dyadic action)을 보여준 것이라면, 진화적 사랑은 목적이 이끄는 삼원적 행동(triadic action)을 토대로 개인이 개인과 연결되는 공동체적 차원의 사랑이라고 하겠다. 반복하여 말하면, 사랑이 대상을 향한 욕망으로 움직이는 것이 아니라 목적을 향해 움직인다. 주는 행위(giving)가 이를 잘 드러낸다. 나의 주는 행위는 대상을 욕망하는 것이 아니라 대상의 소유를 포기하는 것이고, 그 대상의 소유권은 받는 이에게도 옮겨진다. 주는 행위는 이러한 방식으로 주는 사람과 받는 사람을 간접적으로 연결한다. 결국 나의 행위, 즉 내가 소유권을 포기하는 것은 네가 그 소유권을 얻도록 하는 목적을 염두에 두고 이루어진다. 나는 나의 행위의 동기를 분명히 알고 목적에 따라 행동하며 결과적으로 나는 자아가 법에 따라 움직이는 자기 통제적 행동을 한다는 것을 인식한다. 그러므로 나는 나의 행동을 객관적으로 설명하는 내 이야기의 서술자가 된다. 이런 점에서 주는 사랑은 배분의 논리로 실천되는 사랑이다. 이러한 사랑에 구속되어 통제되는 자아는 우주의 진화에 참여하고 있다고 할 수 있다. 폴 리쾨르가 정의를 사랑 개념과 연결시킨 점은 이와 맥을 같이한다고 할 수 있다(리쾨르 1995: Chap. 21).

진화적 사랑은 기독교의 아가페 사랑이자 부모의 사랑과 견줄 수 있을 것이다. 아가페는 자애의 층위를 넘어 타자와의 연대를 통해 공동체 영역에서 자비를 실천하는 창조적 에너지이자 자기 통제적 행동을 이끄는 논리이다. 느낌으로서의 아이디어인 개인(a person)은 자아-내러티브의 형식을 통해 정서적 주체에서 행위주체, 합리적 주체를 수행하면서 사적 자아, 대화적 자아, 그리고 미래적 자아로 진화하는 과정을 보여준다. 미래적 자아로 구성되는 공동체는 또 하나의 개인이 된다.

4. 대화적 상상력: 탐욕(greed)과 자애(self-love)의 내러티브

위에서 언급된 세 가지 사랑은 세 유형의 자아-내러티브 형식으로 재현된다.

1. I am beloved.
2. I love you.
3. I give love to you.

제 1유형과 제 3유형이 각각 정서적, 논리적 주체로 현상적이고 형이상학적인 영역에서의 사랑을 재현한 것이라면 제 2유형은 행위적 주체로 대상과의 실제적 만남을 통해 이루어지는 현실적 영역에서의 사랑을 재현한다. 즉 지금, 여기서 나와 타자와의 만남과 관계를 통해 만들어지는 사랑이다. 본 논문에서 특별히 주목하는 유형이 바로 실존적 영역에서의 제 2 유형이다. 실존적 개체인 나와 너의 유일한 만남을 통해 자아가 발견되고 나와 세계가 변하는 만남이다. 그럼에도 불구하고 세 영역의 주체와 사랑은 연결되어 있다. 즉 현상적 영역에서 주체와 사랑과의 만남은 사랑의 대상이 없이 사랑 그 자체가 감정적(affected)인 상태로 나에게 다가오며, 신비스러운 느낌을 발생시킨다. 그러한 느낌, 아이디어에 대한 사랑은 체화(embody)되어 욕망의 대상인 존재(existence)로 나타난다. 아이디어는 사물, 생물, 인간 등 형태와 무관하게 존재하며, 수학공식의 아름다움, 선행의 아름다움, 혹은 색의 아름다움 등 보편적이면서도 유일한 형태의 아름다움으로 현시한다.

느낌은 연속성을 통해 확장되며 진화한다는 점에서 본질적 가치를 인식하게 하는 비교 대상이 존재한다(*EP* 1: 섹션 23, the Law of Mind 참고). 따라서 대상의 내재적 가치는 상대적 가치와의 긴장 속에 있게 된다. 더 정확히 말하면 내재적 가치는 상대적 가치를 통해 표면적으로 드러나며 따라서 둘은 보완적인 관계가 된다. 이 경우에 비교 관계가 온전하게 보완적이 되려면, 대화적 상상력(dialogic imagination)이 요구된다. 대화에서 자리바꿈의 교환(interchange)을 통한 포지셔닝은 평등한 관계를 구성하기 때문이다. 평등한 관계에서 추출되는 상대적 가치는 두 개체가 전체에서 부분임을 인식하게 한다. 결과적으로 교환(interchange)을 통해 서로의 가치를 발견하는 상호주체적 관계는 사회적 자아로서 개인의 경험이 우리의 경험을 풍부하게 하는 공동체의 경험을 만든다(퍼스 *CP* 5.402 n.2 참고). 이러한 대화적 관계가 전제되지 않는 제 2 유형의 자아-내러티브 형식은 사적 자아에 머물 가능성이 크며, 제 3유형의 공동체의 사랑을 통해 진화하는 자아의 진화 가능성이 희박해진다.

제2유형의 내러티브 형식을 구체적으로 설명하면 다음과 같다. 자아의 진화 가능성은 자발적 행위 주체를 통해 수행된다. 즉 사회적 자아로서 나-너의 관계를 통해 발전한다. 퍼스의 진화론의 설명에 따르면, 사회적 다윈주의처럼 욕망을 향해 달려가는 생존의 진화 내러티브는 남을 짓밟고 자기 욕심을 채우는 탐욕의 원리로 비대화적인 경우라 볼 수 있다. 실제적으로 이러한 과정을 통해 진화를 설명할 수는 있지만 우연성을 기초로 하는 이론으로 진화의 이유를 설명하지는 못한다. 현재에서 과거와의 대화를 통해 미래를 진단하는 과정은 목적론적인 진화론을 통하여 설명된다(퍼스 *EP* 1: 섹션 25, Evolutionary Love). 이 같은 목적론적 관점에서 본 진화론은 현재가 과거와 미래를 동시에 포함하고 있다.

우연에 기초한 다윈의 생물학적 진화론과 작용과 반작용의 기계론적 관점, 습관을 통한 행위적 관점의 진화론이 사랑의 논리에 기초한 퍼스의 형이상학적 진화론에 모두 수용될 수 이유는 각 영역에서 진화의 형태가 시간, 공간적으로 연속되어 있다는 연속성(continuity) 혹은 모든 것이 연결되어 있다는 시네키즘(synechism)(퍼스 *CP* 7.565)의 사유에 기반한다.

한나 아렌트는 성 아우구스티누스의 사랑 개념을 통해 탐욕(greed)과 자애(self-love)의 관계를 논한다(아렌트 2013). 아렌트는 논의를 통해 성 아우구스티누스의 자애의 개념이 탐욕과 상충되지 않는다는 점을 주장한다. 즉 성경에서 네 이웃을 네 몸과 같이 사랑하라는 이웃 사랑을 통한 자애의 개념이 탐욕을 포용한다는 것이다. 따라서 두 사랑의 형태는 대립 관계가 아니라 포함 관계에 있음을 역설한다. 이러한 아렌트의 주장을 기호학적 관점에서 대화적 상상력과 자아-내러티브 형식을 통해 살펴보고자 한다. 특히 앞서 논했던 마르틴 부버의 근원어 개념과 퍼스의 현상학적 범주를 적용하여 고찰한다. 결과적으로 내러티브의 대화적 형식을 통해 모델링 되는 자아의 진화 과정을 추적한다.

요약하면 한나 아렌트가 제시한 탐욕과 자애의 보완적 관계는 기호과정을 통해 명시적으로 드러나며 자아 진화의 형이상학적 논의를 가능하게 한다. 궁극적으로 기독교의 실천 윤리인 네 이웃을 "네 몸처럼" 사랑하라는 이웃 사랑은 진정한 자애의 개념과 짝을 이룬다는 점을 논의를 통해 밝혀보고자 한다.

4.1 탐욕의 내러티브

앞서 살펴보았듯이 자아-내러티브 형식에서 지표인 '나'가 대상인 나 자신(me)을 알아가는 과정은 언어를 통해서 가능하다. 그 과정에서 사랑이 둘을 연결하는 한 방법으로서의 구실을 한다. 요컨대, 사랑이라는 개념을 재현하기 위해서는 주체와 대상이 필요하다. 즉 주체로서의 나(I)와 대상으로서의 너(me)이다. 현실에서 두 개체는 존재자로서는 동등한 관계이지만 언어구조에 적용되면 주체와 객체의 격을 대신하게 된다. 따라서 나는 사랑하는 행위의 주체가 되고 너는 그 행위의 객체가 된다. 즉 사랑의 대상(IT)이 된다. 여기서 대문자 대상(IT)은 너라는 대상 뒤에 보이지 않는 느낌으로서의 본질적인 아이디어(the Great Idea)이다. 이를 언어적으로 표현하면 다음과 같다.

I love you(IT)[13)]

자아-내러티브의 수행을 통해 대상(IT)을 욕망하는 주체의 행위 프로그램이 만들어진다. 프로그램 수행 과정에서 아이디어는 나와 너를 연결하며 공간적으로 확장된다. 이 때 대상을 향한 욕망이 아이디어를 인식하지(느끼지) 못한다면, 전혀 다른 모습의 사랑이 표출될 수 있다. 즉 대상(IT)이 재현된 물질적 재료인 기호전달체 자체(it)를 사랑하는 경우가 그렇다. 따라서 사랑의 대상인 '너'를 주의력과 함께 정서적이고 자발적인 행동으로 대하지 않는다면 그래서 공통의 주의력을 통해서 너와 연결되지 않는다면 나와 너는 근원적인 관계에 있지 않다. 마르틴 부버의 말을 빌어 표현하면 너 속에 '영원자 너'(부버 2010: 112)를 느낄 수 없다. 하지만 공통의 주의력으로 너와 내가 연결된다면 '영원자 너'는 나를 포함하고 있기 때문에 결론적으로 너 속

13) 대문자 대상(IT)은 마르틴 부버의 '영원자 너'의 개념과 유사하며, 기호학적으로 표현하면, 기호에 직접적으로 드러나지 않은 대상으로 하지만 알려지는, 너의 존재에서 본질적인 자질 혹은 아이디어(Idea)로서의 그것을 말한다. 한편 소문자로 표현되는 대상(it)은 물질적 재료로서의 기호전달체, 즉 기호 속에 이미 알려진 대상을 가리킨다.

에서 나를 볼 수 있게 된다. 이러한 과정을 통해서 내가 너를 사랑하는 것은 나를 사랑하는 것이 된다.

나와 너의 관계는 언어구조에서는 주체와 대상의 관계지만 그 지표가 지시하는 실존자는 각각의 개인으로 평등한 관계이다. 이런 측면에서 각 개인은 다른 점에서 같은 점을 볼 수 있는 비교(comparability)와 포용(embrace)의 원리를 함축하고 있다. 예컨대 표면적으로는 선과 악이 대립 항으로 보이지만 둘의 관계는 비교를 통해 상대적 가치를 발견할 뿐만 아니라 더 나아가 악은 선의 결핍으로서 포용해야 할 부분적 요소, 즉 전체와 부분의 관계이다. 이러한 관계에 기초하여 자애를 향한 사랑을 위해서는 타자를 나의 한 부분으로 인식하며 증오에서도 사랑스런 싹을 발견하려는 주의력과 정서적이며 자발적 행동이 필요하다. 이에 관한 퍼스의 지적은 매우 적절하다.

> 예를 들어 나에게 흥미로운 하나의 아이디어가 있다고 가정해보자. 그 아이디어는 내가 만든 것이고 나의 창조물이다....그 아이디어는 어린 사람이다. 나는 그것을 사랑한다. 그래서 그것이 완전해지도록 온 힘을 쏟을 것이다. 차가운 정의로 아이디어들을 다루는 것이 아니라 마치 정원에 꽃을 가꾸듯이 애정을 가지고 부드럽게 대하면서 그것들을 자라게 한다. 요한의 복음서로부터 우리가 얻는 철학은 바로 이러한 방법이 정신을 발전시킨다는 것이고 우주에 관해서는 우주가 여전히 정신이기에 생명을 가지며 따라서 심층적인 진화의 가능성을 가진다는 것이다. 사랑은 증오 안에서 사랑스러움의 싹을 발견하고 점차적으로 그것에 온기를 주어 삶으로 가꾸며 사랑스럽게 만든다. (퍼스 *CP* 6.289)

결론적으로 너를 향한 탐욕의 내러티브는 너를 대상화(it)하여 물리적으로 소유하려는 욕망으로 재현될 수도 있고, 혹은 너에 대한 주의력과 정서적이며 자발적 행동을 통해 진정한 너의 본질인 대상(IT)을 사랑하려는 노력으로 나타날 수도 있다. 후자의 경우가 자애(self-love)의 내러티브로 진화하는 사랑의 형태로, 너의 본질인 대상(IT)을 사랑하는 것은 대상(IT)속에 전제되어 있는 나를 사랑하는 것이 되며, 따라서 둘의 정신은 연합되며 공간적으로 확장된다.

4.2. 자애의 내러티브

탐욕의 내러티브에서 사랑이 대화 관계에 기반하지 않는다면, 이러한 사랑은 너를 소유하려는 욕망으로 나타난다. 사랑은 소유하는 것이 아니라 둘 사이에 존재하는 관계의 논리로 이러한 사랑은 공통의 주의력(joint attention)을 통한 대화적 상상력으로 두 개인이 연결된다. 타자에 의해 자아를 발견하는 것은 궁극적으로 내 안의 아이디어를 발견하는 것이고, 이는 나를 객관화하는 과정이다. 자애의 내러티브 프로그램 수행은 이러한 아이디어를 사랑하는 과정이며 이는 보편적 자아로 진화하는 과정이 될 것이다. 다른 말로 하면 보편적 자아가 목적이 이끄는 공동체의 내러티브 과정에 참여하게 된다는 것을 의미한다. 그러므로 대화적 상상력을 통해 진화한 대화적 자아는 자애의 내러티브에서 자발적 행위의 주체가 되며, 이는 나와 세계가 동시에 진화하는 과정에서 중요한 국면이 된다. 진정한 대화 관계는 사랑하는 주체와 사랑받는 대상이 서로 평등한 관계에서 교환가능한 상태가 되어야 하며, 공통의 주의력을 가지고 자신의 위치에서 그 기능을 잘 수행하는 것을 의미한다.

내가 나를 사랑한다는 의미는 너 속에서 대상(IT)을 발견하고, 동시에 대상(IT)에서 나를 발견하는 과정이다. 즉 너를 통해 나를 찾는 기호과정이라고 볼 수 있다.

이를 언어적으로 표현하면 다음과 같다.

I love you[IT(I)]

이런 과정에서 내가 발견한 나는 자기통제가 가능한 합리적인 자아이다. 이 같은 자아는 내성(introspection)을 통해서는 얻어질 수 없는 보편적 자아의 성격을 갖는다. 왜냐하면 서두에 언급하였듯이 언어를 통해 형성되는 기호적 자아는 본질적으로 사회적 자아이기 때문이다. 따라서 자아 발견의 논리인 아웃사이드 인(Outside-In)은 타인을 욕망하는 내러티브 구조에서 대화적 상상력을 통해 타자에서 대상(IT)을 느낄 수 있고, 그것에서 나를 사랑하게 되는 진정한 자애의 내러티브로 이르는 과정을 보여준다.

4.3. 반 대화적(anti-dialogic) 내러티브

페미니즘의 비평적 시각을 통해 사랑의 개념을 논한 이리가레[14)]의 주장이 흥미롭다. 이리가레는 사랑이 주체와 주체와의 관계에 기반되어야 한다고 역설한다. 이 같은 사랑의 개념은 다음과 같이 언어적으로 표현된다.

I love to you.

이리가레(Luce Irigaray)의 제안에서 자동사로서의 글쓰기를 제안한 바르트가 연상된다. 바르트는 글쓰기 행위를 타동사와 자동사 글

---

14) *The Way of Love*. Trans. Heidi Bostic and Stephen Pluháček. (London; New York: Continuum, 2002.)

쓰기라는 은유를 통하여 구분하는 데, 전자가 대상에 대한 욕망으로서의 글쓰기로 즐거움(*Plaisir*)의 텍스트와 관련된다면, 후자는 도구적인 아닌 존재론적 행위로 즐김(*Jouissance*)텍스트와 관련된다. 동일한 맥락에서 이리카레도, '사랑하다'라는 동사를 대화적이 아닌 존재론적 행위로 강조한다고 볼 수 있다. 이를 기호학적으로 분석하면 너는 사랑의 대상이 아닌 나의 행위의 결과에 대한 수여자로서 주체인 나와 간접적으로 연결된다. 즉 너는 나의 사랑의 대상이 아니라 나의 존재론적 사랑의 행위에 부산물로 연결되며, 따라서 너는 나의 목적이 아니라 부가적 존재이다. 이런 방식으로 자동사 사랑을 존재론적 행위로 규정한다면, 이는 사랑의 주체인 나와 실체가 없는 사랑의 관계로 사랑의 느낌에 대한 현상학의 문제라고 볼 수 있다. 다른 말로 하면, 사랑이라는 동사가 두 개인 사이에 있는 관계를 재현하는 것이 아니라 나와 사랑의 관계를 재현한다고 볼 수 있다.

여기서 자아는 의식되고 발견되는 것이 아니라 오히려 그러한 현상적이고 존재론적인 사랑 속에서 자기(ego)가 죽는 혹은 파괴되는 황홀경의 상태에 이른다. 이러한 점은 대화적 관계를 결여하며 타자는 물론이고 나를 나 자신으로부터도 배제하는 사랑의 형태가 된다. 그렇다면 주체와 주체간의 평등한 관계에서 사랑을 논하려 했던 이리가레의 의도가 전혀 다른 의미로 읽혀질 수 있다. 그럼에도 불구하고 이리가레의 제안은 통찰력이 있으며, 특히, '철학이 지혜를 사랑(wisdom of love)하는 것을 멈출 때, 사랑하는 방법에 대한 지혜(love of wisdom)가 생겨난다'는 이리가레의 지적은 주목할 만하다(이리가레 2002: 1-12). 실제적으로, 사랑의 행위와 방법으로서의 사랑은 대화적인 관계에 있다. 구체적으로 말하면 사랑은 추상적 개념이지만 그것이 개체간의 관계를 통해 체현(embody)되어야 한다는 점이다. 즉 추상적인 느낌의 사랑이 체현된 사랑을 통해 경험됨으로써 진정으로 그 최초의 느낌에 참여한다는 점에서 '사랑의 지혜'와 '지혜의 사랑'은 정신과 몸을 통해 연결되어있다. 하지만 이리가레는 상호주체성에 주목하고, 대화적 논리에 대한 중요성을 언급하면서도 여전히 남성과 여성의 이분법적 사유를 토대로 논의를 전개한다는 점에서 그녀의 통찰력 있는 주장은 피상적인 논의에 머문다.

이리가레의 주장에 대한 비판은 기호적 자아의 언어적 모델링을 통해 입증될 수 있다. 사랑이란 동사는 기본적으로 두 주체의 관계를 재현한다. 언어의 형식은 사랑이 두 사람 사이의 관계 논리라는 점을 표현한다. 즉 사랑이란 동사는 타동사로 두 개체, 즉 격문법을 통해서 주체와 대상, 사랑하는 주체와 사랑받는 대상의 관계를 재현한다. 그럼에도 불구하고 이리가레가 두 개체의 평등한 관계를 주장하며 자동사로 사랑을 제안하는 경우라면 오히려 행위의 동사가 아닌 느낌의 동사로 '느끼는 주체'를 부각시키고 대상을 포함하지 않는 것이 주체와 객체의 문제를 피해갈 수 있을 것이다. 왜냐하면 앞에서 논의하였듯이 여전히 사랑은 내 안에 존재하지 않고 나의 외부, 혹은 나와 너 사이, 혹은 나와 너를 넘어서 존재하기 때문에 관계의 논리를 벗어날 수 없다. 따라서 본질적으로 관계의 논리로 인식되는 사랑은 자동사로 재현될 경우 비대화적 관계를 제안하는 셈이 된다. 이는 이리가레의 목적과는 상반되는 결과를 초래한다고 생각한다. 따라서 이리가레의 주장이 여성이 욕망의 대상화 되는 것(소문자 it)에 대한 비판에서 비롯된 것이라면 오히려 사랑하는 두 주체의 관계를 대화적 상상력을 통해 주체와 대상이 자리바꿈을 하는 교환(interchange) 형식으로 평등성을 유지할 수 있을 것이다.

사랑이란 외부의 반응에 대한 느낌으로서의 아이디어로(feeling-idea), 혹은 사랑의 대상이 실존자를 통해 드러나며 두 개체를 연결하는, 본질적으로 두 사람간의 관계를 전제로 한다. 이런 점에서 '자동사'로서의 사랑은 자기도취이며 자기 환상적이다. 이는 타자 속에 있는 나의 본질을 사랑하는 자애와는 다르다. 그러므로 이리가레의 자동사 개념의 사랑은 타자성과 사랑의 논리적 성격에 대한 이해가 없이 페미니즘의 시각에서 제안된 사유라는 인상을 준다. 당연히 페미니즘 비평의 시각에서 여성이 남성의 욕망의 대상인 그것(it)으로 간주되는 탐욕의 내러티브는 진정한 자애의 내러티브와 연결될 수 없다. 그러므로 비대화적 관계를 통해 논의되는 탐욕 내러티브는 자기단절의 나르시즘적인 자동사 개념으로 표출된다. 따라서 이리가레의 페미니즘 관점에서 본 상호주체성에 대한 논의는 대화적 관계에 기반하여 재고되어야 할 것이다.

덧붙인다면, 사랑에 대한 여러 관점과 해석이 존재하지만 그럼에도 불구하고 사랑이라는 사유 대상에 대한 자질은 분리 혹은 배제가 아닌 두 관계가 일관성, 통일성, 유일성으로 재현된다. 이는, 심리적, 사회적, 문화적으로 규정되지 않는 사랑의 법으로 드러난다. 그 사랑의 법은 개인이 갖는 대상에 대한 느낌의 본질을 대화 관계를 통해 확인하고 추출해내는 일종의 방법이라고 할 수 있을 것이다. 따라서 사랑의 논리는 대화의 논리라는 점이고, 그리하여 사랑의 주체인 인간은 그 사랑하는 방법을 통해 우리의 본질이 기호적 자아, 대화적 자아임을 확인할 수 있다.

5. 내레이션: 사랑과 논리

이웃 사랑의 두 실존적 주체는 내러티브 형식에서 주체와 대상 사이에 자리바꿈의 교환(interchange)을 통하며 스토리를 만들어간다. 외부의 욕망을 추구하지만 그 결과는 자신을 사랑하는 것으로 이야기가 종결된다. 이웃 사랑의 차원은 현재의 시점에서 작용과 반작용, 혹은 원인과 결과로 사랑의 주체와 객체가 이원적 행위로 연결되어 있으며, 주체가 갖는 욕망의 근원적인 동기를 설명할 수 없다. 사랑하는 행위와 받는 행위는 우연적으로, 직접적으로 연결되어 있으며, 인과 관계로 나타난다. 사랑의 주체 행위가 욕망의 실현이라면 객체는 그 욕망의 대상이 된다. 그러한 관계는 자연적으로 내 자신의 욕망을 충족하는 탐욕(greed)의 서사 프로그램을 통해 재현된다. 하지만 이러한 이원적 행동이 대화 관계에 놓이게 될 때, 자극과 반응의 기계적인 이원성은 목적론적인 삼원적 행위로 변형된다(퍼스 *CP* 8.331). 즉 대화적 상상력을 통해 나와 네가 '의복의 교환'(퍼스 MS 318L: 198-199; 이윤희 2013: 182에서 인용) 과정을 거치면서 사랑은 소유하는 행위가 아닌 주는 행위로 변형된다. 이는 탐욕의 내러티브가 자애의 내러티브로 진화하면서 자아는 타자로 인식되며 나를 넘어서는 삼원적 행동의 합리적 주체가 된다. 나와 너의 공통의 느낌인 아이디어가 공간적으로 연결되어 있기 때문이다. 주는 행위는 삼원적 행동의 한 예로 직접적인 인과 관계가 아닌 중재된 관계를 재현한다. 그러므로 주는 행위의 주체는 자신의 행위를 매개로 간접적으로 사랑의 수여자와 연결된다. 이러한 행위는 개인의 진화는 물론 우주론적 진화 과정에서 일어난다. 진화적 사랑의 의미는 이러한 삼원적 행위인 주는 사랑, 즉 분배하는 사랑에서 드러난다. 이것은 일반성을 갖는 법칙으로 사랑의 논리, 즉 나누면서 배가 되는 아이디어의 확장이다. 이러한 실천을 통해 각 개인은 하나의 별로서 다른 별들과 경계 없이 별의 무리(a cluster of stars)가 되어 세계를 밝힌다. 이러한 자아의 모습은 대화적 상상력을 통해 타자 속에서 발견한 사랑의 싹이 내 안에서 자라며 성장하고 공동체에서 꽃을 피우며 그로인해 자아 정체성을 확인하는 것으로 이어진다.

주는 사랑의 행위는 다음과 같이 삼원적 행동으로 표현된다.

I give love to you.

작용과 반작용의 인과 관계를 넘어서는 삼원적 행동은 나의 주는 행위가 너와 간접적으로 연결되기 위한 목적을 수반한다. 그러므로 나는 자기통제적 행위를 통해 합리적 주체가 된다. 합리적 주체인 서술자는 자아-내러티브 형식을 통해 나의 행위의 목적과 동기를 읽고 해석하는 과정을 통해 보편적 자아로 진화하는 과정을 서술한다. 이 같은 삼원적 행위의 주체인 자아는 내가 너를 사랑하는 방식을 이해하며, 나와 너 사이에 존재하는 사랑을 실천하고, 주는 사랑으로, 정의의 공동체, 즉 한 개인(a person)이 태어나는 우주적인 진화에 참여한다. 이러한 정의는 나의 경험이 아닌 우리의 경험으로, 공동체의 영역에서 사랑이 실천되는, 자비(charity)로 표현되는 사랑이 될 것이다. 이렇듯 자아-내러티브는 타자와의 만남을 통한 자아의 발견에서 미래적 자아로 성장, 진화하는 과정을 기술한다. 이는 나의 내적 동기와 나의 행위의 목적을 이해하며 나를 설명하는 과정으로서의 내레이션이다. 소유하는 사랑이 아니라 주는 사랑을 통해 나는 보편적 자아인 타자로서의 나를 인식하며 미래의 나를 규정하는 자기통제적 행위를 통해 진화한다. 이때의 사랑은 느끼는 사랑도 나를 욕망하게 하는 사랑도 아닌 사물과 사람을 연결하는 방법으로서의 사랑의 논리로, 이러한 사랑의 논리를 매개로 한 자기통제적 행위를 통해 보편적 자아로 진화한다. 즉 사랑의 법에 의해 움직이는 삼원적 행위를 수행함으로써 나는 우주의 질서에 참여하는 것이다. 퍼스의 말을 빌어 표현하자면, 증오 속에서 창조적 사랑의 싹, 즉 아이디어를 발견할 수 있는 주의력과 정서적, 자발적인 행동이 주어진다면, 그 아이디어는 자라서, 꽃을 피우고 열매를 맺게 될 것이다.

6. 결론: 이웃 사랑

지금까지 살펴 본 사랑 개념을 통해 본 자아-내러티브 형식은 사적 자아에서 대화적 자아로, 그리고 미래적 자아로 진화하는 과정을 보여준다. 너를 향한 주의력과 의지를 요구하는 대화적 관계의 이웃 사랑은 타자 속에서 '영원자 너'(IT)를 지각하는 일이며, 동시에 나 자신을 의식하는 일이다. 사적 자아의 느끼는 사랑에서 타자를 욕망하는 사랑은 그 수혜자가 자기 자신이 되는 자애의 형태로 변형된다. 자아의 내러티브는 내 안에 존재하는 아이디어를 향한 창조적 사랑의 에너지가 이웃 사랑의 매개를 통하여 일관성을 갖는 미래적 자아로 성장하게 하는 진화적 사랑의 내러티브이다. 자아의 발견은 타자로서의 자아를 인식하는 것이며, 따라서 자아와 타자의 경계가 사라지며 주는 사랑, 즉 배분하는 사랑을 매개로 정신이 혼합되며 공동체의 개념이 형성된다. 그러므로 사랑은 각 층위에서 자아를 발견하게 하는 방법이자 법칙이다. 느낌의 사랑, 이웃 사랑, 주는 사랑의 진화 속에 자아와 우주의 진화가 함께 진행된다.

시간과 공간이 연속되어 작동하는 정신의 법은 가까운 이웃과 연결되어 공간적으로 아이디어가 확장되고, 시간적으로 연결되어 아이디어가 심화되는, 나와 타자의 대화가 나와 나 자신의 대화로 두 겹의 대화가 이루어지는 과정이다. 이러한 정신의 법을 통해 사랑의 논리를 중재로 나의 개인성(personality)이 정립되고 성장한다.

퍼스는 세 가지 관점에서 진화를 설명한다. 첫째, 생존을 목적으로 한 우연성에 기초하는 진화가 있으며, 둘째, 인과 관계의 기계적인 법칙을 통한 무목적성을 갖는 진화가 있고, 셋째, 습득된 습관이 유전되는 진화가 있다(퍼스 *EP* 1: 섹션 25, Evolutionary Love) 각각의 진화이론은 나름대로의 논리를 가지고 있으며 부분적으로 옳다. 하지만 생물학적인 관점에서 진화이론은 현상은 설명할 수는 있어도 그러한 진화의 이유나 목적은 설명할 수 없다. 하지만 형이상학적 관점은 생물학적 관점을 포함한 진화의 이유와 목적을 설명할 수 있다. 이러한 측면에서 퍼스는 외부적 행위나 힘을 통한 진화가 아닌 내적인 에너지, 즉 사랑을 통한 목적론적 관점에서 진화를 설명한다. 이는 부모가 자식을 품듯이 퇴화적 진화론인 생물학적 관점과 기계론적 관점을 포용하는 진화론이다. 주는 사랑의 논리가 탐욕과 자애를 동시에 포함하는 것처럼, 아가페 사랑은 나와 우주를 연결하는 에너지이자 나와 우주가 동시에 진화하는 논리이다.

같은 맥락에서 포용하는 진화적 사랑의 논리는 역설적인 두 형태의 사랑인 탐욕과 자애를 연결하여 제 3의 법칙을 발견하게 한다. 치곡의 태도, 즉 충만한 주의력과 정서적이며 자발적행동이 주어진다면, 그래서 타자에게서 사랑의 싹을 발견하고 성장하게 한다면, 진화적인 사랑은 모든 것을 연결하고 개인과 우주를 연결하는, 정의, 평등, 질서가 구현되는 세계를 가능하게 할 것이다.

퍼스의 시네키즘의 개념은 우주의 모든 만물이 연결되어 있다는 연속성을 표현한다(퍼스 *CP* 6.103; 6.169; 6.173). 이 같은 사유는 인간 세미오시스, 즉 인간 외부의 환경세계와 인간 내부의 의미세계를 연결하는 기호로서의 인간을 탐구대상으로 하는 기호과정을 포괄하는 개념이다. 사랑의 형태에서 이원적 행동과 삼원적 행동을 살펴보았듯이 두 행동이 연결되어 있지 않으면 개체로서의 인간은 의미를 발생하지 않으며, 따라서 대화 관계는 성립될 수 없다. 둘의 관계는 선과 악의 대비 관계, 의자에 앉음과 의자에 앉지 않음의 모순관계, 정상

시각자와 시각장애자의 충만과 결핍의 포함관계로 나타난다. 하지만 이 둘의 관계가 재현되지 않으면, 즉 매개하는 정신이 없으면 보편적, 미래적 자아는 형성되지 않는다. 기게스의 반지[15]처럼, 죽이고 죽이는 행위는 개별적인 행동으로 관계를 맺지 않는다. 마치 2과 2이 연결되지 않으면 영원히 2과 2로 남아있는 것처럼 관계를 맺지 않으면 즉 연결되지 않으면 둘의 관계를 재현한 4 라는 제 3의 자질, 혹은 의미를 얻을 수 없다. 즉 살인자와 살해당한 사람의 관계는 살인 행위라는 보편적 사고로 재현되어야 한다. 따라서 나의 본질적 자질인 아이디어는 이웃 사랑을 통해 타자와 연결될 때에만 제 3의 보편적 자질인 미래적 자아로 재현될 수 있다. 비유적으로 말하면, 기게스의 안 보이는 반지가 자아와 타자를 분리하는 매개라면, 부모의 주는 사랑은 자아와 타자를 연결하여 보편적 자아를 발견하게 하는 매체가 된다. 이러한 기호과정을 거치면서 나와 또 다른 나인 타자는 우주적 진화에 참여하게 된다. 나에게서 나온 나의 창조물인 아이디어는 타자와의 모순, 대조, 포함의 관계를 통해 연결되면서 성장하고 발전하며 우주의 진화에 참여하는 또 다른 별로 태어난다. 개체로서의 인간이 아닌 개인으로서의 인간은 우주라는 공간에서 각각의 별로서 존재하며, 경계가 없이 서로 연결되어 존재한다. 그리고 각각의 별은 창조적 사랑을 매개로 진화하며 우주 전체를 비추는 별의 무리(a cluster of stars)가 된다.

---

15) 『중력과 은총』 시몬 베유 저 · 윤진 역(이제이북스. 2008). 228쪽

참고문헌

마르틴 부버 저·김천배 역.「나와 너」. 대한기독교서회. 2010.

발터 벤야민 저·김영옥 외 역.「일방통행로/사유이미지」. 길. 2009.

시몬 베유 저·윤진 역.「중력과 은총」. 이제이북스. 2008.

이윤희 "퍼스(Peirce) 기호학에 나타난 사랑의 개념."「기호학연구 23」. 547-569. 2008.

제임스 리슈카 저·이윤희 역.「퍼스 기호학의 이해」. 한국외대출판부. 2013.

조안나 스코트, 주디스 스타크 편저·서유경 역.「사랑 개념과 성 아우구스티누스: 한나 아렌트」. 텍스트. 2013.

H.포터 애벗 저·우찬제 외 역.「서사학 강의」. 문학과 지성사. 2010.

Barthes, Roland. *The Rustle of Language*. R. Howard (trans.).Hill and Wang. 1986.

de Tienne, André. "The Sign in Person" *Cognitio* (2/2002).

de Waal, Cornelis. *Peirce: a Guide for the Perplexed.* Bloomsbury. 2013.

Gergen, K. J. & Gergen M. M. Narratives of the Self, in L. P. Hinchman & S. K. Hinchman (eds.) *Memory, Identity, Community: The Idea of Narrative in the Human Sciences.*

Helm, Bennett W. *Love, Friendship, & the Self: Intimacy, Identification, & the Social Nature of Persons*. Oxford University Press. 2010.

Hermans, Hubert J.M. and Thorsten Gieser(eds.) *Handbook of Dialogical Self Theory* Cambridge University Press. Kindle Edition. 2012.

State University of New York Press, 161-184. 2001.

Hookway, Christopher. *Truth, Rationality, and Pragmatism: Themes from Peirce*. Oxford: Clarendon Press. 2002.

Irigaray, Luce. *The Way of Love*. Heidi Bostic and Stephen Pluháček (trans.) London; New York: Continuum. 2002.

Liszka, James J. *A General Introduction to the Semeiotic of Charles Sanders Peirce*. Bloomington and Indianapolis: Indiana University Press. 1996.

Murphey Murray G. *The Development of Peirce's Philosophy*. Indianapolis; Cambridge: Hackett Publishing Company, Inc. 1993.

Peirce, Charles S. *Collected Papers of Charles S. Peirce*, 8 vols., eds. C. Hartshorne and P. Weiss (vols.1-6); A. W. Burks (vols.7-8). Cambridge, MA: Harvard University Press. [*CP* refers to *Collected Papers* followed by volume and paragraph number]. 1931-58.

Peirce, Charles. S. *Writings of Charles S. Peirce: A Chronological Edition* vol. 1(1857-1866). Max H. Fisch et al. (eds.). Bloomington: Indiana University Press. 1982.

Peirce, Charles S. *The Essential Peirce: Selected Philosophical Writings* vol. 1.(1867-1893). N. Houser and C. Kloesel (eds.) Bloomington and Indianapolis: Indiana University Press. 1992.

Peirce, Charles S. *The Essential Peirce: Selected Philosophical Writings* vol. 2(1893-1913). the Peirce Edition Project. Bloomington and Indianapolis: Indiana University Press. 1998.

Ricoeur, Paul. *Figuring the Sacred: Religion, Narrative, and*

Imagination. Mark I. Wallace(ed.), David Pellauer(trans.). Minneapolis: Fortress Press. 1995.

Savan, David. “Peirce’s Semiotic Theory of Emotion”, in Kenneth L.Ketner et al. (eds.) *Proceedings of the Charles Peirce Bicentennial International Congress*. Lubbock: Texas Tech Press, 319-33. 1981.

III P. 모디아노의 『어두운 상점들의 거리』를 통해서 본 기억, 정체성, 서사의 문제

3

P. 모디아노의 『어두운 상점들의 거리』를 통해서 본 기억, 정체성, 서사의 문제

변 광 배

1. 시작하면서

이 글의 주된 목표는 2014년 노벨문학상을 수상한 20세기 후반 프랑스를 대표하는 작가 중 한 명인 파트릭 모디아노(Patrick Modiano)의 작품 중 하나이자 그의 여러 작품 중 "가장 풍부한 의미를 담고"[1] 있는 것으로 여겨지는 『어두운 상점들의 거리 Rue des Boutiques Obscures』(1978)를 중심으로 인간에게 있어서 가장 중요한 문제라고 할 수 있는 기억과 정체성 문제를 서사(narration) 문제와 관련지워 논의하는 데 있다. 보다 구체적으로 우리는 이 글에서 기억상실증(amnésie)에 걸린 이 작품의 중심인물인 기 롤랑(Guy Roland)의 행적을 따라가면서, 그가 잃어버린 자신의 기억을 되찾는 과정에서 발생하는 유위변전은 어떤 것인지, 이와 같은 노력의 결과로 그가 그 자

1) Cooke (Dervila), *Present Pasts. Patrick Modiano's (Auto)Biographical Fictions*, Rodopi, 1994, p. 178.

신의 정체성을 확립할 수 있는지, 그리고 그의 이런 노력이 어떤 서사의 형태를 취하는지를 중점적으로 살펴보고자 한다. 특히 마지막 문제는 이 작품의 장르 문제와도 긴밀하게 연결되어 있는 것으로 보인다.

모디아노의 문학세계로 들어가기 위해 요구되는 핵심 코드는 2차 세계대전 중의 '점령시기(Occupation)'와 그의 '어린 시절'이라는 것이 연구자들의 한결같은 지적이다. 우선, 모디아노의 문학세계는 예외 없이 과거지향적임과 동시에 '기억'을 항상 서사의 중심에 놓고 있는 특징을 보이고 있다. 이는 그 자신의 정체성 확립, 즉 "나는 누구인가"라는 물음에 대한 답을 구하는 과정에서 그의 어린 시절, 나아가서는 그의 출생에 대한 집요한 관심과도 무관하지 않을 것이다. 모디아노는 프랑스가 해방되었던 1945년에 태어났다. 그의 아버지 알베르 모디아노(Albert Modiano)는 이집트계 유대인이었고, 그의 어머니 루이자 콜펭(Luisa Colpeyn)는 벨기에 출신으로 배우의 직업을 가지고 여기저기를 떠돌아다녔던 것으로 알려져 있다. 쉽게 짐작할 수 있는 일이지만, 유대인 신분으로 점령 당시 파리를 비롯해 프랑스에서 살아간다는 일은 결코 쉬운 일이 아니었을 것이다. 외국 출신의 무명 배우로 파리에 도착한 어머니 역시 점령시기에 고단한 삶을 영위했음은 의심의 여지가 없어 보인다.

모디아노의 대부분의 작품에서는 이와 같은 시대적 상황이 중요한 배경으로 등장한다. 게쉬타포(Gestapo)의 체포 위협이 계속되는 상황에서 유대인 신분을 가진 아버지가 어떤 삶을 꾸려나갔으며, 별 볼일 없는 배우였던 이방인 어머니는 또 어떤 삶을 꾸려나갔는가, 그들은 어떻게 만나 결혼하게 되었으며, 또 어떤 생활을 영위했는가 등이 모디아노 작품에서 흔히 접하게 되는 주제들이다.[2] 물론 이런 주제들이

2) 심리비평(psychocritique) 이론을 정립하고 있는 모롱(Ch. Mauron)의 용

모디아노의 화두라고 할 수 있는 정체성의 문제, 곧 "나는 누구인가"라는 문제와 무관하지 않다는 것은 분명하다. 정확히 이런 이유로 모디아노의 작품은 거의 과거지향적 형태를 보이고 있다.

하지만 문제는 모디아노 자신이 점령시기를 직접 겪어보지 못했다는 데 있다. 이 점령시기는 특히 모디아노 자신의 생명이 잉태된 시기로 그의 삶에서 가장 의미 있는 시기이기도 하다. 그런데도 모디아노가 이 시기를 직접 경험하지 못했기 때문에 이 시기를 문학적으로 형상화하는 데 어려움을 겪을 수밖에 없다는 것은 분명해 보인다. 모디아노가 이런 어려움을 극복하는 글쓰기 장치가 바로 '기억'과 연관된 '서사'라고 할 수 있다. 주지의 사실이지만, 기억은 망각의 위협에 노출되어 있다. 시간의 폭력에 의해 기억은 퇴색됨을 그 운명으로 가질 수밖에 없다. 이런 운명을 가진 기억을 문학적으로 형상화하는 데 동원되는 서사는 완전히 '자전적 서사(narration autobiographique)'일 수는 없을 것이다. 또한 퇴색되고 증발되어버린, 하지만 모디아노 자신의 정체성 확립에는 필수적인 기억의 파편들을 문학적으로 형상화하는 데 완전히 '픽션적 서사(narration fictive)'를 동원할 수도 없을 것이다. 그렇게 되면 기억과 관련된 서사는 완전히 픽션화될 것이고, 그렇게 해서 확립된 정체성은 가짜 정체성에 불과할 것이기 때문이다.

이와 같은 복합적인 문제, 즉 직접 경험해보지 못한 '점령시기'에 대한 고려, 망각의 위협을 받고 있는 기억, 정체성의 확보라는 문제를 한꺼번에 해결하기 위해 모디아노는 『어두운 상점들의 거리』에서 다음과 같은 전략을 동원하고 있는 것으로 보인다. 우선, 자신이 경험해보

어를 빌자면, 모디아노에게서 이 '점령시기'는 일종의 무의식적 강박관념이 강하게 투사된 일종의 "개인적 신화(mythe personnel)"라고도 할 수 있을 것이다. Cf. Mauron (Charles), *Des métaphores obsédantes au mythe personnel : Introduction à la psychocritique*, José Corti, 1963을 볼 것.

지 못한 점령시기에 대해서는 기 롤랑의 '기억상실증'을, 그리고 망각의 위협을 받고 있는 기억에 대해서는 '자서전'이 아니라 '자서전'과 '픽션'('소설')의 결합 형태인 '오토픽션(autofiction)'을, 그리고 정체성의 확립에 대해서는 이른바 '서사적 정체성(identité narrative), 즉 "나는 이야기한다. 그러므로 나는 존재한다(Narro ergo sum)."는 명제가 그것이다. 우리는 이 글에서 이와 같은 사실들을 차례로 검토하면서 모디아노의 문학세계의 이해를 위한 하나의 디딤돌을 놓고자 한다.

2. 기억, 정체성, 서사적 정체성

인간에게 있어서 '정체성' 확립은 가장 중요한 문제라고 할 수 있다. 어쩌면 이 문제는 인간을 다른 존재와 구별해주는 근본적인 문제라고까지 할 수 있을 것이다. 인간이 자기 존재에 대해 자의식을 가지고 "나는 누구인가"라는 질문을 던지면서 자기에 대해 성찰을 시작하는 순간, 이 인간은 '참다운 인간'으로서의 행보를 시작한다고 해도 과언이 아닐 것이다. 인간이 "나는 누구인가"라는 문제를 해결하기 위해 참고할 수 있는 기제(基劑)로는 크게 '신체(corps)', '사고(pensée; 思考)', '기억(mémoire)' 등을 꼽을 수 있을 것이다. 모디아노는 이 세 가지 기제 중에서도 특히 '기억'에 커다란 중요성을 부여하고 있는 듯하다.

'기억'은 '사고'와 더불어 인간을 정신적인 면에서 동일한 인간이게끔 하는 가장 중요한 요소라고 할 수 있다. 정확히 이와 같은 의미에서 많은 사람들은 '기억'과 이 기억 주체의 '삶'을 동일시하는 것으로 보인다. "추억이 없다면 나는 나 자신을 인식하지 못할 것이다."[3] "추억

3) Bridoux (A.), *Le Souvenir*, PUF, coll. Initiation philosophique, 1956, p. 6.

이 없다면 나는 존재하지 못할 것이다."[4] 그러니까 산다는 것은 기억을 만드는 것과 동의어이다. 만일 인간이 추억으로 이루어지지 않았다면, 그는 아무것으로도 이루어지지 않았다고 말할 수도 있을 것이다. 이런 시각에서 "산다는 것은 추억을 완성하기 위한 집요한 노력이다."[5]라는 주장이 그 존재이유를 갖게 된다. 결국 기억이 없다면 우리는 "아무것도(rien)"[6] 아닌 상태에 있게 된다.

게다가 한 인간의 기억은 그만의 고유한 것이다. 물론 다른 사람들과 어느 정도까지 기억을 공유하는 것은 가능할 수도 있다. 하지만 기억은 결코 타인에게 양도할 수도 없고, 또 타인으로부터 양도 받을 수도 없는 것이다. 이와 관련하여 공상과학 소설에서나 있을 법한 장면—그런데 이 장면은 사실 『해리포터』시리즈에서 이미 나타나 있기는 하다—을 하나 상상해보는 것은 흥미롭다 하겠다. 한 사람이 자신의 기억을 담고 있는 뇌를 떼어내거나 분리해 다른 사람에게 주면서 그만의 기억을 건네고, 그 자신은 다른 사람의 뇌를 받는다면, 과연 이들을 과거와 동일한 사람이라고 할 수 있을까? 매일 아침에 출근하면서 옷을 갈아입듯이 진열장에 놓여 있는 여러 개의 뇌를 하나하나씩 바꿔가면서 출근하는 장면은 또 어떤가! 이와 같은 터무니없지만, 그러나 상상 가능한 장면들은 '기억의 일관성', '기억의 고유성'이 기억 주체의 정체성 확립에서 결정적 역할을 한다는 것을 단적으로 보여준다고 하겠다. 이런 의미에서 우리는 기억이 없는 삶은 삶이 아니고, 인간의 기억은 이 인간의 일관성과 동의어라고 할 수 있다. 따라서 극단적으로 "나는 나의 기억이다."[7]라고 단정할 수 있을 것으로 보인다.

---

4) *Ibid*., p. 19.
5) Modiano (Patrick), *Livret de famille*, Gallimard, coll. Folio, 1977, p. 9.
6) Bunnuel (Luis), *Mon dernier soupir*, (avec la collaboration de Jean-Claude Carrière), Seghers, 1982, p. 11.
7) 라반 & J. 윌리엄, 『심리학의 즐거움 : 사람이 알아야 할 마음의 모든 것』,

이처럼 "나는 나의 기억이다."라는 주장이 '나'라는 인간의 정체성 확립에서 결정적 역할을 한다면, "나는 누구인가"라는 문제에 답을 하는 것은 결국 '나'의 '기억'을, 보다 더 정확하게 말하자면 가능한 한 '나'의 '모든' 기억을 어떤 형태로든 가시화하고 물질화하는 것이라는 가정이 성립할 수 있을 것이다. 그런데 기억이란 무엇인가? 기억에 대한 다양한 이론들을 들먹이지 않더라도 우리는 기억을 그 주체가 시간적으로 공간적으로 그 자신을 노출시켰던 장소들, 시간들, 그리고 그가 조우(遭遇)했던 존재들의 총합에 대한 회상이라고 거칠게나마 규정할 수 있을 것이다.[8] 따라서 그 장소들, 시간들, 존재들을 모두 기억할 수 있다면 '나'는 최소한 이론적으로는 '나'의 정체성을 확립할 수 있을 것이다. 물론 거기에 모든 시간과 모든 장소에서 '내'가 체험했던 '나'의 내면성(intériorité)에 대해서도 주목해야 할 필요가 있다. 만일 '신'이 존재한다면 '나'의 내면성까지를 포함해 '나'와 관련된 모든 것을 기억할 수 있을 것이다. 하지만 우리의 관심은 신과 같은 초월적 존재의 도움을 받지 않은 상태에서의 정체성 확립의 문제에 있다.

그렇다면 통시적 측면에서 이처럼 '내'가 과거에 내 자신을 노출시켰던 공간들, 시간들, 존재들에 대한 기억을 어떻게 보존하고 또 그것을 보완하면서 확보할 수 있을까? 그것은 무엇보다도 '기록물'에 의존해

휘닉스, 김문성 옮김, 2005, p. 86.

8) 이와 관련하여 모디아노의 다음과 같은 주장은 의미심장하다 하겠다. "하지만 우리는 또한 우리가 거주했던 장소들의 포로이다(Mais on est aussi prisonnier des endroits où on a vécu.)"("Patrick Modiano, travaux de déblaiment", propos recueillis par Pierre Maury, in *Magazine littéraire*, no 302, septembre 1992, p. 103.), "우리는 우리가 알게 된 사물들의 포로이다(On est prisonnier des choses qu'on a connues.)" (Entretien avec B. de Cessole, France-Cultute, émission "Un livre, des voix", 18 septembre 1992, repris *in* Tierry Laurent, *L'Œuvre de Patrick Modiano. Une autofiction*, Presses Universitaires de Lyon, 1997, p. 27.)

서일 것이다. 사진, 비디오 테이프, 일기, 메모 등과 같은 기록물이 그것이다. 그 다음으로 '나'를 알았던 '다른 사람들의 기억' 역시 소중한 자료가 될 것이다. 하지만 문제는 이와 같은 기록물들과 타인들의 기억을 통해서도 '내'가 내 자신을 노출시켰던 모든 공간, 시간, 존재들을 확보하는 것은 불가능할 수도 있다는 데 있다.

그 원인으로는 우선 기록물의 불완전성을 꼽을 수 있을 것이다. 기록물이 완전하지 못하다는 것은 기록 자체의 본질이라고 할 수 있다. 이와 관련하여 다음과 같은 에피소드는 우리로 하여금 많은 것을 생각하게끔 한다. IBM 컴퓨터 회사에서 오랫동안 근무를 했던 한 사람이 퇴직을 하고나서 이런 아이디어를 생각해냈다는 것이다. 자기 자신을 노출시켰던 모든 공간, 시간, 존재들을 기록하기 위해 아주 성능이 좋은 카메라로 매 10초 단위로 자기가 있었던 장소와 그곳에서 접했던 존재들을 촬영하고, 저녁에 집으로 돌아와 그 사진들을 모두 컴퓨터에 저장했다는 것이다. 이 사람은 과연 그가 바랐던 꿈을 실현할 수 있을까? 분명 이 질문에 대한 대답은 부정적일 것이다. 그도 그럴 것이 아무리 성능 좋은 카메라라고 하더라도 그것으로 이 인간이 자신을 노출시켰던 모든 공간, 시간, 존재들을 기록한다는 것은 불가능할 것이기 때문이다. 이 에피소드는 정확하게 '기록물'에 의해 인간의 기억을 보완하는 것에 한계가 있음을 단적으로 보여준다 하겠다. 그리고 이것은 사진, 일기, 비디오 테이프, 메모 등에도 그대로 해당되는 것으로 보인다.

그 다음으로는 '망각'을 꼽을 수 있을 것이다. 기억은 항상 망각의 위협에 노출되어 있다. 망각은 시간의 흐름에 따라 나타나는 생리적 현상 중 하나이다. 따라서 인간은 망각을 피할 수 없는 운명을 가지고 태어났다. 물론 인간은 망각 없이 살 수 없을지도 모를 일이다. 이처럼 망각이 순기능을 가지고 있다는 것은 분명하다. 하지만 망각은 인간의 기억을 퇴색시킴으로써 점차 이 인간의 정체성 확립에 장애물이 되기도 한다. 가령, 망각의 다른 형태이자 질병으로 분류되는 부분/전체기억상실증에 걸린 사람을 생각해보자. 또한 기억을 포함해 뇌의 작동이 대부분 멈춰버리게 되는 '치매(癡呆)'라고 불리는 알츠하이머병에 걸린 인간을 생각해보자. 실제로 자기(自己)가 누구인지 알지 못하고, 또 자기 외부에 있는 존재들, 곧 사물들이나 타인들을 인지하지 못하는 사람의 경우, 그리고 특히 이 사람이 과거로부터 계속 쌓아왔던 '기억'을 모두 상실한 경우, 이 사람은 자신의 정체성을 확립할 수 있는 아무런 자료도 확보하지 못하게 될 것이다. 그리고 이와 같은 사실은 '나'에 대한 기억과 '나'의 과거를 담고 있는 기록물에 대해 기억을 가지고 있는 '타인들'에게도 그대로 적용된다. 그들 역시 시간의 폭력을 따르는 '망각'으로부터 자유롭지 못하다.

이와 같은 사실들로 미루어 보면, 인간의 기억을 통한 정체성 확보는 여러 요인들, 가령 망각, 기록물의 불완전성, 타인들의 기억의 퇴색 등으로 인해 숱한 어려움에 직면할 수밖에 없다는 점을 어렵지 않게 알 수 있다. 지나가면서 기억은 인간의 뇌에서 이루어지는 정신적 현상으로 비가시적인 특징을 가지고 있다는 사실을 지적하자. 그렇다면 이와 같은 기억을 통한 정체성 확립은 어떤 형태로 이루어질 수 있을까? 거기에 대합 대답 중의 하나가 바로 '글쓰기' 또는 '이야기', 곧 '서사'를 통한 기억의 '재현(représentation)'이라고 할 수 있을 것이다. 가령 자기에 대한 완벽한 자서전을 쓰고자 하는 사람의 경우를 상상해보라.

하지만 완벽한 자서전이란 개념상으로만 존재할 뿐이다. 위에서 지적한 기억을 위협하는 망각, 기록의 불확실성, 타인들의 기억의 퇴색 등과 같은 여러 요인으로 인해 자서전은 항상 불완전할 수밖에 없을 것이다. 게다가 '자전적 서사'를 통한 정체성의 확립을 위협하는 또 다른 요인들도 있다. 가령, 정직성과 성실성이라는 면에서 자서전을 쓰는 사람은 항상 자기에게 불리한 것을 숨기고, 자기에게 유리한 것을 과장하는 성향을 가지고 있다. 뒤에서 다시 보겠지만, 이와 같은 이유로 자전적 서사는 점차 '오토픽션'에게 자리를 양보하고 있기는 하다. 여하튼 한 가지 분명한 것은 이와 같은 한계와 문제점이 있음에도 불구하고 '서사'를 통한 자신의 과거에의 접근, 곧 기억을 통한 정체성 확립을 위한 서사 전략은 '사고(思考)'에 의한 정체성 확립의 가능성이 크게 위협받는 상황에서 상당히 유력한 대안이 될 수 있다는 점이다.[9)]

3. 『어두운 상점들의 거리』의 경우

『어두운 상점들의 거리』는 총 47개의 장(章)[10)]으로 구성되어 있다. 이 작품의 전체 줄거리는 기억상실증에 걸린 롤랑이 자신의 잃어버린 과거를 찾아가는 과정으로 이루어져 있다. 이와 관련하여 다음과 같은 이 작품의 첫 문장은 의미심장하다 하겠다. "나는 아무것도 아니다. 그날 저녁 어느 카페의 테라스에서 나는 한낱 환한 실루엣에 지나지 않았다(Je ne suis rien. Rien qu'une silhouette, ce soir-là, à la

---

9) 여기에 더해 인간의 손에 의해 고안된 언어는 이 세계의 모든 것을 지칭하고 표현하는 데 근본적인 한계를 노정한다는 점을 지적하자. 그러니까 인간의 언어는 '항상' 부족하다. 자기의 과거를 완전히 기억해낸다고 해도 그것을 표현하고 형상화할 언어는 항상 부족하다. 하지만 여기에서는 서사의 도구 중의 도구라고 할 수 있는 '언어'가 가지고 있는 본질적 한계에 대해서는 다루지 않기로 한다.

10) 모디아노는 '장(chapitre)'이라는 용어를 사용하고 있지 않지만, 여기서는 편의상 구분 단위를 이렇게 부르기로 한다.

terrasse d'un café.)"[11] 그러니까 이 작품의 전체 줄거리는 자신의 기억을 상실한, 그러니까 자신을 '아무것'도 아닌 것으로 여기고 있는 롤랑이 자신의 과거로 소급해가면서 "나는 누구인가"라는 질문에 답하는 것이라고 할 수 있다. 다시 말해 이 작품은 롤랑이 자신의 과거로의 소급을 통해 '아무것'도 아닌 상태, 곧 "익명 상태(incognito)"(21)로부터 벗어나기 위한 노력, 곧 자신의 정체성을 확립하려는 노력의 과정을 그 주된 내용으로 하고 있다.

그런데 쉽게 짐작할 수 있는 일이지만, 기억상실증에 걸린 사람이 자신의 과거로 소급해가면서 자신의 정체성을 확립할 수 있는 가능성은 당사자에게서는 찾을 수 없을 것이다. 그도 그럴 것이 이 사람은 자기와 관련된 기억을 전혀 가지고 있지 못하기 때문이다. 롤랑의 경우가 정확히 여기에 해당된다. 그렇기 때문에 그에게 있어서 가장 중요한 것은 그의 기억에서 증발되어버린 부분들을 추적하여 그의 기억을 조금씩 완성시켜나가는 것이 될 것이다. 이와 같은 작업은 일종의 '퍼즐' 맞추기 놀이와 유사한 것으로 보인다. 완벽하게 퍼즐을 맞추기 위해서는 그것을 구성하고 있는 조각들을 모두 확보하고, 그것들을 각각 제 자리에 끼어 넣어야 할 것이다. 그런데 퍼즐을 가지고 놀다가 몇 조각을 분실했다고 가정해보자. 이 경우 이 분실된 몇 조각으로 인해 퍼즐에는 채워지지 못한 부분이 남게 될 것이다. 그런데 '퍼즐' 맞추기 놀이에 해당하는 이 모든 것은 그대로 롤랑의 과거 추적에도 해당되는 것으로 보인다. 그의 기억에서 '망각'에 의해 퇴색된 과거, 그리고 그의 기억상실증에 의해 증발되어버린 과거는 정확히 분실된 몇 조각의 퍼즐 조각에 해당한다. 그렇다면 롤랑이 자신의 기억을 되찾는 방법은 한 가지일 수밖에 없다. 그에 관련된 기록물이나 그를 알

11) Modiano(Patrick), *Rue des Boutiques Obscures*, Gallimard, coll. Folio, 1978, p. 11.(이하 이 작품에서의 인용은 쪽수만을 표기.)

고 있는 '다른 사람들의 기억'에 의존하는 것이 그것이다.

이와 관련하여 롤랑이 기억상실증에 걸려 "안개 속에서(dans le brouillard)"(15) 더듬거리고 있었을 때 그의 과거를 추적하는데 도움을 주는 위트(C. M. Hutte)가 사립탐정이라는 것은 흥미롭다 하겠다. 사실, 롤랑은 10년 전(15)에 기억상실증에 빠진 상태에서 그의 과거의 "증인들이나 흔적들을(des témoins et des traces)"(16) 찾아달라고" 위트에게 도움을 청했던 것이다. 그때 위트는 이름도 모르는 자기 고객에게 '기 롤랑'이라는 이름을 붙여주었다.(15) 그러니까 롤랑은 자기 이름도 모르는 상태에 있었던 것이다. 그런데 인간에게 있어서 '이름'이란 무엇인가? 그것은 그가 누구인가를 보여주는 정체성 확인을 위한 가장 간단한 기제라고 할 수 있다. 그렇기 때문에 『어두운 상점들의 거리』에서 롤랑이 자신의 과거를 추적하고, 또 그것을 바탕으로 자신의 정체성을 확립하는 과정은 정확히 그 자신의 '이름'을 찾는 과정이라고도 할 수 있을 것이다. 어쨌든 자기를 찾아온 롤랑에게 위트는 '과거'가 아니라 '현재'와 '미래'에 의미를 두고 살아갈 것을 권유한다.(16) 물론 작품이 진행되는 과정에서 위트 역시 삶의 의미는 '과거'에 있다는 것을 인정하기에 이른다.(175) 그도 그럴 것이 위트 역시 기억을 상실한 사람이기 때문이다. 여하튼 한 가지 분명한 것은 위트가 사립탐정으로 활동하면서 다른 사람들의 비밀을 추적하는 것과 롤랑이 그 자신의 잃어버린 과거를 추적하는 것은 아주 유사한 행위로 보인다는 점이다.

『어두운 상점들의 거리』에서 자신의 과거를 추적하는 과정에서 롤랑이 제일 먼저 폴 소나쉬체(Paul Sonachitzé)를 찾아간 것은 전적으로 위트의 도움 덕분이거나 아니면 위트의 도움을 받은 롤랑 자신의 노력의 결과였을 것으로 보인다. 왜냐하면 롤랑은 8년 전부터(13) 위트와 함께 사립탐정 일을 했기 때문이다. 어쨌든 롤랑의 과거 추적을 위한 대장정은 소나쉬체와의 만남으로부터 시작된다. 그런데 우리는 이 두 사람이 만나는 장면과 그 뒤로 이어지는 몇몇 장면들을 특히 눈여겨볼 필요가 있는데, 그것은 이 장면들이 이 작품 전체에서 일종의 '모델(modèle)' 장면의 역할을 하는 것으로 판단되기 때문이다. 이 장면들이 '모델' 장면의 역할을 한다는 것은 이 작품이 진행되는 과정에서 이 장면들이 약간의 편차를 두고 계속해서 반복된다는 의미에서이다. 따라서 이 '모델' 장면에서 롤랑이 자신의 과거를 추적하는 과정, 그 과정에서 동원하는 방법들, 이 방법들의 의의와 한계 등을 지적할 수 있다면, 우리는 이 작품 전체의 이해를 위한 아주 중요한 단서를 발견할 수 있을 것으로 보인다.

실제로 롤랑은 자신의 과거를 추적하는 첫 단계에서 처음으로 만난 소나쉬체로부터 출발해서 수많은 사람들을 만나게 되고 또 수많은 사람들의 이름과 장소에 대한 정보를 갖게 된다. 예컨대 소나쉬체와의 만남을 통해 장 외르퇴르(Jean Heurteur)를 만나게 되고, 그 뒤로 스티오파 드 자고리에프(Stioppa de Djagoriew), 피아노 연주자 월도 블런트(Waldo Blunt), 맛 감정사 클로드 하워드(Claude Howard), 정원사 로베르(Robert), 재단사 엘렌 필그람(Hélène Pilgram), 사진사 미셸 망수르(Michel Mansoure), 경마기수 앙드레 빌드메르(André Wildmer) 등등을 연속적으로 만나게 된다. 또한 소나쉬체와의 만남 이후 롤랑은 게이 오를로프(Gay Orlow)라는 여자의 이름을 알게 되고, 이 여자의 이름을 통해 프랑스 남자 하워드 뤼즈(Howard de Luz)라는 이름 등등을 알게 된다. 또한 카스티유(Castille) 호텔, 캉봉가(rue Cambon) 등등의 장소 이름도 듣게 된다.

그런데 이와 같은 사실들은 그대로 『어두운 상점들의 거리』에서 롤랑이 자신의 과거를 추적해서 그 자신의 정체성을 확립할 수 있다면, 그것은 전적으로 '타인들의 기억'에 의존해서일 뿐이라는 점을 내다

보게 한다. 이와 관련하여 모디아노는 이렇게 말하고 있다. "나의 의도는 타인들의 과거와 기억을 가지고 나의 과거와 기억을 창조해내는 것(Mon dessein : me créer un passé et une mémoire avec le passé et la mémoire des autres)"이다.[12] 이와 같은 사실을 고려하면 『어두운 상점들의 거리』에서 롤랑의 정체성 확립은 정확히 "다른 인물들의 심리적 공간 속에(dans l'espace psychique des autres personnages)"[13] 뿌리내린다고 할 수 있을 것이다. 그런데 한 가지 흥미로운 점은 롤랑이 자신의 과거를 추적하면서 보여주는 다른 사람들과의 만남, 다른 사람들의 이름과 여러 장소들에 대한 정보는 이른바 '당구공의 법칙'[14]이라고 부를 수 있는 법칙에 따라 이루어지는 것으로 보인다. 그러니까 당구대 위에 놓여 있는 여러 개의 당구공을 향해 하나의 공을 부딪치게 되면 이 공들이 서로 충돌하면서 사방으로 퍼져 나가게 된다. 이때 각각의 당구공은 하나의 '계열(série)'을 이루면서 퍼져나가게 된다. 그런데 롤랑은 자신의 과거를 추적하는 과정에서 정확히 이런 법칙에 따라 그 자신을 하워 드 뤼즈(Howard de Luz), 페드로 멕케부아(Pedre McEvoy), 페드로 지미 스테른(Pedro Jimmy Stern)이라고 여기게 된다. 물론 이와 같은 법칙을 작동시켜주는 근본적인 원동력은 바로 기록물과 특히 타인들의 기억이다. 하지만 문제는 여전히 기록물은 항상 부족하고 타인들의 기억은 항상 망각의 위협에 노출되어 있다는 것이다.

---

12) Modiano(Patrick), *Emmuel Berl, Interrogatoire* suivi de *Il fait beau, allons au cimetière*, Gallimard, coll. Témoins, 2003, p. 9.

13) Nettebeck(Collin W.) & Hueston(Penelope A.), *Patrick Modiano Pièces d'identité, Ecrire l'entretemps*, Lettres Modernes, coll, Archives des Lettres Modernes, no 220, 1986, pp. 93-94.

14) *Ibid.*, pp. 101-102. 모디아노 자신도 "거대한 전기당구대 위의 수천의 작은 공들(mille et mille petites boules d'un gigantesque billard électronique)"(147)의 충돌이라는 표현을 사용하고 있다.

먼저 기록물을 보자. 위트와 함께 사립탐정으로 일을 하게 된 롤랑은 분명 탐정에 관련된 여러 방법을 숙지했을 것이다. 가령, 전화번호부라든가 연감들과 같은 정보 탐색에서 "필수불가결한 작업 도구(des outils de travail irremplaçables)"(12)의 이용법이 그것이다. 『어두운 상점들의 거리』에서 롤랑은 자신의 과거를 본격적으로 추적하는 과정에서 사진, 신문 기사를 위시해 수많은 기록물들을 이용하게 된다. 그러면서 롤랑은 자신의 과거 추적에서 실제로 이 기록물들로부터 커다란 도움을 받고 있다. 하지만 이 모든 기록물들은 여전히 그 본질적인 불완전성으로 인해 충분히 제 역할을 하지 못하는 것으로 보인다.

그 다음으로 타인들의 기억을 보자. 우리가 위에서 '모델' 장면이라고 불렀던 장면에서 롤랑이 소나쉬체를 만난 후 외르트르를 찾아간 장면에 주목해보자. 이 장면에서 외르트르와 소나쉬체는 롤랑을 보면서 자신들의 기억을 떠올리려하나 완전히 성공하지 못한다. 아래의 두 인용문에서 볼 수 있는 것처럼, 외르트르와 소나쉬체는 롤랑을 보고 항상 그가 누군인지를 추측만 할 뿐 그에 대해 그 어떤 단정도 하지 못하는 상황에 있다. 이처럼 이 두 사람의 퇴색한 기억 속에서 롤랑은 그저 "하나의 실루엣(une silhouette)"(27)으로만 남아 있을 뿐이다.

> 외르트르는 그의 갈랑틴 요리를 먹기 시작하면서 이따금씩 날카로운 시선을 나에게 던지곤 했다. (......)
>
> "응, 그래...... 나는 이분을 이미 만나 뵌 적이 있는 것 같아......" (......)
>
> "이분은 바라보면 볼수록 꼭 밤늦게 놀러 다니던 사람들 중 한 사람인 것 같은 인상이 든단 말이야......" 하고 외르트르가 말했다.(22)

> 외르트르는 생각에 잠긴 듯 나를 바라보았다. 그리고는 매우 느린 목소리로 말했다.

"그렇게 서 계시니까 또다른 생각이 나는데요……"

"무엇을 연상하고 있지?" 하고 소나쉬체가 물었다.

"우리가 카스티유에서 일할 때 저녁마다 매주 늦게 돌아오던 어떤 손님 말이야……"

이번에는 소나쉬체가 나를 머리끝에서 발끝까지 훑어보았다.

"사실 따지고 보면 당신은 카스티유 호텔의 옛날 손님일 수도 있어요……"(28)

모디아노는 또한 우리가 '모델' 장면이라고 지칭한 장면들에서 기록물의 불완전성과 망각의 위협에 노출된 타인들의 기억의 불확실성을 보여주기 위해 여러 가지 표현과 장치를 동원하고 있는 것으로 보인다. 그 중 하나는 불투명함을 상징하는 용어인 '연기'(122), '안개'(15, 50, 115), '수증기'(200) 등과 같은 표현들이다.[15] 이와 같은 표현들은 롤랑이 자기와 관련된 기억의 파편들을 하나하나 수집해나가는 과정에서 부딪게 되는 어려움을 그대로 보여준다 하겠다. 그 다음으로 모디아노는 망각의 위험에 노출된 타인들의 기억이 갖는 불확실성과 불명료함을 보여주기 위해 그들과 나누는 대화를 방해하거나 시계(視界)를 흐리는 요소들을 개입시키도 한다.

두 개의 예를 들어보자. 첫 번째 예는 롤랑이 블런트를 만나 오를로프라는 여자에 대한 정보를 알기 위해 그와 함께 거리를 걷는 장면에서 볼 수 있다. 문제의 장면은 블런트가 피아노 치는 일을 끝내고 집으로 돌아가는 길에서 롤랑에게 오를로프에 대해 설명을 한창 하고 있는 중에 게재 나쁘게도 전철이 지나가면서 그들의 대화를 방해하

15) 여기에 빈번한 말줄임표의 사용, 빈번한 조건법의 사용, "아마도(peut-être)", "어렴풋한(flou)" 등과 같은 표현, "……인 것처럼 보인다(Il semble que……)", "…라고 생각한다(Je crois que……)" 등과 같은 문장 등의 사용을 덧붙이자.

는 장면이다.

그의 시선이 밝아졌다. 그는 나에게 미소를 던졌다.

"게이 이야기를 할 수 있게 되다니 기쁘군요……"

우리들 머리 위로 전철이 하나 센 강의 우안(右岸) 방향으로 지나갔다. 그리고 나서 또 하나가 반대편으로 지나갔다. 그 덜컹거리는 소리가 블런트의 목소리를 가려버렸다. 그는 나에게 이야기를 하고 있었다. 나는 그의 입이 움직이는 것을 보고 그것을 알 수 있었다.

"…… 내가 알았던 여자 중에서 가장 미인이었지요……"

내가 알아들을 수 있었던 그 짧은 한마디로 인하여 나는 강한 실망감을 느꼈다. 밤중에, 다리 한가운데서, 알지도 못하는 한 남자로부터 나 자신에게 도움이 될 정보를 얻어낼 수 있을까 하고 애를 쓰고 있는데 전철의 소리가 그의 말을 알아들을 수 없게 만드는 것이었다.(61)

두 번째 예 역시 롤랑이 블런트를 만나 오를로프라는 여자에 대한 정보를 얻게 되는 과정에서 볼 수 있다. 롤랑은 먼저 만났던 스티오파에게서 얻은 사진들을 블런트에게 보여주고자 한다. 지금 두 사람은 현대미술관 앞 광장 계단에 앉아 있다. 그런데 불빛이 조금 어두워 사진을 보기 위해 라이터를 켜려는 순간 바람이 불어 꺼버린다. 이것은 정확히 롤랑에 대해 다른 사람들이 갖는 기억의 불명료성과 불확실성을 표현하려는 장치로 보인다.

"당신에게 사진들을 보여주고 싶은데요." 하고 나는 블런트에게 말했다.

나는 주머니에서 봉투 하나를 꺼내서 열고는 거기서 두 장의 사진을 꺼냈다. 조르지아제 노인과 나로 생각되는 남자와 함께 찍은 게이 오를로프의 사진과 그 여자의 어린아이 적 사진이었다. 나는 첫 번째 사진을 그에게 내밀었다.

"여기선 아무것도 안 보이는데요." 하고 블런트가 중얼거렸다.

그는 라이터를 켜려고 했지만 바람에 꺼졌기 때문에 몇 번이나 다시 켜지 않으면 안 되었다. 그는 손바닥으로 불을 가리고 라이터를 사진 쪽으로 가까이 가져갔다.(68-69)

여기에 더해 우리가 '모델' 장면이라고 일컬었던 장면들에서 우리의 관심을 끄는 또 하나의 요소는 모디아노가 『어두운 상점들의 거리』에서 소극적으로이기는 하지만 프루스트(Proust)의 기억 개념을 수용하고 있다는 사실이다. 주지의 사실이지만, 프루스트는 『잃어버린 시간을 찾아서(A la recherche du temps perdu)』의 첫 권인 「스완네 집쪽으로(Du coté de chez Swan)」에서 그 유명한 '마들렌 과자' 일화를 통해 '비의지적 기억(mémoire involontaire)'의 중요성을 강조하고 있다.[16] 프루스트는 인간의 기억에는 '의지적 기억(mémoire volontaire)'[17]과 '비의지적 기억'이 있다고 본다. 그런데 프루스트에 의하면 '의지적 기억'보다는 '비의지적 기억'이 인간의 과거와 기억에 훨씬 더 본질적이다. 그도 그럴 것이 '의지적 기억'은 의식 차원의 기억이라면, '비의지적 기억'은 무의식 차원의 기억이라고 할 수 있기 때문이다.

일반적으로 '의지적 기억'은 습관적으로 떠올리는 기억, 지성(知性)에 호소하는 기억, 정확한 표식과 계산에 의지해 과거로 거슬러 올라

---

16) 프루스트는 『잃어버린 시간』 전편을 통해 비의지적 기억에 의한 과거의 소생을 보여주기 위해 마들렌느 과자 이외에도 다른 많은 예를 들고 있다. 예컨대 「되찾은 시간 (Le Temps retrouvé)」에서 볼 수 있는 반듯하지 못한 포석, 접시에 부딪친 숟가락 소리, 풀먹인 냅킨의 빳빳한 촉감 등의 일화들이 거기에 해당된다.

17) '의지적 기억'은 '지성적 기억(mémoire intellectuelle)'이라고도 한다. (Cf. 김진성, 『베르그송 연구』, 문학과지성사. 1990, p. 136.)

가는 기억으로 정의된다. 이와는 달리 '비의지적 기억'은 감각에 호소하는 기억, 전혀 예기치 못한 상황에서 조우하게 된 어떤 대상을 통해 우연히 떠오르는 기억, 무의식적으로 떠오르는 기억으로 정의된다. 그런데 프루스트가 『잃어버린 시간을 찾아서』에서 화자로 하여금 그의 잃어버린 과거를 되찾게끔 해주는 것은 정확히 '비의지적 기억'을 통해서이다.

프루스트가 『잃어버린 시간』에서 보여주고 있는 '비의지적 기억'에 의한 위와 같은 과거 되찾기와 관련하여 한 가지 흥미로운 것은 이와 같은 '비의지적 기억'이 대부분의 경우 우리의 '감각'과 관련된 일종의 '신체적 기억(mémoire corporelle)'이라는 점이다. 가령, 마들렌 과자의 일화에서는 '미각(味覺)'이 동원되고 있다. 『잃어버린 시간을 찾아서』의 화자가 '비의지적 기억'을 통해 그 자신의 과거를 떠올리게 되는 것은 정확히 그의 어머니가 준 '마들렌' 과자를 '차'에 적셔서 맛본 후이다.[18)]

그런데 '기억'을 자신의 거의 모든 작품의 핵심 주제로 삼고 있는 모디아노도 프루스트가 내세운 이와 같은 '비의지적 기억'에 대해 완전히 무관심한 태도로 일관한 것만은 아닌 것 같다. 이와는 달리 모디아노 역시 거기에 커다란 관심을 표명하고 있는 듯하다. 하지만 모디아노는 프루스트에 대해 어느 정도 거리를 두고 있는 것으로 보인다. 우리는 그 증거로 '모델' 장면이라고 불렀던 장면들에서 볼 수 있는 다음과 같은 두 가지 예에 주목하고자 한다.

첫 번째 예는 '후각(嗅覺)'에 관련된 '비의지적 기억'이다. 실제로 롤랑은 소나쉬체의 주선으로 외르퇴르가 운영하는 식당에서 식사를 하고 자신의 과거에 대한 증언을 들은 바 있다. 그러는 도중에 롤랑은

18) Proust (Marcel), *Du côté de chez Swann*, in *A la recherche du temps perdu*, Gallimard, coll. Biobliothèque de la Pléiade, 1969, t. I, p. 47.

이 식당에서 열린 결혼 피로연의 주인공인 한 신부(新婦)가 소나쉬체의 자동차에서 잠이 들어 앉아 있는 것을 목격하고 이 여자를 차 밖으로 끌어내는 일을 떠맡게 된다. 롤랑은 이 신부에게서 풍기는 "진한 향수 냄새"를 맡으면서 "무언가" 되살아난다는 것을 느끼고 있다. 하지만 롤랑은 그로부터 그의 내부에서 '비의지적 기억'이 완벽하게 작동하는 것을 느끼지는 못한다. 만일 이 향수 냄새를 통해 비의지적 기억이 완벽하게 작동했더라면, 롤랑은 『잃어버린 시간을 찾아서』의 화자처럼 그 자신의 과거를 떠올릴 수 있었을 것이다.

> 나는 고개를 돌리고 자동차의 문을 열었다. 누군가가 창문 유리에 이마를 기댄 채 앞자리에 쭈그리고 앉아 있었다. 나는 몸을 굽혔고 신부를 알아보았다. 그 여자는 옅은 푸른색 옷이 허벅지 중간까지 걷혀 올려진 채 잠이 들어 있었다.
>
> "저 여자를 차에서 끌어내야 돼요" 하고 소나쉬체가 나에게 말했다.
>
> 나는 그 여자를 가볍게 흔들어보았지만 그녀는 여전히 잠든 채였다. 나는 그 여자의 허리를 잡고 자동차 밖으로 끌어낼 수 있었다.
>
> "그렇지만 그 여자를 땅바닥에 내려놓을 수는 없지" 하고 나는 중얼거렸다.
>
> 나는 여자를 두 팔로 안아 여인숙까지 데려갔다. 그녀의 머리가 내 어깨 위로 기울어졌고 그녀의 금벌 머리카락이 내 목을 간지럽혔다. 그 여자에게서 풍기는 진한 향수 냄새로 인하여 문득 내 머릿속에서 무언가가 되살아나는 느낌이었다. 그언 무엇일까?(29)

두 번째 예는 '청각(聽覺)'에 관련된 '비의지적 기억'이다. 위의 장면보다 조금 앞서의 장면에서 롤랑은 소나쉬체와 외르트르와 함께 식사를 하면서 "알라베르디(Alaberdi)"라는 곡을 들으면서 "돌연" "감동을" 느끼게 된다. 하지만 이와 같은 사실에도 불구하고 롤랑은 이 노래가 어떤 노래인지를 완전히 기억하는 데까지 나아가지는 못한다. 이와 같은 체험 역시 롤랑에게서 청각을 통해 이루어지는 '비의지적 기억'의 작용이 완벽하게 작동하지 못했다는 것을 보여준다 하겠다.

> 소나쉬체가 발음하는 방식으로 판단해보건대 러시아 이름임에 틀림없다.
>
> "오케스트라에게 항상 〈알라베르디〉를 연주해달라고 신청하던 사람은 바로 그였어요" 하고 외르트르가 말했다.
>
> "코카서스 노래 말입니다."
>
> "그거 기억나시지요?" 하고 소나쉬체가 나의 팔목을 꼭 죄어 잡으며 나에게 말했다.
>
> "알라베르디……"
>
> 그는 두 눈을 반짝거리며 그 곡조를 휘파람으로 불었다. 나 역시 돌연 감동을 느꼈다. 나도 그 곡조를 아는 것만 같았다.(24)

『어두운 상점들의 거리』에서 롤랑은 이와 비슷하게 감각을 통한 기억 회복, 곧 신체적 기억을 통한 그 자신의 과거 복원을 계속 시도한다. 위에서 살펴본 후각, 청각뿐만 아니라 '시각(視覺)'이라든가(23) '촉각(觸覺)'(165) 역시 유사한 역할을 하고 있다. 여하튼 한 가지 분명한 것은 '후각'의 예에서와 마찬가지로 '청각'을 통해서도, 그리고 후일 '시각'이나 '촉각'을 통해서도 롤랑이 자신의 과거를 모두 회복하지는 못한다는 것이다. 이것은 그대로 『어두운 상점들의 거리』에서 모디아노가 '비의지적 기억'을 통한 롤랑의 과거 회복 시도에서 프루스트의 영향 하에 있기는 하지만, 그가 내세운 기억 이론에 대해 어느 정도의 거리를 취하고 있다는 것을 여실히 보여준다고 하겠다.

어쨌든 수많은 어려움, 가령 기록물의 불완전성, 타인들의 기억의 퇴색과 망각의 위협, '비의지적 기억'의 한계 등이 있음에도 불구하고,

롤랑은 『어두운 상점들의 거리』에서 자신의 과거 탐색을 계속한 결과 처음의 '아무것도' 아닌 상태에서 '누구인가'의 상태로 이행하게 된다. 다시 말해 롤랑은 어느 정도 자신의 정체성 확립에 성공하게 된다. 그 뚜렷한 증거는 이 작품의 제 37장이다. 이 장에서 롤랑은 그때까지 그와 관련된 모든 과거 탐색의 결과 그 자신이 '누구'였는지에 대해 그 나름대로의 결론을 내리고 있다. 하지만 문제는 여전히 이 결론이 명료하지 못하다는 것이다. 그도 그럴 것이 롤랑이 확립한 그 자신의 정체성은, 그가 기억상실증에서 완전히 회복된 상태에서 확립한 것이 아니라 타인들의 기억, 그것도 시간의 폭력에 의해 퇴색되고 망각의 위협을 받고 있는 타인들의 기억, 그리고 완전하게 작동하지 못하는 그 자신의 '비의지적 기억'을 통해 확립된 것이기 때문이다.

> 친애하는 위트, 나는 내주에 파리를 출발하여 태평양의 어느 섬으로 떠나려고 합니다. 그곳에서 나는 지난 내 생애에 대한 몇 가지 정보를 제공할 어떤 사람을 다시 만나게 될 가능성이 있습니다. 아마 젊은 시절에 사귀던 어떤 친구인 듯합니다.
>
> 지금까지 모든 것이 내게는 어찌나 종잡을 수 없고 어찌나 단편적으로 보였는지...... 몇 개의 조각들, 어떤 것의 한 귀퉁이들이 갑자기 내 수사의 과정을 통하여 되살아나는 것이었습니다....... 그렇지만 따지고 보면 인생이란 바로 그런 것인 모양이지요......
>
> 과연 이것은 나의 인생일까요? 아니면 내가 그 속에 미끄러져 들어간 어떤 다른 사람의 인생일까요?(238)

위의 인용문에서 볼 수 있듯이, 롤랑이 회복한 그의 과거는 단편적일 뿐만 아니라 불명료하며, 특히 타인들의 기억에 의존하고 있다는 것은 분명한 것으로 보인다. 우리는 앞에서 롤랑의 과거 추적 과정을

'퍼즐' 맞추기 놀이에 비교한 바 있다. 분실된 몇 조각으로 인해 퍼즐을 완벽하게 맞추는 것이 불가능한 것처럼, 롤랑의 과거 중 어떤 부분은 기억상실증에 의해 증발되어버린 부분, 그의 '비의지적 기억'에 의해서도 회복되지 못하는 부분, 망각의 위협에 노출된 타인들의 기억 속에서 퇴색된 부분 등으로 인해 온전히 회복되지 못하고 여전히 빈 틈으로 남아 있다. 이는 그대로 롤랑이 빈틈으로 남아 있는 부분을 메우기 위해 또 다른 과거 추적을 위한 여행을 떠나야 하는 필요성으로 이어지며, 그 과정에서 여전히 그는 지금까지 겪었던 모든 사실들, 즉 우리가 '모델' 장면이라고 불렀던 장면들에서 겪었던 과정을 거듭 반복해서 겪어야 한다는 보여준다 하겠다. 그럼에도 불구하고 한 가지 분명한 것은 롤랑이 제 37장에서 확인한 것만큼의 정체성, 바꿔 말해 제 37장까지 '글쓰기'를 통해 드러난 것만큼의 정체성을 확립했다는 점이다. 이는 정확히 롤랑의 정체성이 "나는 이야기한다, 그러므로 나는 존재한다."는 명제를 바탕으로 하는 '서사적 정체성'에 해당한다는 것을 단적으로 보여준다 하겠다.

4. 장르의 문제

우리는 바로 위에서 롤랑이 자신의 과거 추적 과정에서 기억상실증에 의해 완전히 증발되어버린 기억, 그 자신의 '비의지적 기억'에 의해 회상해내는 데 실패한 기억, 그리고 시간의 폭력에 의해 망각의 위협에 노출되어 있는 타인들의 기억 등으로 인해 파편적이고 불확실한 정체성만을 확립하고 있다는 사실을 지적했다. 하지만 이처럼 여러 가지 이유로 롤랑이 자신의 과거 추적 과정에서 어쩔 수 없이 누락시킬 수밖에 없었던 기억들에도 그의 정체성 확립에 필수불가결한 기억의 파편들이 포함되어 있다는 것은 의심의 여지가 없다. 그렇다면 롤랑은 이와 같은 기억의 파편들에 어떤 식으로 접근할 수 있을까? 그런데 이 질문은 『어두운 상점들의 거리』의 장르 문제와 밀접하게 연결되어 있는 것으로 보인다. 그 까닭은 이 작품이 완전히 '자전적 서사'를 바탕으로 한 자서전도 아니고, 그렇다고 완전히 '픽션적 서사'를 바탕으로 한 픽션, 곧 소설도 아니기 때문이다. 실제로 모디아노는 처음에 이 작품을 출간하면서 '소설'의 범주에 포함시켰으나 나중에는 이 범주에서 이 작품을 제외시킨 바 있다.

이와 관련하여 한 가지 흥미로운 것은 모디아노 자신의 글쓰기 성향이다. 모디아노는 여러 기회를 통해 그 자신의 글쓰기 성향을 피력한 바 있다. 모디아노는 "요컨대 당신은 모호한 공간 속에서 다시 한 번 자서전과 소설 사이에 자리 잡고 있는 것 같은데요."라는 질문에 이렇게 답을 하고 있다.

> 네, 평범한 것이죠. 사람들은 약간 변형시키면서 자전적 요소들을 이용합니다...... 사실 우리는 우리가 체험한 것들에 대해 글을 쓰도록 되어 있는 겁니다...... 그렇지 않다면 완전히 상상적인 글을 써야겠죠...... 하지만 거기에서는 분명 실제적인 삶의 여러 요소들을 이용하고, 또 그것을 변형시켜야만 합니다.[19]

그런데 이와 같은 모디아노의 견해는 "나는 내 자신이 육화(肉化)되지 않은 문학과는 거리가 멀다(Je suis étranger à la littérature désincarnée)."[20]라는 견해, 그리고 "나는 소설적 형식을 선택하고

---

19) "Patrick Modiano, travaux de déblaiement", in *op. cit.*, p. 100.
20) Entretien avec J. Montalbet, *Nouvelles littéraires*, 13 juin 1968.(Repris *in* Thierry Laurent, *op. cit.*, p. 10.)

현실을 변장시킨다(Je choisis la forme romanesque, je travestis la réalité.)"[21]는 견해와도 일맥상통한다. 이와 같은 견해들은 우리로 하여금 『어두운 상점들의 거리』가 '자전적 서사'와 '픽션적 서사'를 적절하게 섞어 놓은 이른바 '오토픽션' 장르에 해당하는 작품이 아닌가 하는 생각을 갖게끔 한다. 실제로 이 '오토픽션'이라는 장르가 문학사에 이름을 올리게 된 것은 1977년의 일이다. 보다 구체적으로 프랑스의 소설가이자 문학이론가인 세르주 두브로브스키(Serge Douvrovsky)가 이 해에 『아들들(Fils)』이라는 제목의 작품을 발표하면서 이 작품의 뒷날개에 "엄격하게 사실적인 (사건들과 사실들로 이루어진) 픽션", 즉 "오토픽션"이라고 규정한 바 있다.[22] 그 이후 이 새로운 장르에 대한 연구가 활발하게 이루어졌으며, 모디아노에 대한 연구로 박사학위를 받은 티에리 로랑(Thierry Laurent)은 '자서전 규약(pacte autobiographique)'과 '소설 규약(pacte romanesque)'(또는 '픽션 규약(pacte fictif)')[23]의 혼합된 규약으로서 "오토픽션 규약(pacte d'autofiction)" 개념을 제안하고 있다. 로랑은 또한 이 '오토픽션 규약'의 본질은 "모호함(ambiguïté)"에 있다는 사실을 지적하고 있다.

> 모호함은 오토픽션의 본질 자체이다. 오토픽션 규약은 아주 모호하기는 하지만, 어쨌든 자서전 규약보다 더 솔직한 것으로 보인다.[24]

물론 일부의 학자들은 이와 같은 '반사실적(mi-véridique)' 요소와

---

21) Entretien avec Françoise Ducot, *Elle*, 16 février 1981. (Repris *in* Thierry Laurent, *op. cit.*, p. 21.)
22) Douvrovsky (Serge), *Fils*, Galilée, 1977.(뒷날개.)
23) Laurent (Thierry), *op. cit.* pp. 20-21.
24) *Ibid.*, p. 24. (Cf. 한 연구자는 "모호한 규약(un pacte ambigu)"이라는 용어를 사용하고 있기도 하다. Touzin (Marie-Madeleine), *L'Ecriture autobiographique*, Bertand-Lacoste, 1993, p. 78.)

'반허구적(mi-fictif)' 요소의 결합으로 이루어지는 오토픽션을 "혼종적 괴물(monstre hybride)"[25]로, 또 모호함을 본질로 하는 오토픽션 규약을 "모순적 규약(pacte oxymoronique)"[26]로 규정하면서 그 존재근거를 부정하고 있기는 하다. 하지만 이 장르는 수많은 우여곡절 끝에 새로운 문학 장르로 인정받게 되었고, 2003년에는 프랑스의 대부분의 사전에 정식 표제어로 실리게 되었다. 그렇다면 모호함을 본질로 하는 오토픽션의 존재근거는 어디에서 찾아볼 수 있을까? 이 질문에 대해 우리는 다음과 같은 세 가지 답이 가능하다고 생각한다.

첫 번째 답은 정신분석(psychanalyse) 분야에서 얻어진 학문적 성과이다. 프로이트에 의해 창안된 정신분석에서 '나'는 무의식의 주체로 규정된다. 따라서 '내'가 '나'를 알려면 이 무의식이라는 블랙 박스를 해독해야 하는데, 이는 아직 요원한 일로 남아 있다. 정확히 이런 의미에서 우리는 정신분석학에서 내세우는 다음과 같은 주장, 즉 '나'는 '나'의 집의 주인이 아니라는 주장의 의미를 이해할 수 있다. 또한 '프로이트에게로의 귀환(retour à Freud)'을 주창하는 라캉의 다음과 같은 주장 역시 오토픽션의 존재근거를 뒷받침 해준다고 하겠다. 즉 "자아의 심급(l'instance du moi)"은 "사회적 결정 이전부터 허구의 노선 속에(dès avant sa détermination sociale, dans une ligne de fiction)"[27] 위치한다는 주장이 그것이다. 이는 그대로 '나'에게 접근을 허용하지 않은 무의식을 포함해 '나'의 정체성 확립을 위해서는 반드

25) Laouyen (Mounier), "L'autofiction : une réception problématique", file://C:/colloque99:colloque 99208.html.

26) 이 표현은 Hélène Jaccomard, *Lecteur et lecture dans l'autobiographie française contemporaine : Violette Luduc, Françoise d'Eaubonne, Serge Douvrovsky, Margurite Yourcenar*, Droz, 1993에서 처음으로 사용되었다.

27) Lacan (Jacques), *Ecrits*, Seuil, coll. Le Champ freudien, 1966, p. 94.

시 '픽션'에 의지해야 할 필요가 있다는 것을 보여준다 하겠다.

두 번째 답은 한 사회의 소수집단 또는 이 집단의 구성원들이 다수 집단 또는 이 집단의 구성원들과의 관계에서 너무 극심한 고통을 겪은 경우이다. 보통 '도저히 글로 표현할 수 없는' 고통 등과 같은 말을 하는데, 이는 '재현 불가능성' ―우리는 특히 "예술은 과연 가능한가?"라는 물음을 던지게 한 '쇼아(Shoa)'를 생각한다― 과 무관하지 않다. 그런데 이와 같은 고통에 접근하기 위해 '픽션'에의 호소는 어쩌면 당연한 것으로 보인다. 이와 관련하여 지금까지 오토픽션 작가들을 자칭한 작가들이 주로 유대인, 동성애자, 페미니스트 등이라는 사실은 아주 흥미롭다 하겠다.

> 몇몇 비평가들은 오토픽션을 쓴 상당수의 작가들이 이른바 사회적 소수에 속한다고 주장하고 있다. 가령 두브로브스키와 로널드 스케니크는 유대인이고, 에르베 기베르와 크리스토프 도너는 게이이다. 또한 이들은 정확히 이와 같은 모순적인 장르를 통해 소수집단의 정체성에 대한 창조적 재형상화가 가능하다는 사실을 암시하고 있기도 하다.[28]

세 번째는 답은 바로 시간의 폭력으로 인해 발생한 인간의 기억 퇴색과 망각의 위협, 그리고 기억상실증에 의한 기억의 증발이다. 특히 기억상실증에 의해 증발되어버린 기억을 통해 자신의 정체성을 확립하고자 하는 사람이 동원할 수 있는 전략으로 '픽션'에의 호소가 유력하다고 할 수 있다. 아니 극단적으로 말하자면 '픽션'에의 호소밖에 없다고 할 수 있을 것이다. 물론 어떤 사람이 자서전을 쓰면서 자신의 과거를 감추거나 보호하기 위해 '픽션'을 동원할 수는 있다. 하지만 기

---

28) Hermann (David), Jahn (Manfred), Ryan (Matie-Laure), *Routledge Encyclopedia Narrative Theory*, Routledge, 2008, p. 37.

억상실증에 걸린 사람의 경우 자신의 과거 회복을 통해 "나는 누구인가"라는 질문에 답을 하기 위해서는 '픽션'에 호소하는 길 이외의 다른 길은 없어 보인다.

모디아노의 『어두운 상점들의 거리』는 정확히 위의 세 번째 경우에 해당하는 것으로 보인다. 기억상실증에 걸린 롤랑이 자신의 정체성 회복이라는 '퍼즐' 맞추기 놀이에서 분실된 퍼즐 조각들로 인해 퍼즐 위에 군데군데 남아 있는 빈틈을 메꾸기 위해서는 당연히 '픽션'에 호소해야할 것이다. 또한 롤랑의 과거 추적에 커다란 도움이 되는, 하지만 그 자체로 시간의 폭력에 의해 망각의 위협에 노출되어 점차 퇴색되고 있는 타인들의 기억에 접근하는 길 역시 '픽션'으로 보인다. 그렇다고 해서 롤랑이 자신의 과거를 추적하는 과정에서 완전히 '픽션'에만 호소하는 것은 아니다. 그렇게 되면 설사 그가 과거 추적을 통해 자신의 정체성을 확립하는데 성공한다 할지라도, 그것은 전적으로 가짜 정체성이 될 것이다. 그로부터 당연히 롤랑은 과거 추적의 서사 형태는 '자전적 요소'와 '픽션적 요소'의 결합으로 이루어지는 '오토픽션'일 수밖에 없다는 결론에 이르게 된다.

하지만 문제는 오토픽션으로 규정된 작품에서 어떻게 '자전적 요소'와 '픽션적 요소'를 구분할 수 있는가의 문제이다. 이 문제와 관련하여 연구자들의 견해는 극단적으로 갈리는데, 우리는 여기에서 특히 모디아노 작품을 연구한 티에리 로랑의 견해를 참고하고자 한다. 로랑은 다음과 같은 사항들을 통해 이 두 요소 사이의 유사성을 확보할 수 있다고 주장하고 있다. 가령, 작가가 살았던 시대와 장소, 그의 주변 인물들의 관계, 작품의 제목(titre), 헌사(dédicace), 제사(épigraphe), 서문(préface), 뒷날개(quatrième page), 대담(entretien) 등과 같은 이른바 '곁텍스트(paratexte)' 또는 '주위텍스트(péritexte)',[29] 그리고 특히 화자나 주인공들의 무의식 차원에서 발견되는 여러 요소들이 그것이다. 로랑은 "자기의 허구화(autofictionalisation)"는 아주 다양한 방식으로 이루어질 수 있으며, "소설의 인물과 저자 사이에 강한 유사점(analogies fortes)"이 있는 경우에 '오토픽션'이 가능하다고 보고 있다.[30] 게다가 로랑은 문제의 작품에서 작가가 직접 겪었던 현실의 "분위기(atmosphère)"가 발견될 경우에도 이 작품을 '오토픽션'에 포함시키고 있다.[31] 더군다나 화자(narrateur)와 주인공(protagoniste)이 저자(auteur)와 다른 이름을 가지고 있다 하더라도, 그들이 저자와 "무의식"을 암암리에 공유하고 있는 "일종의 무의식적이고 막연한 자서전(une sorte d'autobiographie inconsciente et diffuse)"까지도 로랑은 '오토픽션'에 포함시키고 있다.[32]

이와 같은 로랑의 견해에 입각해 『어두운 상점들의 거리』에서 '픽션적 요소'임에도 불구하고 거기에 이 작품을 쓴 작가인 모디아노 자신의 '자전적 요소'가 교묘하게 변형되고 가장된 채로 녹아들어 있음을 보여주는 요소들을 제시하면 다음과 같다.

(1) 제목 : 『어두운 상점들의 거리』라는 제목은 1930년대 "30년대 소상인들의 어두운 상점들(les boutiques obscures des soldeurs des années trente)"와 무관하지 않다.[33]

29) Laurent (Thierry), *op. cit.*, p. 21.
30) *Ibid.*, p. 12.
31) *Ibid.*, p. 22.
32) *Ibid.*, p. 23.
33) Cf. www.litt-and-co.org

(2) 이름 : 롤랑이 자신의 과거를 추적하는 과정에서 그 자신을 '페드로 멕케부아'와 혼동하고 있다.(119, 187) 그런데 이 페드로 멕케부아의 이니셜 'PM'과 파트릭 모디아노의 이니셜 'PM'이 같다. 그런데 모디아노의 친한 친구들은 그를 단순히 'PM'으로 불렀다고 한다.

(3) 역사적 요소들 : 『어두운 상점들의 거리』의 시대적 배경은 2차 세계대전 당시 독일의 프랑스 '점령시기'이다. 그리고 이 작품에서는 '1943년'이 가장 중요한 해로 등장한다. 이 해를 전후해서 수많은 사람들이 '점령지역'에서 '자유지역'으로의 이동했다. 또한 전쟁을 피해 스위스 등과 같은 이웃 나라로 탈주하려는 사람들도 많았다. 이와 같은 사실들이 이 작품에서도 그대로 반영되고 있는 것으로 보인다. 그리고 파리를 위시한 점령지역에서는 유대인 수용소로의 강제 이송을 위한 불신검문이 자행되고 있었다. 이로 인해 유대인들이 불안에 떨 수밖에 없었으며, 이런 분위기가 이 작품에서도 그대로 드러나고 있다. 여기에 더해 이 작품에도 암거래, 사기 등과 같은 속임수로 한 몫을 보려하는 자들이 등장하는데, 모디아노의 아버지가 유대인 신분을 숨기면서 파리에서 생활을 하면서 생계를 유지하기 위해 불법거래 등에 연루되었었다고 한다. 실제로 이 작품에서 롤랑이 스위스로 가려다가 눈 속에서 의식을 잃은 것도 따지고 보면 사기를 당했기 때문이다.

(4) 1943-1955년 사이의 12년이라는 기간 : 『어두운 상점들의 거리』의 이야기가 시작되는 시점은 1965년이다. 이는 위트의 한 친구의 편지를 통해서 알 수 있다.(155) 그런데 그로부터 "10년 전", 즉 1955년에 기억을 잃은 롤랑은 그로부터 2년 후에 위트를 찾아가 자신의 기억을 찾아달라고 부탁을 한다. 롤랑은 자신의 과거를 추적하는 과정에서 '1943년'에 있었던 스위스 국경으로의 탈출 사건을 기억해내기에 이른다. 그런데 '1943년'부

터 '1955년'까지 12년의 기간은 이 작품에서 중요한 기간으로 등장한다. 우선 이 기간이 2차 세계대전 후에 프랑스인들에게서 볼 수 있었던 일종의 의식적인 기억 '억압(répression)'의 기간이었다는 사실을 지적하자. 그러니까 프랑스인들은 전후에도 계속 신음의 시대를 보내면서 '점령시기'와 '홀로코스트(Holocaust)'를 잊고자 했던 것이다. 그 다음으로 이 '12년'은 모디아노의 개인사와도 관련이 있다. 모디아노에게는 '뤼디(Rudy)'라는 이름의 동생이 있었다. 뤼디는 '1957년'에 세상을 떠났는데, 이때 모디아노의 나이가 '12세'였다. 마지막으로 이 '12년'은 모디아노의 아버지와도 관계가 있다. 그의 아버지는 1968년에 행방불명이 되었다가 1978년에 세상을 떠나게 된다. 그런데 모디아노는 아버지가 행방불명되기 2년 전인 '1966년'에 그와 커다란 불화를 겪는다. 그런데 『어두운 상점들의 거리』는 '1978년'에 출간되었고, '아버지'와 '뤼디'에게 이중으로 헌정되었다. 모디아노가 그의 아버지에게, 그것도 '나의 아버지(mon père)'라고 적으면서 헌정한 것은 이 작품이 처음이다. 이런 사실을 바탕으로 '1943-1955'년까지의 '12년'은 '1966-1978년'까지의 '12년'과 무관하지 않다고 해석될 수도 있다.

(5) 1943년 2월과 스위스 국경에 위치한 '므제브(Megève) : 분명 『어두운 상점들의 거리』에서 '1943년 2월'과 '므제브'는 제일 중요한 시간과 장소일 것이다. 1943년 2월에 롤랑은 눈 속에서 의식을 잃게 되었고, 또 므제브는 그가 국경을 통해 스위스로 넘어가려 했던 장소이다. 그런데 이 두 지표 역시 모디아노와 그의 주위 인물들의 전기적 요소와 연관되어 있다. 1943년 2월은 모디아노의 아버지가 파리에서 나치의 불신검문에 걸려 체포되었다가 도망친 해이자 달이기도 하다. 또 모디아노의 부모는 1943년에 '므제브'에서 결혼한 것으로 알려져 있다.

(6) 기 롤랑 : 기 롤랑은 자신의 과거를 추적하면서 그 자신을 하워드 드 뤼즈, 페드로 멕케부아, 지미 페드로 스테른 등과 동일시한다. 그런데 이런 롤랑의 모습에는 '알베르 모디아노'(아버지)와 '파트릭 모디아노'(아들)의 모습이 겹친다고 할 수 있다. 우선, 스테른은 '1912년'에 태어난 것으로 되어 있는데, 이는 알베르 모디아노의 출생년도이기도 하다. 그 다음으로 '기(Guy)'는 알베르 모디아노가 게쉬타포를 피해 다니면서 사용했던 가명 중의 하나로 알려져 있다.[34] 이는 롤랑이 모디아노의 아버지 '알베르'와 무관하지 않다는 것을 보여준다.

(7) 인물들 : 스티오파는 모디아노가 어렸을 때 그의 아버지를 따라다녔던 "하수인(comparse)"이었던 것으로 알려져 있다.[35] 드니즈(Denise)는 "1939년 4월 3일"에 "지미 페드로 스테른"과 결혼했다.(118) 그 이후 두 사람은 일정한 거처가 없이 호텔, 친구들의 아파트 등을 전전했다. 이는 그대로 모디아노의 부모가 2차 세계대전이라는 불안한 상황에서 결혼을 하고, 일정한 거처 없이 떠돌아다닌 것과 아주 유사하다. 또한 드니즈는 어렸을 때 벨기에 사람들이 모여 살면서 "플랑드르 말"을 사용하는 카페를 자주 드나들었다.(128) 그런데 모디아노의 어머니는 1942년에 벨기에에서 프랑스로 왔다. 그리고 롤랑의 기억 속에서 자주 '하얀색 옷'을 입은 채 아주 희미하게 떠오르는 '알렉상드르 스쿠피(Alexandre Scouffi)'가 있다. 스쿠피는 "이집트에서 온 그리스 사람"이다. 스쿠피는 "1885년 4월 28일"에 "이집트"의 "알렉산드리아"에서 태어났고, "그리스" 국적을 가졌으며, "1920년"에 프랑스로 건너왔다.(152, 158) 모디아노는 이 '스쿠피'라는 인물에다 자기 할아버지의 모습을 투영시킨 것으로 보인다.

---

34) Cf. *Idem*.
35) Cf. *Idem*.

이상과 같은 사실들을 토대로 우리는 모디아노와 그의 시대, 그리고 그의 주위인물들에 관련된 자전적, 역사적 요소들이 『어두운 상점들의 거리』에 녹아들어 있다고 말할 수 있을 것이다. 그리고 이와 같은 단언은 그대로, 비록 이 작품의 화자 '기 롤랑'과 다른 여러 인물들과 저자 '파트릭 모디아노'의 이름이 동일하지 않지만, 그들이 궁극적으로는 동일한 인물일 수도 있다고 말할 수 있는 근거로도 소용될 수 있을 것으로 보인다. 따라서 우리는 이 작품을 '자전적 서사'와 '픽션적 서사'가 혼합된 '오토픽션'의 범주에 귀속시킬 수 있을 것이다.

5. 마치면서

지금까지 우리는 모디아노의 여섯 번째 작품인 『어두운 상점들의 거리』의 중심인물이자 기억상실증에 걸린 기 롤랑이 자신의 과거를 추적하는 과정을 중심으로 그가 어떻게 그 자신의 기억을 회복하고 있는지, 그 결과는 어떤 것인지, 그 한계는 무엇인지 등을 살펴보았다. 그 과정에서 우리는 다음과 같은 사실들을 확인할 수 있었다.

우선, 롤랑이 자신의 잃어버린 과거를 찾아가는 방법은 기록물과 그를 알았던 타인들의 기억에 의존하는 것일 뿐이라는 사실이다. 하지만 기록물은 그 불완전성으로 인해, 그리고 타인들의 기억은 시간의 폭력에 의해 망각의 위협에 노출되어 있는 까닭에, 롤랑은 자신의 과거를 추적하는 과정에서 커다란 어려움을 겪을 수밖에 없었다. 그 다음으로 프루스트가 신체적 감각을 바탕으로 주창한 '비의지적 기억' 이론 역시 기억상실증에 걸려 있는 롤랑에게는 마술적 효과를 가져다주지는 못했다는 사실이다. 이는 그대로 모디아노가 프루스트의 '비의지적 기억' 이론을 부분적으로만 수용하고 있다는 것을 보여준다. 마지막으로 기억상실증으로 인해 롤랑의 기억에서 증발되어버린 기억의 파편들 역시 그의 정체성 확립에서는 필수불가결한 요소이기 때문에, 『어두운 상점들의 거리』의 서사 전략은 '자전적 서사'와 '픽션적 서사'가 결합된 형태일 수밖에 없으며, 이는 그대로 이 작품의 장르가 '자서전'과 '픽션'의 혼종 형태인 '오토픽션'으로 규정되어야만 한다는 사실로 이어졌다.

롤랑은 자신의 과거를 추적하는 단계에서 그 자신이 누구인가를 빈번하게 되묻는다. 하지만 롤랑은 항상 그 자신의 이름과 정체성에 대해 불확실성 속에 빠져 있다. 이는 롤랑이 자신의 정체성 확립에 필수불가결한 '기억'을 상실한 상태에서 타인들의 기억에 의존할 수밖에 없는 당연한 결과라고 할 수 있다. 그럼에도 불구하고 롤랑은 자신의 과거 추적의 출발점에서의 '아무것'도 아닌 상태로부터 '누구인가'의 상태로 이행하게 된다. 물론 그 이행 과정에서 만나게 되는 '자기'의 모습에 대해서는 그 어떤 확신도 할 수 없는 입장에 있기는 하다. 하지만 롤랑은 이처럼 불확실하고 흐릿하고 파편적이기는 하지만, 그래도 그 자신이 누구인지에 대한 답을 어렴풋하게나마 확보하는 성과를 거두고 있다는 점은 분명해 보인다. 이와 같은 사실은 그대로 이 작품에서 롤랑의 정체성은 그 자신의 이야기를 통해 드러난 것만큼의 정체성, 그러니까 "나는 이야기한다, 그러므로 나는 존재한다."는 명제 위에서 형성되는 '서사적 정체성' 확립의 좋은 예라고 할 수 있을 것이다. 다만 이렇게 해서 확립된 정체성의 확실성과 명료함은 거기에 어쩔 수 없이 녹아들어 있는 '픽션적 요소'로 인해 '자전적 요소'를 바탕으로 확립된 정체성의 그것보다 항상 부족할 수밖에 없다는 사실을 잊지 않도록 하자.

참고문헌

Bridoux (A.), *Le Souvenir*, PUF, coll. Initiation philosophique, 1956.

Bunnuel (Luis), *Mon dernier soupir*, (avec la collaboration de Jean-Claude Carrière), Seghers, 1982.

Cooke (Dervila), *Present Pasts. Patrick Modiano's (Auto) Biographical Fictions*, Rodopi, 1994.

Douvrovsky (Serge), *Fils*, Galilée, 1977.

Hermann (David), Jahn (Manfred), Ryan (Matie-Laure), *Routledge Encyclopedia Narrative Theory*, Routledge, 2008.

Jaccomard (Hélène), *Lecteur et lecture dans l'autobiographie française contemporaine : Violette Luduc, Françoise d'Eaubonne, Serge Douvrovsky, Margurite Yourcenar*, Droz, 1993.

Lacan (Jacques), *Ecrits*, Seuil, coll. Le Champ freudien, 1966.

Laouyen (Mounier), "L'autofiction : une réception problématique", file://C:/colloque99:colloque 99208.html.

Laurent (Tierry), *L'Œuvre de Patrick Modiano. Une autofiction*, Presses Universitaires de Lyon, 1997.

Magazine littéraire, no 302, septembre 1992.

Mauron (Charles), *Des métaphores obsédantes au mythe personnel : Introduction à la psychocritique*, José Corti, 1963.

Modiano (Patrick), *Livret de famille*, Gallimard, coll. Folio, 1977.

______, *Rue des Boutiques Obscures*, Gallimard, coll. Folio, 1978.

______, *Emmuel Berl, Interrogatoire* suivi de *Il fait beau, allons au cimetière*, Gallimard, coll. Témoins, 2003.

Nettebeck (Collin W.) & Hueston (Penelope A.), *Patrick Modiano Pièces d'identité, Ecrire l'entretemps*, Lettres Modernes, coll, Archives des Lettres Modernes, no 220, 1986.

Proust (Marcel), *Du côté de chez Swann*, in *A la recherche du temps perdu*, Gallimard, coll. Biobliothèque de la Pléiade, t. I, 1969.

Touzin (Marie-Madeleine), *L'Ecriture autobiographique*, Bertand-Lacoste, 1993.

김진성, 『베르그송 연구』, 문학과지성사. 1990.

라반 & J. 윌리엄, 『심리학의 즐거움 : 사람이 알아야 할 마음의 모든 것』, 휘닉스, 김문성 옮김, 2005.

Ⅳ ‘어둠’ 속 이미지 읽기를 통한 내러티브의 가능성 모색

4

'어둠' 속 이미지 읽기를 통한 내러티브의 가능성 모색

조 윤주

1. 서론

보이는 것과 보이지 않는 것의 차이는 사실 시각 이미지의 관점에서 본다면 너무나 명백하다. 시각을 통해 인간은 사유의 근원을 만들고 이에 근거한 사유를 통해 또 다시 사유의 결과물이라 할 수 있는 오브제(사물)를 생산해 낸다. 오브제는 단지 사유의 대상인 '객체 또는 물체'라는 설명을 넘어 '주체'와 '객체'의 개념으로 확장이 가능하며 콘텍스트 안에서 관계를 형성해낸다. 이 관계는 우리가 말하는 문장(langue)의 구조를 넘어 소위 '목적론'(teleology)으로까지 확대되며 말하는 '주체'가 의도하고자 한 의미를 '객체'의 해석 즉 소쉬르의 표현을 빌면 '파롤'(parole)을 통해 결국 타자의 입장에서 해석해야 하는 상황에 이른다. 이미지는 보이는 것 외에도 보이지 않는 많은 분위기를 형성해 내는데 이는 사물(오브제)을 인지하는 또 다른 객체의 주관적 판단에 의지하는 경우가 많다. 보드리야르(Jean Baudrillard)의 경우 인간이 살아가면서 이탈하지 않고 적응한다는 것은 심리적으로 주변의 모든 것을 수용하는 수용자의 입장에서 이해하고 있는데 이는 인간을 둘러싼 사물들의 세계가 인간의 세계관을 그대로 반영하고 있기 때문이다. 인간의 신체 그대로가 인간이 살아가는 세계를 그대로 반영하기 때문이며 따라서 인간이 살아가는 삶의 방식은 인간을 둘러싼 사물들과 소통하는 것이고 이 사물들은 세계관 전체의 반영이라 할 수 있다. 즉 인간이 살아가는 집 자체가 인간의 신체와 상징적으로 똑같은 것이 되어, 그 강력한 유기적 구조가 사회구조를 통합하는 이상적인 구조 속에서 일반화되는 것이라고 보드리야르는 말한다. 인간이 살아가는 세상의 전체 생활양식의 질서는 소위 가치가 발생하는 근원적인 실체인 자연의 질서를 그대로 반영하는 것으로 인간의 문화라는 이름의 형식은 그대로 자연으로 전환하게 된다. 이는 형식이 사물을 규정하는 것이며 근본적으로 인간과 유사한 사물은 그 특성을 통해 인간의 마음 속 깊이 자리 잡게 된다. 이 사물의 특성은 언제나 '동화'와 말의 합병을 통해 실제로 실체를 찾고자 할 수 있다. 따라서 '주체'가 의도하고자 한 의미를 '객체'가 주체의 의도와는 다른 낯선 해석을 하더라도 이는 실체를 찾아가는 하나의 과정이자 인간의 질서 안에서 사유의 결과로서 나오는 결과물이라 할 수 있다. 그리고 사유란 개인의 정신을 반영하지만 동시에 '말' 또는 내러티브를 통해 타자와의 합병을 시도하는 것이다.

인간과 인간의 관계에 초점을 둔다면 각 주체가 내러티브를 통해 언술행위에 나서게 될 경우 아무것도 의미하지 않음을 말하는 '무의미'로 들어가는 것은 불가능하다. 내러티브는 본질적으로 '의미 만들기'의 한 형식이기 때문이다. 비록 아무런 의미 없이 무질서하게 배열된 듯 보이는 각자의 상황이라도 언술행위를 통한 각각의 문장은 어떠한 상황에 대한 묘사를 끌어오게 되고, 자신을 표현하는 형식이기에 각각의 문장을 통합해서 사건 사이의 관계를 보여주는 의미배열을 가져오게 된다.[1] 그리고 이렇게 생산된 의미는 시간의 측면에 민감한 인간의 관심을 통해 유의미한 담론을 이끈다. 하지만 보드리야르의 경우 각 개인의 내러티브보다는 사회적 개념의 산물로서 이데올로기를 바라보는데 개별 인간이 만들어내는 말의 질서를 넘어 유기적이며 자연스러운 모든 방식들이 실제로 수많은 다형적인 실체 속에서 각각의 기능적인 등가물을 찾아내고 있는 점을 언급하며 자연적으로 있는 실체 그 자체에서 이데올로기적 가능성을 찾아내고 있다. 하지만 이런 가능성조차도 대립이 목적이 아니라 본래의 자리에 그대로 자리잡고 있는 실체로 파악한다. 따라서 인간의 질서 속에서는 "귀족적 신화와 이데올로기 같은 유사한 문화적 이데올로기를 위해서만 대대로 이어져 내려오는 물질의 고상함이 존재한다. 그리고 이러한 문화적 편견마저도 시간과 더불어 사라져 간다"(『사물의 체계』 61)고 설명하고 있는데 이는 이데올로기의 문제를 넘어 각각의 사물이 결국 제자리를 찾아갔음을 지적하는 것으로, 우리가 보이는 것이라고 생각하는 각각의 재료는 각자 사물의 위치에서 '분위기'의 상관관계에 상응하면서 사물의 체계에 맞게 자리하고 있는 것이다. 그리고 자신이 살아가는 세계의 환경에 적응해서 살아가는 인간은 보이는 것에 순응하는 동시에 보이지 않는 것의 이미지도 생산해 낸다. 바르트(Roland Barthes)의 주장처럼 우리가 눈으로 확인한 사실이 이미지로 변화하

---

1) 폴킹혼(Donald E. Polkinghorn)은 캘리포니아 주립대학교 상담학과 교수로 재직하면서 다양한 인물들의 심리치료를 통해 심리학적 입장에서 내러티브의 역할이 인간 개인의 존재에 어떻게 영향을 미치는지 연구했다. 의간의 경험이 어떤 의미를 가지면 인간의 행동이 이러한 유의미에서 어떤 특징을 나타내는지 연구했으며 특히 내러티브의 탐색을 통해 정신적 작용을 의미하는 인지적 관정에서 창작물로서의 내러티브가 개인적인 측면 뿐만 아니라 사회적인 측면에서도 인간행위를 설명하는데 근거를 두고 있다고 분석하고 있다. (폴킹혼 『내러티브 인문과학을 만나다』 19-20 참조)

는 것이 아니라 이미지 그 자체가 사실이 되는 것이다. 사실적인 것은 사실로 존재하고 어떤 이데올로기적인 정당화의 과정을 거칠 필요 없이 사실적인 것은 사실로 존재하는 것이다(『이미지와 글쓰기』 56). 결국 오브제는 사실성의 개념 그 자체를 구체화하는 것이며 그 속에서 자신의 의지와는 상관없이 오브제는 그대로 의미를 가지기 시작하며 앞서 지적한 것처럼 다시 유의미의 과정을 거치게 된다.

그렇다면 어둠 속에서 아무 것도 응시할 수 없는 상황에 처한 인간이 머릿속에서 만들어내는 이미지와 내러티브는 과연 폴킹혼과 바르트의 사이 어디에 위치하고 있는 것일까? 언술행위도 없으며 시각적 이미지조차 생산하기 어려운 위치에서 머릿속에서 이루어지는 내러티브의 향연을 보이지 않는 이미지라고 말할 수 있는지에 대해서도 섣부른 판단을 내리기 어렵다. 조윤경은 벨기에의 초현실주의 화가 르네 마그리트(René Magritte)의 「나는 숲속에 숨겨진 [여자]를 보지 않는다」(Je ne vois pas la [femme] cachée dans la forét), 1929) 그림을 분석하면서 회화에서 언어적 메시지가 중요한 역할을 하고 있음을 지적하는데, 현실의 남성(들)이 상상의 여성, 옷을 잘 차려입은 남성과 벌거벗은 여성의 대비, 눈을 감은 남성들과 "보지 않는다"라는 부정의 문장을 통해 초현실주의 남성들이 모델인 여성을 외부의 눈으로 보는 게 아니라 내면의 시선으로 바라보는 것이라고 설명한다. 즉 마그리트는 외부 사물의 구성관계보다는 '내적인 시선' 또는 '제 3의 눈'이 본 흔적들을 그림으로 보여주면서 현실로 체화되는 것이 상상적인 조직을 구성하고 있다고 지적한다. 볼 수 있는 것 이면에는 볼 수 없는 것이 갖는 또 다른 가시성이 있기 때문에 그것이 존재와 사물의 깊이를 구성하게 된다는 것이다(『보는 텍스트, 읽는 이미지』 31). 마그리트의 대표작인 「이미지의 배반」(La trahison des images, 1928-

1929)[2] 또한 "이것은 파이프가 아니다"(Ceci n'est pas une pipe)라는 언술을 그림에 담고 있는데 사실적인 파이프의 이미지와 파이프가 아니라는 언술의 상반되는 연출을 제공하면서 마그리트는 이미지와 실재 사물 사이의 경계를 허물면서 그림과 텍스트 사이의 관계를 묻고 있다. 마찬가지로 미국의 포스트모던 작가인 폴 오스터(Paul Auster)의[3] 『어둠 속의 남자』(*Man in the Dark*)(2008) 또한 이런 경계를 허무는 시도를 한다. 언술행위 없는 내러티브의 실체가 무엇이며, 이 실체를 통해 작가는 어떠한 유의미를 찾고 있는지, 유의미와 무의미의 간극을 어떻게 채워나가는지 그리고 내러티브와 이미지 사이에서 작가가 진정으로 전달하고자 한 작가의 유의미가 무엇인지 스스로 길을 찾아가고 있다. 특히 어둠 속에 갇혀있을 뿐만 아니라 타인의 도움이 없이는 아무것도 할 수 없는 최악의 상황에 내동댕이쳐진 인간의 조건을 제시함으로써 내러티브의 가능성과 의미의 유의미성을 찾아가는 것이다. 이에 본고는 실체 없음의 한가운데 자리한 주인공이 각각의 내러티브적 작동 없이 무의미와 유의미의 간극을 오가면서 작가와 힘겨루기를 하고 있는 작품인 『어둠 속의 남자』에 나타난 내러티브 작용을 분석하고 그 과정에 드러나는 이미지를 분석함으로써 작

2) 「이미지의 배반」은 주로 '이것은 파이프가 아니다'라는 제목으로 알려져 있다.

3) 유정완의 경우 오스터가 본격소설의 특징과 대중소설의 특징을 적절히 혼합해서 구미의 학계와 대중독자를 함께 사로잡아 일종의 컬트현상을 만들어 내면서 이른바 '이론 이후 이론'(after theory)의 작가군에 들어간다고 지적하며 특히 '우연(chance, randomness, coincidence, contingency)의 미학' 또는 '우연의 시학'의 특징을 찾아내면서 후기 포스트모던 작가로 분류하고 있다. 박인찬 또한 오스터의 소설을 '포스트모던 대중소설'로 분류하면서, "고급 혹은 순수소설의 예술성, 진지함, 실험성과 대중 혹은 장르소설의 재미, 가벼움, 통속성이 서로 융합된, 그래서 재미있으면서도 진지한 소설"임을 지적하며 포스트모던 대중소설이라고 정의내리고 있다(『동서비교문학저널』 30호 289-290 참조).

가가 의도하고 꿈꾸고 있는 내러티브의 가능성을 찾아보겠다.

2. 본론

2.1. 실체 없는 텍스트의 이미지

오스터는 보이지 않는 이미지를 생산해 내는 과정에서 보드리야르가 가장 이상적이라고 언급하는 재료인 유리(창)의 이미지를 이용하고 있다. 유리는 사실 실제적이면서 동시에 보고 있는 대상을 손으로 만질 수 없는 처지에 있기 때문에 상상을 하기에도 적합하다. 오스터가 『어둠 속의 남자』를 집필하고 있을 당시 미국은 여전히 이라크와 전쟁[4)]을 벌이고 있었는데, 21세기에도 전쟁을 벌이고 있는 거대국가 미국과 이를 바라보는 작가 오스터에게 교통사고로 꼼짝없이 누워만 있는 70대 노인이자 어둠 속에서 잠을 이루지 못하고 끊임없이 사색에 잠겨야만 하는 주인공은 불투명 유리를 앞에 두고 아무런 실체도 만질 수 없는 불구의 현대인을 상징한다고 할 수 있다. 특히 타인의 도움 없이는 전혀 움직이지 못하는 불구가 되어 머릿속으로만 세상을 응시해야 한다는 설정은 유리창을 통해 세상을 바라 봐야만 하며 이

---

4) 2001년 미국에서 9/11테러사건이 발생했을 당시 배후로 지목된 알카에다를 소탕하는 과정에서 알카에다의 근거지가 아프카니스탄으로 지목되면서 미국과 아프카니스탄이 전쟁을 벌이던 중, 이스라엘의 모사드가 이라크의 핵무기 보유사실을 언론에 허위 유포하게 된다. 이에 IAEA(국제원자력기구)가 이라크를 사찰하는 과정에서 9/11테러의 주범인 오사마 빈라덴의 알카에다가 이라크의 배후를 지원한 게 드러나면서 미국이 알카에다 체포 작전과 더불어 이라크의 사담 후세인 정권의 붕괴를 위해 침공한 전쟁이 2차 걸프전이다. 2차 걸프전은 2003년3월에 시작되어 미군은 2011년 12월31일 이라크 땅에서 완전 철수했다.

런 응시행위를 통해 머릿속에 떠올린 이미지가 잘못 투사되어 결국 왜곡된 대상을 이미지로 응시하는 효과가 나타난다. 주인공이 머릿속으로 그리는 (또는 쓰고 있는) 일종의 텍스트는 과거의 사실뿐만 아니라 현재에도 진행되고 있는 사건들을 그대로 반영하고 있는 듯이 보이지만 사실은 세상을 비꼬고 비틀어서 사실과는 다른 왜곡된 이미지를 재생산하는 과정을 보여주게 된다.

이 과정에서 주인공은 현실을 제대로 응시하지 못하기 때문에 또 다른 이미지를 덮어쓰기 하는 방식으로 계속해서 이미지를 재생산하는데, 보이는 것과 보이지 않는 것, 그리고 보고 싶지 않은 것들이 혼재되면서 결국 주인공은 세상과 단절하는 동시에 타인과의 소통마저 불가능하다는 사실을 깨닫게 된다. 존재하지만 존재하는지에 의문을 품는 주인공처럼 오스터는 보고 있지만 보이는 것을 보는지 또는 보이지 않는 이미지를 좇고 있는지 때로는 독자들을 혼돈에 빠뜨리며 이미지와 텍스트를 교차하는 방식으로 우리 인간이 사실은 어둠 속에서 아무것도 보지 못하고 있을 지도 모른다고 경고하고 있다.

『어둠 속의 남자』에서 가장 강조되고 있는 것은 '어둠'(dark)이다. 이 작품에서 어둠은 인간의 존재를 지우듯이 잠속으로 들어갈 것을 강요하지만 72세의 나이로 아내를 잃은 지 얼마 되지 않은 주인공 오거스트 브릴(August Brill)은 고통스럽게 불면의 밤을 지새워야만 하는 하룻밤 이야기를 다루고 있다. 브릴은 얼마 전 당한 교통사고 때문에 한 쪽 다리가 완전히 으스러졌기 때문에 타인의 도움 없이는 아무것도 할 수 없는 살아있는 송장과 같다. 눈을 뜨고 감을 수 있다는 것을 제외하고는 몸을 움직일 수 없으며 머리맡의 전등조차 켜는 게 힘에 겹다. 갑자기 발작적으로 기침을 하고 가래가 끓어도 삼켜야만 하고 방광이 차오르는 고통을 느껴도 혼자서는 움직이지 못하기 때문에 밤새도록 참아야만 하는 상태다. 브릴은 오로지 어둠이 지배하는 방에서 잠의 세계로 들어가지도 못하고, 머릿속을 지배하지만 결코 떠올리고 싶지 않은 기억들을 지우기 위해 끊임없이 다른 이미지를 떠올려야만 한다. 브릴은 추악한 이미지를 지우기 위해 글로써 텍스트화할 수 없는 이야기를 계속해서 실타래처럼 풀어내고 있을 뿐이다. 역설적으로 전직 기자이자 문학비평가인 브릴에게 불면증은 고통의 근원이지만 한편으로는 의미생산의 한 축이 되는 텍스트를 만들어내는 원인이 되기도 한다. 작가인 오스터는 브릴의 머릿속 텍스트를 창조하고 있지만, 반면 작품 속 주인공은 문자화 할 수 없는 텍스트의 허구 속에서 방황하고 있다.

브릴의 머릿속 이야기를 정리해보면 다음과 같다.

주인공인 오웬 브릭(Owen Brick)은 뉴욕 출신의 마술사이지만 어느 날 갑자기 잠에서 깨어보니 2차 남북전쟁(a second civil war in America)의 소용돌이 속에 휘말린 군인이 되어있다. 깨어난 장소는 타인의 도움이 없이는 전혀 탈출이 불가능한 구덩이 속이다. 한 번도 만난 적이 없는 상관인 토박 하사(Serge Tobak)의 도움으로 구덩이에서 탈출한 이후에는 다시 상관의 명령으로 어디인지 알 수도 없는 곳에서 누구인지도 모르는 인물의 암살을 떠맡아야 한다. 군인이라는 직업때문에 무조건적으로 명령에 복종해야만 하는 입장이다. 자신이 깨어난 장소의 이름마저 생소한 곳에서 전직 마술사는 암살 임무를 떠맡게 된다. 재미있는 것은 전쟁 자체를 거부하며 암살임무를 피하려고 하는 뉴욕 출신의 마술사 브릭 상병이 죽여야 하는 인물은 버몬트(Vermont)에 살고 있는 72세의 오거스트 브릴이라는 작가이다. 즉 오스터의 작품 속 주인공인 브릴이 불면증을 피하기 위해 머릿속에서 쓰고 있는 상상의 이야기에서 암살의 대상이 되는 인물은 브릭이 암살임무를 떠맡게 된 텍스트를 작성하고 있는 작가 브릴이다. 브릴이 누구인지도 모른 상태에서 브릭은 어떻게 해서든지 자신이 처한 상황에서 벗어나기를 바라지만 브릭 주변의 모든 사람들은 브릭을 감시하는 인물이다. 갑자기 등장한 브릭의 어릴 적 짝사랑인 버지니아도 이상하기는 마찬가지다. 어떻게 전쟁터의 한 가운데 던져지게 된 것인지, 현재의 전쟁이 어떤 전쟁인지에 대해 설명해주고, 뉴욕의 아내에게 최종적으로 돌아가는 방법 등을 말해주기는 하지만 버지니아의 말에 따르면 지금의 전쟁을 벗어날 방법은 없다. 잠시 약물요법을 통해 아내를 만나러 가지만 이미 아내인 플로라도 전쟁에 참여하고 있는 의문의 인물들로부터 협박을 받은 상태다. 브릭과 아내가 살아남으려면 브릭은 암살임무를 성공해야만 한다. 다시 전쟁의 한가운데로 돌아간 브릭은 버지니아를 만나서 어린 시절의 이야기를 나누면서 현 상황의 부조리함과 부당함을 공유하며 동시에 육체적인 탐닉도 즐기지만 갑작스레 공습을 당하고 브릭과 버지니아는 예상 밖의 처절한 죽음을 맞는다.

『어둠 속의 남자』가 중간에 이를 무렵 갑자기 브릴의 이야기는 허무하게 끝나고 만다. 브릴의 내러티브 아닌 머릿속 언술은 이렇게 전쟁에 대한 공포를 남기고 막을 내린다. 실제로 작가 오스터는 미국이 이라크에서 벌이고 있는 전쟁에 대해 부시 행정부를 통렬하게 비판하며 전쟁의 의미 없음을 여러 번 강조한 바 있다. 사실 오스터는 활동 초기 시인으로뿐만 아니라 평론가나 번역가, 에세이 작가로 활동을 하면서 현실에 관심을 가지고 사회현상을 직시하면서 사회비판적인 작가로서 나서기 보다는 문학 활동이라는 근본적인 작업에 몰두했다. 한 인터뷰에서 오스터는 번역을 한 이유가 무엇이냐는 질문에 대해 돈을 벌기위한 측면과 글을 효율적으로 쓰는 방법을 배우기 위해서였다고 답한 바 있다(“Interview: Paul Auster on His Newest Novel,

Man in the Dark"). 『왜 쓰는가』(*Why Write?*)(1995)라는 에세이를 보면 글을 쓰는 이유에 대해 설명하고 있는데, 글을 꼭 써야하는 상황에서 글을 쓰지 못했던 어린 시절 경험을 이야기하며 글을 쓰는 이유가 단순히 개인적인 사유였다고 밝히고 있다. 하지만 2008년에 발표된 『어둠 속의 남자』에 이르면 오스터는 미국이 처한 상황에 대해 고민하는 주인공을 등장시키면서 명분 없는 전쟁에서 꼭두각시 노릇을 해야만 하는 개인의 입장을 확대시키며 미국이라는 국가의 위기까지 언급한다.

앞서 언급했듯이 브릴의 머릿속 이야기는 이라크 전쟁을 패러디하고 있다. 그런데 브릴의 머릿속 이야기에서는 명분 없는 전쟁이라고 비난받고 있는 미국과 이라크와의 전쟁이 아니라, 1861년부터 1865년까지 연방제와 노예제의 존립문제로 남과 북이 전쟁을 벌였던 것과 같이 미국대륙이 대통령을 앞에 내세운 연방과 그 연방으로부터 독립한 주들이 서로 내전상태에 있다. 먼저 연방에서 탈퇴를 선언하고 전쟁을 시작한 주가 바로 뉴욕주(州)이다. 각 주들은 주지사가 아니라 총리가 지배를 하고 있지만 연방의 대통령은 여전히 조지 W 부시(George W. Bush)이다. 그리고 전쟁의 시발점이 된 뉴욕 출신의 브릭은 편안한 삶을 즐기던 마술사에서 독립주인 뉴욕의 일개 사병으로 전락하고 만 것이다. 실제로는 미국 대륙에서 멀리 떨어진 곳에서 벌어지는 이라크와의 전쟁이지만 브릴이 느끼기에 각각의 미국인은 아메리카 대륙 내에서 전쟁을 치르고 있다. 이 전쟁의 이미지는 브릴이 그렇게도 지우고 싶어 했던 전쟁의 한 결과물에서 나온 것이며, 지우고 싶어 했던 이미지 위에 덧씌우고 덧씌워진 실체가 없는 이미지이다. 이렇게 덧씌워진 이미지를 기반으로 브릴의 내러티브는 마치 반투명한 유리 넘어 벌어지고 있는 전쟁의 서사를 글뿐만 아니라 말로도 표현할 수 없는 상황에서 머릿속으로 그리고만 있는 것이다.

2.2. 보이지 않는 세계의 이미지와 내러티브

브릴은 교통사고로 불구의 몸이 된 이후 외동딸인 미리엄(Mirriam)과 외손녀인 카티야(Katya)와 함께 살고 있다. 아내인 소냐(Sonia)와 사별한 후 삶의 낙을 잃고 단절된 생을 살고 있는 브릴을 돌본 사람은 미리엄이다. 교통사고로 한쪽 다리가 으스러지자 미리엄은 아버지와 함께 하겠다며 자신의 집으로 브릴을 데려온다. 사실 미리엄은 교수였던 남편이 학생과 바람을 피우면서 집을 나가자 절망의 구렁텅이에 빠져 스스로도 남편의 실체 없는 이미지에 기대어 삶을 낭비하고 있던 참이었다. 카티야는 남자친구인 타이터스(Titus)가 이라크 전에 참전하게 된 이유에 대해 절망하고 어머니의 집으로 들어온다. 타이터스는 두사람의 관계에 대해 카티야의 태도가 자신이 기대했던 것과 달리 별다른 확신이 없어보이자 이라크전에 참전하기로 결정하지만 군 입대가 어렵게 되자 군수물자운송을 담당하는 회사에 들어가서 이라크로 간 후 포로로 잡혀서 결국은 이라크군에게 참수를 당하고 만다. 이 장면은 영상에 담겨 미국으로 보내졌고 브릴과 미리엄, 카티야는 모두 이 영상을 볼 수밖에 없었다. 가장 가까운 지인의 참혹한 살해 장면은 이들의 삶을 파괴하고 지배하는 가장 강력한 이미지를 제공하게 되고, 잠들기 위해 눈을 감는 순간 살아서 움직이는 이미지가 된 것이다. 브릴은 아내의 죽음과 자신의 교통사고에 대한 기억을 지우길 원하면서, 또한 더 강력한 기억이자 이미지인 타이터스의 참수영상을 지우길 간절히 바란다. 이 작품에서 특히 어둠속에서 잠들지 못하는 인간을 지배하는 것은 과거의 기억이다. 72세의 브릴에게는 기억할 추억도 많지만 지우고 싶은 기억도 많다. 이런 기억을 지우는 또는 덧씌우는 이미지가 바로 타이터스의 죽음이었고 어떻게 해서라도 이 이미지를 지우기 위해 브릴은 머릿속에 텍스트를 그리고 있다. 하지만 타이터스의 죽음이라는 가장 강렬한 이미지를 덧씌우는 이미지 또한 전쟁의 한가운데 던져진 개인이며, 이 전쟁을 끝내기 위해서는 텍스트를 풀어내고 있는 브릴의 암살이 필수적이라는 모순이 남게 된다.

유정완의 경우, 오스터의 작품에서 "삶과 세계의 섬뜩한 비극성과 미국사에 대한 반성적 성찰"(유정완, 71)을 찾아내는 데, 특히 오스터 작품의 특징을 '우연의 미학'이라고 이름붙이면서 서사의 흐름이 막히면 '우연히', '갑자기', '난데없이', '운이 시키는 대로' 등의 표현을 쓰고 있으며 급격한 전환이나 반전을 시도하는 등, 우연의 논리가 오스터 소설 자체를 가능케 하는 서사의 본원적 힘이라고 설명한다. 여기서 '우연'이라는 개념은 오스터의 소설에서 하나의 주제의식, 즉 세계는 우연에 의해서 지배되는 신비의 연속이며 우리의 삶도 사건들의 연속에 불과하다는 메시지를 제시한다는 것이다. 사건의 논리나 인과관계 없이 인간을 지배하는 논리는 아무도 예측하기 어려운 우연이기 때문에 이러한 우연을 표현하는 서사 또한 논리의 지배를 받기 어렵다. 이런 메시지는 유정완의 지적처럼 『뉴욕 3부작』(*The New York Trilogy*, 1981-1984) 중 3번 째 작품인 「잠겨진 방」(The Locked Room)에서 화자가 언급하는 부분에 잘 드러나고 있다. "결국 개개의 삶이란 목적 없는 우연한 행위나 요행, 무작위의 사건들이 나타나는 우발적 사건들 그 이상도 그 이하도 아니다"(256)라는 언급에서 알 수 있듯이, 우연이 인간 삶의 세계를 지배하는 논리가 된다. 마치 들뢰즈(Gilles Deleuze)가 『앙티 오이디푸스』(*Anti-Oedipus*)에서 강조한대로 소위 "보편사는 존재하지만 우발성의 역사"가 역사의 흐름과 연합을 가능하게 했던 것처럼(『천개의 고원』 5), 결국 우연은 세계와 삶의 서사가 되는데 논리와 합리를 거스르는 미학이 되는 것이다. 앞서 지적했듯이 브릴의 머릿속 이야기의 서사는 어이없이 끝을 맺는다. 플

롯의 시작과 더불어 중간과 마무리로 이어지는 이야기는 독자들의 기대와는 전혀 다른 방향으로 흐를 뿐 아니라, 이야기의 시작에서 조건으로 하는 오거스트 브릴의 암살임무는 시작도 하지 못한 상태에서 브릭 상병의 죽음으로 끝나는 것이다. 이런 서사를 통해 작가 오스터는 전통적인 서사양식을 완전히 해체하고 만다. 내러티브란 의미 만들기의 과정이라는 전통적 서사이론을 무시하고 브릴이 생존하는 이유를 찾아내고자 하는 것이다.

여기서 작가 오스터가 의도한 유의미화 과정의 조건을 찾을 수 있다. 2009년에 출간된 오스터의 또 다른 작품인『보이지 않는』(*Invisible*) 을 번역한 이종인에 따르면, 오스터가 일반적으로 우리가 생각하는 것처럼 현실 속에 어떤 사건이 벌어졌기 때문에 그것이 존재하는 것이 아니라, 그 사건이 벌어졌다고 '생각하기' 때문에 그것이 기억이든 환상이든 우연이든 그 사건이 존재한다고 믿는 것이라고 분석한다(이종인, 331). 즉 사건이 벌어진 것이 먼저가 아니라 우리의 생각이 그것을 우연이라고 믿는 순간부터 이야기가 먼저 생겨나고 결국 그 이야기 속의 모든 서사는 전통적인 서사논리를 벗어나서 우연의 미로 속으로 들어가는 것이다. 이야기 속의 주인공인 『보이지 않는』의 화자는 한 사람이지만 각 장의 화자는 '나'와 '너', '그'의 형식으로 등장한다. 분명 '나'의 이야기이지만 '나'는 화자를 '너'로 지칭하기도 하고 '그'로 지칭하기도 하면서 서사가 전개되는 것이다. '나'를 찾는 또 다른 화자인 나는 주인공인 애덤 워커(Adam Walker)의 죽기 전 이야기와 사후 이야기를 좇으며 보이는 것과 보이지 않는 각각의 사건과 이미지에서 혼동과 갈등을 일으킨다. 워커는 자서전과도 같은 글을 유고집의 형태로 친구인 나에게 읽어줄 것을 부탁하며 이미 생을 마감한 상태다. 나는 글의 진위에 대해 혼동을 느끼며 워커의 누나를 찾아 워커의 글을 출판할 것인지 논의하고자 하지만, 글 속에 담긴 충격적인 자서

전적 내용을 감히 밝히는데 주저한다. 워커는 글에서 청소년기에 뉴욕에서 누나와 함께 지내면서 근친상간의 관계를 가졌다고 밝히고 있지만 워커의 누나인 그윈(Gwyn)은 워커의 진술이 전혀 사실이 아님을 말하며 실제 사실과 언술의 사실성을 논한다.

> 난 동생을 사랑했어요, 짐. 내가 어렸을 때, 그 애는 누구보다 나와 가까웠어요. 하지만 결코 그 애와 동침같은 건 하지 않았어요. 우리가 어렸을 때 대실험 같은 것도 없었어요. 1967년 여름에 우리 사이에 섹스도 없었어요. 맞아요, 우린 두 달 동안 그 아파트에 함께 살기는 했어요. 하지만 침실도 따로 썼고, 섹스 따위는 결코 하지 않았어요. 애덤이 쓴 것은 완전히 지어낸 이야기에요.
>
> 제가 물어볼 입장이 아닌 것 같지만, 왜 지어냈을까요? 특히 이야기의 다른 부분들이 모두 사실이라면 말이죠.
>
> 그 나머지 부분들도 사실인지는 잘 몰라요. 다시 말해 그 부분들도 사실 여부는 증명할 길이 없어요. 단지 40년 전 애덤이 내게 말해줬던 이야기와 일치한다는 것뿐이지요. (『보이지 않는』 269-270)

워커의 진술이 사실인지 거짓인지에 대한 혼란은 작품 속 화자인 '나'의 몫이다. 독자들은 오스터의 노련한 지시를 따라 내러티브 속 '나'이자 '너'이며 '그'의 서사를 따라간다. 궁극적으로『보이지 않는』이 제시하는 서사가 꾸며낸 것이든 꾸며내지 않은 것이든 그 속에서 일관되게 제시되는 '나'와 '너', '그'의 서술은 오스터가 독자들에게 유의미를 만들어내는 과정으로 우리 인간은 결국 '이야기를 말하는 인간'(Homo fabulator)라는게 이종인의 주장이다. 서로 연관이 없는 듯 보이는 우연의 서사가 의미 없이 무질서하게 배열된 듯 보이지만 각각의 상황은 언술행위를 통해 각각의 이야기는 상황에 대한 묘사와 의미 배열을 가져오게 되고 이렇게 생산된 의미가 유의미한 담론을 이끄는 것이기 때문이다.

마찬가지로 『어둠속의 남자』에서도 브릴의 머릿속 이야기는 각각의 우연의 서사들이 단순히 모여 있는 집합체처럼 브릴이 살아가는 세상을 전혀 반영하고 있지 않은 듯 보이지만, 보이지 않는 세상을 불투명하게 투사한 전쟁터의 상황은 결국 이라크전과 2차 남북전쟁의 연관없음의 경계를 허물고 만다. 오스터는 조나단 레섬(Jonathan Letherm)과의 인터뷰에서 상상력이 깃든 예술작품을 뜻하는 어휘가 바로 '에크프라시스'(exphrasis or ekphrasis)라고 말하며 특히 수세기 동안 소설이라는 장르가 '사람들의 독서행위'에 별다른 주목을 보이지 않았다는 사실을 지적한다. 오스터는 책이라는 도구를 제공하며 그리고 이 책을 읽는 독서행위를 통해 이 세상의 현실을 보여주고자 한다고 강조한다. 때문에 영화라는 장르 또한 '쓰기 행위'(describe)가 가능하다고 말하고 있는데 바로 이 점에서 그리스어에 어원을 두고 있는 에크프라시스라는 용어는 인간의 상상력을 시각화해서 보여주는 예술작품이라고 볼 수 있다.[5] 영화 '쓰기' 행위가 가능하기 위해서 작가는 이미지라는 도구를 이용하고 이 도구의 활용을 통해 내러티브 없는 언술행위가 가능해진다. 2002년 『환상의 책』(*The Book of Illusions*)을 발표한 이후 오스터는 텍스트로 읽을 수 있는 재료를 통해서뿐만 아니라 독자들이 머릿속에서 모든 것을 볼 수 있도록 이끌고 있으며, 바로 이것이 독자들이 진정으로 보고 싶어 하는 것이라고 밝혔다.

하지만 작가 오스터의 입장이 단순히 이미지를 통한 '쓰기행위'에 중점을 두기 보다는 문자화된 텍스트의 중요성을 훨씬 더 강조하고 있다는 사실을 간과해서는 안 된다. 분명 브릴의 머릿속 이야기는 전

---

5) "Jonathan Letherm (Writer) Talks with Paul Auster (Writer)" (http"//www.believemag.com/issue/200502/?read=interview-Auste)

통적인 서사의 틀을 해체하고 현실과는 동떨어진 상상의 세계 속 우연의 사건들일 뿐이다. 하지만 위에서 말했듯이 오스터는 머릿속 이야기는 바로 독자가 있는 그대로 보고 싶어 하는 현실을 그대로 보여주는 이미지의 향연이 된다고 제시하는 것이다. 따라서 브릴의 이야기 서사가 책의 중반에 이르러 어이없이 끝나고 마는 것은 작가인 오스터가 브릴의 머릿속에서는 더 이상 보여줄 게 없다는 의미로 해석할 수 있다. 브릴이 암살당하게 되면 브릭의 임무가 끝나는 동시에 어둠속에서 잠 못 들고 있는 브릴의 삶도 끝이 난다. 따라서 문자화된 텍스트가 아니라 브릴의 머릿속 이미지의 투사는 무의미하게 끝나게 된다. 더불어 브릴의 또 다른 서사를 이끌어야만 하기에 오스터는 이미지를 벗어나 서사의 유의미를 찾아간다. 아직 브릴의 밤은 끝이 나지 않았고 여전히 해는 떠오를 기미도 보이지 않는다. 브릴의 사색과 이미지 덧씌우기는 계속 되어야만 하지만 브릴 홀로 남은 투쟁이 아니라 카티야와의 내러티브를 통해 의미 찾기에 나서는 것이다.

2.3. 내러티브를 통한 소통 모색

일상에서 소위 '내러티브'라고 하는 용어를 설명하기는 어렵다. 그 의미가 포괄적이고 다의적이며 때로는 모호하다고 할 수 있기 때문이다. 폴킹혼의 경우 '내러티브'를 간단하게 '이야기'(story)라고 단순화해서 이 단순화를 통해 '의미하기 또는 표상하기'의 과정을 설명한다. 『미국 헤리티지 사전』(*American Heritage Dictionary*)은 '이야기'의 첫 번째 정의가 "그것이 참이든 거짓이든 상관없이, 사건 또는 일련의 사건들을 말하거나 연결시키는 것"이라고 제시하고 있다. 두 번째 정의의 경우 "이야기의 의미를 설화와 소설적 사건들의 구성"으로 범위를 제한하고 있다. 이 사전적 의미에 따르면 '이야기'란 사실에 근거하기 보다는 화자의 창의적인 생각을 거쳐서 만들어져 나온 결과물이라 할 수 있다. 이와는 반대로 폴킹혼의 경우 심리학자라는 특징에 근거해서 '이야기'란 "누군가의 삶의 이야기나 역사적 사건으로 구성된 이야기와 같은 '진실된'(true) 이야기"라고 한정해서 내러티브의 협의적 개념을 정하고 있다(폴킹혼 45). 폴킹혼의 정의에 따라 우리가 '이야기' 즉 내러티브를 표현하게 된다면 결국은 사람이 살아가는 모든 이야기를 포함하는 것이고, 그것이 대화형식을 취하면서 서로간의 소통이 가능하게 된다.

밤새 이미지로 반복해서 덧칠을 하고 있는 브릴과 마찬가지로 손녀딸인 카티야도 잠을 이루지 못한다. 타이터스가 카티야의 곁을 떠난 이유가 바로 카티야가 두 사람이 정말로 연인사이인지에 대해 확신하지 못했기 때문이다. 상심에 빠진 타이터스가 선택한 결정이 결국 이라크행이었기 때문에 카티야는 상실감보다는 죄책감으로 절망보다 더한 질책의 무아경에 빠져있다. 브릴과 마찬가지로 지워지지 않는 영상을 덮기 위해서 카티야 또한 이미지 덮어씌우기에 몰두하지만 카티야가 선택한 이미지는 자발적인 이미지의 재생이 아니라 외부적 자극인 영화보기이다. 덕분에 몸을 움직이지 못하는 브릴과 정신의 마비가 온 카티야는 시간을 보내기 위해 거실에 앉아서 한없이 영화의 영상에 빠져든다.

> 지난 두 달 동안 카티야와 나는 함께 영화를 보면서 시간을 보냈다. 나란히 거실 소파에 앉아 텔레비전으로 두 편 또는 세 편 심지어 네 편의 영화를 연속적으로 보아댔다. 미리엄이 저녁을 먹으라고 하면 잠시 쉬었다가 다시 소파로 돌아가서 영화를 한 두 편정도 더 보고나서 잠자리에 들었다. (『어둠 속의 남자』 13)

브릴은 카티야가 선택한 '영화에 빠지기' 방법이 나름 효과가 있을 것이라고 판단한다. 왜냐하면 타이터스의 죽음에 대한 처참한 기억에서 벗어나서 '오락거리'(be distracted)라도 찾아가는 것이라고 생각하고 있기 때문이다. 브릴은 카티야가 영화 편집자를 꿈꾸던 영화학도였기 때문에 영화에 대한 몰두는 학업에 대한 집중으로 파악한 것이다. 하지만 카티야가 선택한 영화에 빠지기는 강박적인 영화감상으로 "일종의 자가치료 또는 미래를 생각하지 않으려는 마취 혹은 대안치료법"(15)의 역할을 한다. 브릴은 손녀딸의 무아경을 인식하기에 어떻게 해서든지 이미지의 형성에 도움을 주고 싶어 한다. 따라서 브릴은 영화와 책이 제시하는 텍스트의 차이를 인식하고 있기에 영화에 빠지기보다는 다른 해결책을 찾고자 한다. 책이라는 텍스트는 읽는 당사자에게 무엇인가 대가를 요구하게 되는데 즉 독자는 '객체'의 입장에서 '주체'인 텍스트를 해석해야 하는 입장에 있게 되고 결국 자신의 머리와 상상력을 발휘해서 글로 된 텍스트에게 의미를 제공해줘야만 한다. 하지만 영화는 보는 당사자가 아무런 생각 없이 수동적 상태로 그냥 쳐다보면서 즐기기만 하면 된다고 보는 것이다.

로만 야콥슨(Roman Jakobson)은 모든 말하기 활동에는 언어적인 메시지가 있는 것이기에 말하는 사람 즉 발신인으로부터 듣는 사람 즉 수신인에게 전달되는 메시지를 발견한다고 주장한다.

> 말을 하는 사람은 듣는 사람에게 메시지를 보낸다. 메시지가 효과가 있기 위해서는 듣는 사람이 포착할 수 있는 관련되는 상황과 언어적이거나 언어화될 수 있는 것이 필요하다. 부호는 완벽하거나 적어도 부분적으로 말하는 사람과 듣는 사람에게 일반적이어야 한다. 그리고 마침내 말을 하는 사람과 듣는 사람 사이의 신체적인 채널과 심리학적 연결과 같은 접촉이 그들을 의사소통 속으로 들어가서 머물게 한다. (재인용 『담론으로서의 내러티브』 84)

야콥슨의 의사소통이론에 따르면 발신자가 수신자에게 메시지(message)를 보내기 위해서는 그것이 가리키는 상황 또는 맥락(context)이 필요한데 이는 수신자가 깨달을 수 있어야 하며 동시에 언어화할 수 있는 상황이어야 한다. 그리고 상호간에 부분적으로라도 공통의 부호(code)를 공유하고 있어야 하며, 특히 물리적이든 심리적이든 간에 서로간의 소통이 성립되려면 상호접촉(contact)이 필요하다. 이런 측면에서 브릴이 보기에 카티야의 영화이미지를 통한 의미생성은 별다른 의미가 없기 때문에 영화보기는 무의미화의 과정이라고 할 수 있다. 카티야는 무아의 지경에 이르러 전화에도 반응하지 않는다. 그저 몸을 반쯤 누인 채로 화면에 시선을 응시하고 있을 뿐이다. 카티야가 진정으로 원하는 것은 구체적인 사물이 제기하는 상징이나 의미에서 벗어나서 이미지 자체가 사실이 되는 것이라 할 수 있다. 이 말은 앞서 지적한 바르트의 주장처럼 영상이라는 이미지가 제공하는 시각적인 사실은 그대로 존재하는 것이 되고 그 자체에 대해 아무런 의문도 품지 않음으로써 영상의 이미지를 보는 주체가 자신의 의지와는 상관없이 그 자체의 의미를 가지게 됨을 뜻한다. 이미지에서 시작해서 무의미로 귀결된다면 카티야의 행위는 시간을 죽이는 동시에 의식을 죽이는 셈이다. 브릴이 판단하기에 영화 속 영상이 제시하는 이미지는 아무런 의미가 없기 때문에 카티야의 행위는 결국 의미를 찾는 의식행위를 하지 않음을 행동으로 보여주는 것이다.

오스터는 소설작업을 하면서 동시에 영화에도 손을 댔는데 『환상의 책』을 출판하면서 소설작품을 동시에 영화대본으로 완성해서 친구인 영화 제작자에게 보낸 적이 있다고 레섬과의 인터뷰에서 밝힌바 있다. 오스터는 “글로 쓴 영화가 실제의 영화보다 더 낫다”고 주장하며 글로 쓴 영화를 통해 우리는 머리를 활용해서 진정으로 우리가 보고 싶은 것을 본다고 강조한다. 실제 오스터는 테크놀로지라 부르는 첨단기계를 멀리 하는 것으로 유명한데 컴퓨터를 이용하지 않고 타자기를 이용해서 글쓰기 작업을 한다고 밝히기도 했다. 이는 인간의 의식이 활동하게 하기 위해서 문자화된 텍스트 읽기를 추구하기 위함이라 할 수 있다. 영화대본은 사실 글로 쓴 영화를 영상으로 된 영화로 만들기 위한 질료일 뿐이다. 하지만 오스터는 스스로도 영화에 출연하는 배우일 뿐만 아니라 감독으로 나서고 있는데 이는 이미지가 제시하는 시각영상에서 의미를 찾고자 하는 시도로 볼 수 있다. 21세기 첨단과학의 시대에 이미 이미지와 텍스트는 끊임없이 서로 교환하며 상호간에 융합을 추구하면서 공존하고 있다. 언어를 빌려 재생되는 텍스트는 단지 이미지를 설명하는 매체에 불과한 것이 아니며, 이미지 또한 언어를 구체적으로 또는 추상적으로 표현한 게 아닐 수 있다. 언어와 이미지는 주종의 관계로 이뤄진 게 아니라 텍스트 간의 교류를 통해 상호적으로 의미를 생성해내는 게 가능하다(조윤경 35). 그런 면에서 오스터는 영화라는 매체의 특성을 한껏 이용하는 동시에 텍스트를 통한 문학이라는 장르를 소통의 장으로 이용하면서 여전히 인간의식의 측면을 강조하기 위해 끊임없이 읽기를 강요하고 있는지도 모른다.

브릴은 카티야와 서로 영화를 보기만 하는 게 아니라 서로 간에 대화가 절실하다는 것을 알고 있다. 카티야의 영화에 빠지기가 '의미를 찾기 위한 의식 활동'이 아니라는 것을 깨닫는 순간 브릴은 대화가 필요하다고 깨닫는다. 영화를 감상한 후에 영화에 대해 간단하게 논평을 하면서 브릴은 영화의 줄거리와 연기에 대해 말하려 한다. 반면 카티야는 영화에 있어서 기술적 측면에 해당하는 카메라의 설치나 편집, 조명, 음향 등에 대해 말하고자 한다. 카티야가 언급하는 부분들은 "감정이 없는 사물"(inanimated objects)(16)들로 비록 카티야의 의도가 인간의 감정을 전달하는데 감정 없는 사물들이 어떻게 효과적으로 작용하는지 영화학도의 입장에서 분석하지만, 역설적으로 이런 카티야의 자세는 의식 활동을 저해하는 과정을 설명할 뿐이다. 브릴은 카티야가 단지 '이론'(theory)을 설명할 뿐이라며 카티야가 기계적인 반복에 저당 잡혀 있음을 지적한다.

이런 면에서 브릴이 불면으로 밤을 지새우는 밤에 카티야가 할아버지의 방을 찾아와 서로 간에 이야기를 시작하는 것은 상당히 의미심장하다. 카티야는 반복적인 영화감상에서 벗어나서 새로운 이야기를 접하고자 한다. 이 시도는 카티야가 땅에 묻어버린 의식이 새싹을 틔우게 하는 효과를 가져 오는데 즉 내러티브를 이해한다는 것은 "어떤 복잡한 사건들의 각 부분을 전체로 보는 방식을 깨달아 가는 것"(폴킹혼 62)과 같기 때문이다. 루이스 밍크(Louis Mink)는 역사가가 내러티브를 바탕으로 역사를 연구할 경우 "만약 어떤 사건이나 경험을 반드시 '한 번에 하나씩 순서대로(one-thing-after-another)'라는 스타일과는 질적으로 다르게, '한꺼번에 통합하여 보는(seeing-things-together)' 역사가의 경험을 전달하기 위한 시도로써 내러티브가 인식된다면" 역사가가 직면한 문제를 이해할 수 있게 된다고 강조하고 있다(Mink 188). 밍크의 지적처럼, 내러티브에 대한 설명은 사건들의 덩어리를 연결된 것으로 전환해서 파악하는 동시에 인류의 경험을 우리가 반성하는 방식으로 개괄적(synoptic) 판단의 범위를 확대해 나가는 특별한 이해의 유형과 관련되게 된다.

따라서 카티야가 할아버지의 방에 들어와서 불면의 밤을 함께 지새면서 과거 할아버지를 사로잡았던 할머니 소냐와의 러브스토리를 들려달라고 시도하자 브릴은 내러티브의 역할을 기꺼이 수행한다. 브릴과 소냐의 만남과 헤어짐, 재결합은 하나의 역사이기에 할아버지의 내러티브는 카티야가 사건들의 덩어리를 연결된 것으로 전환해서 확대하고 이해하는 과정으로 들어가도록 이끈다. 비록 새벽이 밝아오면서 브릴이 새로운 삶의 시작을 이끌고자 캠핑을 떠나자고 제안했을 때 카티야는 여전히 집에 머물면서 영화나 보겠다고 대답하고, “저는 아직 이미지가 필요해요”(I need the images)(166)라고 고집을 피우지만 이미 카티야의 의식은 ‘이야기’ 속의 의식 활동으로 들어가 있다. 9개월 전에 한 번 봤던 타이터스의 참수 영상 이미지 위에 수없이 많은 이미지를 덧씌우며 무아의 세계로 들어가서 의식을 잠재웠지만 할아버지의 내러티브는 일종의 자기최면에 빠진 손녀딸을 의식의 세계로 돌아오도록 이끈 것이다. 브릴도 타이터스의 마지막 모습에 대해 하루에 20번 쯤 생각한다고 말한다. 절대 잊지 못할 것이라는 것을 알고 있다. 자신 또한 불면의 원인 중 하나를 제공해 준 이 이미지를 덮기 위해 매일 밤 새로운 내러티브를 만들어낸다. 가상의 이야기가 아니라 전쟁의 수렁에 빠져 이런 수렁을 이끈 작가를 암살해야 살 수 있는 미국인의 이야기를 글이 아니라 생각으로 풀어내면서 끊임없이 내러티브를 통한 의식 활동을 수행하는 것이다. 브릴은 수동적 이미지를 제공하는 영화에 빠진 카티야에게 내러티브를 통한 길을 제시한다.

절대 그 기억을 없앨 수는 없을 거야. 받아들여야만 되겠지, 카티야. 그냥 받아들이고 새 인생을 시작해야지.

최선을 다하고 있어요.

1년 동안 너는 꼼짝도 하지 않고 있잖아. 하루 종일 죽치고 영화만 보는 것 말고도 재미있는 일들이 널려 있어. 일을 해보는 건 어떻겠니? 정신을 쏟을 만한 그런 일종의 프로젝트 같은 것 말이지.

가령 어떤 일요?

이 말을 듣고 웃지는 마라. 그러니까 너랑 영화를 보면서 생각한 건대, 우리들 이야기를 글로 써보는 건 어떨까 하는 생각이 드는데 말이다. (『어둠 속의 남자』 167)

브릴은 비록 작가가 아니더라도 내러티브라는 길을 통해 카티야가 다시 살아나길 바란다. 내러티브는 단지 혼자서 말하는 이야기를 뜻하는 것이 아니라 서로 간의 의사소통 행위을 통해서 가능해진다고 믿기 때문에 브릴은 카티야가 혼자서 글을 쓰라고 하는게 아니라 "우리들의 이야기"를 쓰라고 권하는 것이다. 더불어 가상의 소설이나 이미지만 충만한 이야기가 아니라 앞서 언급한 "누군가의 삶의 이야기나 역사적 사건으로 구성된 이야기와 같은 '진실된'(true) 이야기"를 써주길 바라는 것이다. 노령의 나이에 기억하는 이미지가 기억하고 싶지 않은 이미지를 덧씌울 수 없다면 또 다른 이미지를 찾아야 한다. 불면의 밤을 채우기 위해 브릴은 스스로에게 이야기를 해줄 수밖에 없음을 고백하며 상생을 꿈꾼다. 하지만 머릿속 이야기가 아무리 현실에 근거해서 내러티브의 길을 만들어 가더라도 혼자서 풀어내는 텍스트는 결국 스스로를 죽게 만드는 결론으로 이끌 뿐이다. 이런 브릴의 바람은 계속 불면으로 밤을 지새워야만 하는 불구의 노인 스스로 찾아낸 삶을 살아가는 방법이 소통을 통한 내러티브의 회복이며, 결국 "우리의 이야기"를 쓰는 것이다. 작가 오스터는 이미지에 갇혀 의미없음의 구덩이에서 의식 활동을 내려놓은 인간이 내러티브라는 상호간의 활동을 통해 인간에 대한 이해의 영역을 찾도록 하나의 해결책을 제시하고 있다.

3. 결론

들뢰즈는 서구의 합리성에 기반한 전통적 원리에 저항하며 비판철학을 세우고자 부정의 부정변증법을 대체하는 긍정의 철학을 만들고자 했다. 들뢰즈는 진정으로 영원히 변하지 않는 불변의 진리와 철학을 전복하는 '생성'의 철학을 행하고자 했다. 이런 입장은 "글쓰기를 실행하는 텍스트가 자기폐쇄적인 무의식을 복제하지 않고 열린 지도를 통해 분해되고 뒤집고 변형되는 것"이(『천개의 고원』 30)며, 새로운 지도쓰기를 말하는 것이고 어쩌면 다시 새로운 의미 만들기의 영역을 꿈꾸기 위함인지도 모른다. 브릴은 카티야의 반수면 상태를 깨우기 위해 캠핑카를 타고 여행을 떠날 것을 권한다. 브릴에게 미국은 고국이지만 여전히 타인의 땅일 수도 있다. 캠핑카는 정착을 거부하고 유목민적 사고를 직접 행동으로 보이고자 함이다. 브릴의 내러티브는 머릿속 이야기와 더불어 과거 지인들과 나눴던 이야기와 자신이 겪었던 여러 경험들, 소냐와의 사랑에 대한 히스토리 등으로 계속 이어진다. 실제로 이야기를 하는 화자는 브릴이지만 브릴의 이야기 속 이야기의 초점자는 또 다른 타자이다. 각각의 초점자는 또 다른 화자이기에 생성의 과정을 끊임없이 제공한다. 기본적으로 『어둠 속의 남자』는 전혀 상관이 없는 것처럼 느껴지는 여러 이야기들이 단지 우연의 서사 속에서 나열되고 있을 뿐이다. 하지만 이 속에서 오스터는 통합적 진리를 찾아내는 게 아니라 "문체(style)는 문학작품이 생성이라는 본질을 펼쳐"보인다(김영호, 82). 수많은 이미지가 나열될 뿐 아니라 복제되고 겹쳐지는 이야기의 향연 속에서 들뢰즈의 주장처럼 오스터는 생성의 활로를 모색하고 있는 것은 아닐까?

참고문헌

김영호 『들뢰즈 철학과 영미문학 읽기』 정정호 편, 서울: 동인, 2003.
도날드 E. 폴킹혼(Donald E. Polkinghorne) 『내러티브, 인문과학을 만나다』 강현석 등 역, 서울: 학지사, 2009.
롤랑 바르트(Roland Barthes) 『이미지와 글쓰기: 롤랑 바르트의 이미지론』 김인식 편역, 서울: 세계사, 1993.
유정완 「미국 낭만주의와 포스트모더니즘의 만남: 폴 오스터와 나사니엘 호손 비교연구」 『호손과 미국소설연구』 12권 2호, 2005.
______「폴 오스터의 『월궁』: 우연의 서사, 우발적 제국」 『미국소설』 16권 1호, 69-93, 2009.
이종인 「보이지 않지만 존재하는 세계」 『보이지 않는』 서울: 열린 책들, 2011.
장 보드리야르(Jean Baudrillard) 『사물의 체계』 배영달 역. 서울: 백의, 2000.
조윤경 『보는 텍스트, 읽는 이미지』 서울: 그린비, 2012.
조윤주 「『샘러씨의 행성』과 『어둠 속의 남자』에 나타난 죽음과 생존의 양상 비교」 『동서비교문학저널』 제30호, 287-314, 2014.
질 들뢰즈 『천개의 고원』 김재인 역, 서울: 새물결, 2003.
폴 오스터 『보이지 않는』 이종인 역, 서울: 열린 책들, 2011.
Auster, Paul *Man in the Dark* New York: Picador, 2008.
Lethem, Jonathan "Talks with Paul Auster" http://www.believermag.com/issues/200502/?read=interview-auster.
Village Voice contirbutor "Interview: Paul Auster on His Newest Novel, *Man in the Dark*" http://www.blogs.billagevoice.com/music/2008/09/interview-paul.php.

V
카니발리즘 혹은 타자의 초상

5

카니발리즘 혹은 타자의 초상

서 종 석

「야만인이란 무엇보다 야만을 믿는 자를 말한다.」
« Le barbare, c'est d'abord l'homme qui croit à la barbarie »
클로드 레비스트로스(Claude Lévi-Strauss), *Race et histoire*, réédition, Denoël, 1987.

1. 신대륙의 발견

이 소고는 몽테뉴(Michel Eyquem de Montaigne)의 『에세 *Essais*』[1] 1권 31장 「식인종에 대하여 *Des Cannibales*」를 중심으로 이루어진 신대륙 담론에 대한 읽기이다. 우리는 이를 통해 인본주의에 토대를 둔 그의 타자 지향적 응시와 배려의 의미를 살펴보고, 그가 궁극적으로

1) 본고에서 나오는 『에세』의 인용은 「*Michel Eyquem de Montaigne, Les Essais. Livres I-III*, édition Villey-Saulnier, Paris, PUF (Collection «Quadrige», 2004)」 판(版)에 따른다. 또한 본문의 우리말 번역은 『몽테뉴 수상록』(손우성(역), 2011)을 참조하되, 필요한 경우 번역문을 다듬거나 수정하였다.

되돌아보고자 했던 자아 성찰의 문제를 다뤄보고자 한다. "우리 세계는 막 다른 세계를 발견하였다. *Nostre monde vient d'en trouver un autre.*"(*Essais III. 6* : 908) 15세기, 유럽인들에 의한 신대륙의 발견을 의미하는 이 언술은 『에세』 3권 6장 「역마차에 대하여 *Des Coches*」에 나오는 구절이다. 신대륙이라는 지리적 발견은 무엇보다 서구의 정신사와 문명사 속에 새로운 타자(L'Autre)의 출현을 알리는 계기였다. 새로운 지리적 공간과 이국적인 문명, 그리고 그 주체와의 조우는 그동안 생각하지 못하던 많은 질문들을 자연스럽게 혹은 필연적으로 유럽 사회에 던졌다. '식인종(cannibale)', '야만인(barbare)' 혹은 '미개인(sauvage)'으로 간주된 이 타자들이 '우리'와 같은 '인간'인지, '문명화된' 우리의 삶의 방식과는 너무나 다른 이들의 '미개한' 문화를 어떻게 수용해야 하는지, 우리의 문명과 지성이 이들의 것보다 더 우월하다고 생각할 수 있는 것인지, '문명'이란 개념을 재정의 해야 하는지 등등, 일련의 질문들 앞에서 당시 유럽 사회는 '인간'에 대한 근본적인 성찰을 요구받기 시작한 것이다.

16세기를 살았던 몽테뉴의 『에세』 일부 장도 이러한 역사적·사회적 맥락과 깊이 관련되는데, 그 중 대표적으로 신대륙과 관련된 사안을 언급하고 있는 장은 위에서 언급한 「식인종에 대하여」와 「역마차에 대하여」라는 제목의 두 장이다.[2] 이 장들은 특히 몽테뉴의 문화 상대주의적 관점이나 인본주의자적 면모를 언급할 때 빠지지 않고 인용된다. 그런데 여기서 몽테뉴가 이야기하고 있는 대상은 신대륙 원주민들 사이의 식인풍습(anthropophagie), 혹은 식인행위

2) 또 다른 장들을 언급하자면 「레이몽 스봉의 변호 *Apologie de Raimond Sebond*」(*Essais II. 12*)와 「습관에 대하여, 그리고 기존의 법은 쉽사리 변경되지 말아야 한다는 것에 대하여 *De la Coustume et de ne Changer Aisément une Loy Receue*」(*Essais I. 23*) 등을 들 수 있는데, 물론 『에세』의 여러 곳에서 신대륙과 관련된 사안들이 시사되어 있다.

(cannibalisme)라는, 서구인의 시각에서 볼 때 괴기스럽고 야만스런 습성 자체가 아니다. 몽테뉴가 생존하던 16세기말은 잔인하고 참혹한 종교 분쟁들로 점철되면서 인간성에 대한 주된 가치들이 파괴되어 가고 있던 시기였다. 몽테뉴에게 있어, 서구인들이 만든 문명의 세계가 종말에 이른 것이라면(«*Si nous concluons bien de nostre fin*»(*Essais III. 6* :908)) 신대륙은 자신들이 잃어버린 것들을 여전히 간직한 곳이었다. "우리 세상이 광명에서 나갈 때, 이 새 세상은 광명속으로 방금 들어오는 길일 것이다."[3]라는 언술은 이러한 그의 심정을 정확히 잘 대변해 준다. 시대의 증인으로서 몽테뉴는 종교전쟁의 비인간적인 행태들에 대해 『에세』 여러 곳에서 매우 비판적인 입장을 드러내주고 있는데, 이는 단지 유럽이라는 '문명화된' 공간에서 저지른 행태들만이 아니라 신대륙이라는 '미개한' 곳에서 자행한 부끄럽고 혐오스런 자신들의 행동들도 포함된 것이다. 몽테뉴는 '그들'이라는 3인칭 대명사가 아니라, '우리'라는 1인칭 복수 대명사를 사용하면서 특정한 국가의 책임이 아니라 유럽 전체 문명에 대한 고발로 나아간다(Nakam 2001 : 332-333).

그런데 기독교라는 종교의 울타리 안에서 행한, 동시대인들의 잔인한 행위들을 포함하여, 서구 문명에 대한 몽테뉴의 고발은 먼저 '식인종'을 소환하고 이를 통해 자기반성과 성찰을 하는 방식으로 나아간다. 타자의 존재와 그 발견은 곧 '나'와 '우리'의 모습을 파악하고 확인하는 계기가 되는 것이다. 몽테뉴가 자신을 포함한 당시 사회의 주체인 '우리'을 드러내는 방식은 무엇보다 타자인 '미개인'의 삶과 문화에 대한 이상화 작업을 하고 이를 적극적으로 변호하고 지지하는데 있다고 할 수 있다. 마치 거울을 깨끗이 닦으면 보는 이의 얼굴을 제대로

3) «*cet autre monde ne faira qu'entrer en lumiere quand le nostre en sortira*»(*Essais III. 6* : 909)

보여주듯이, 아메리카 원주민에 대한 그의 이상화 작업은 자신들의 진짜 모습을 있는 그대로 비춰 보이도록 하는데 있는 것처럼 보인다.

2. 여행과 탐사

우선 몽테뉴와 여행에 대한 문제를 잠시 언급하도록 하자. 사실 몽테뉴의 여행관을 살펴보는 일이 중요한 이유는 이것이 그의 삶에 있어 특별하고 소중한 의미의 실천행위로 자리 잡고 있기 때문이다. 몽테뉴는 여행이라는 경험을 통해 자신의 정신 영토의 외연을 끊임없이 확장해 나간 듯이 보인다. 따라서 여행에 대한 그의 생각을 엿보는 일은 폭넓은 세계관이라는 그의 열린 정신의 한 근원을 파악하는 일이며, 또한 이것이 그의 신대륙 담론을 관통하는 정신과 맞닿아 있다는 것을 확인해 보는 일이기도 하다.

몽테뉴는 유럽 곳곳을 여행하였는데, 그것을 통해 얻은 개방적이고 인문주의적인 삶의 태도를 『에세』 곳곳에 드러내고 있다. 특히 『에세』 3권 9장 「허영에 대하여 *De la Vanité*」에서 우리는 여행에 대한 그의 생각을 읽을 수 있는데, 새로운 것을 좇고 호기심 어린 자신의 성정에 대하여, “아직 알지 못하는 새로운 사물들을 탐하는 성미는 여행하는 욕망을 가꾸도록 거들어 준다.”[4)]고 스스로 진단한다. 이러한 욕망이 때로는 광적이라고 할 만큼 그는 여행을 무척 좋아했던 사람이다. “나는 아무리 담석증을 앓고 있어도 한번 말을 타면 내릴 줄

4) «*Cette humeur avide des choses nouvelles et inconnues ayde bien à nourrir en moy le desir de voyager [...].*»(*Essais III. 9* : 948)

모르고, 여덟이나 열 시간동안 물리지 않고 매달려 지낸다."[5] 혹은, 선택해야할 문제라면 "침대 위에서보다는 차라리 말 위에서 *plustost à cheval que dans un lict*"(*Essais III. 9* : 978) 죽음을 맞고 싶다고 고백한다. 몽테뉴는 여행이란 것이 참으로 많은 것을 여행자에게 가져다준다고 믿었다. 여행을 "유익한 수련 *un exercice profitable*" (*Essais III. 9* : 973)으로 생각했던 그는 여행이 만들어 주는 좋은 점들을 이렇게 예찬한다. "정신은 여행을 하는 동안 늘 알지 못하는 새로운 사물들을 주목하느라고 계속적으로 훈련받는다. 그리고 내가 여러 번 말한 바와 같이, 사람에게 끊임없이 다른 나라의 색다른 생활과 사상과 습관 등을 제시해 주며, 우리들의 천성인 끊임없이 변해가는 형태를 음미시키는 것보다 인생을 형성하는데 더 효과적인 학문이 있는지 나는 알지 못한다. 그동안 몸은 한가롭지도 않고 바쁘지도 않으며, 이렇게 알맞은 움직임으로 늘 긴장되어 있다."[6] 따라서 여행은 몽테뉴에게 있어 무엇보다 타자와의 만남이다. 또한 그것은 그 타자의 삶과 문화와의 대면이다. 자신이 거주하는 지역만 벗어난 여행이라도 우리는 타자의 현존을 목격하고 그들과의 '차이'를 느끼게 된다. 그것이 비록 같은 문화에 속하고 동일한 언어를 사용하는 사람들과의 만남이라도 그렇다.

여행은 보통 자신의 의지와는 상관없이 타자와의 빈번한 접촉과 풍

---

5) «*Je me tien à cheval sans demonter, tout choliqueux que je suis, et sans m'y ennuyer, huict et dix heures, [...]*»(*Essais III. 9* : 974)

6) «*L'ame y a une continuelle exercitation à remarquer les choses incogneues et nouvelles; et je ne sçache point meilleure escolle, comme j'ay dict souvent, à former la vie que de luy proposer incessamment la diversité de tant d'autres vies, fantasies et usances, et luy faire gouster une si perpetuelle varieté de formes de nostre nature. Le corps n'y est ny oisif ny travaillé, et cette moderée agitation le met en haleine.*»(*Essais III 9* : 973-974)

부한 대화를 만들어 준다. 따라서 굳건한 자기의 빗장을 풀고 열린 마음으로 세상을 바라볼 수 있는 기회가 여행자에게 주어진다. 그러나 이는 준비된 사람들만의 몫이란 걸 몽테뉴는 지적한다. 사실 그들 "대부분은 단지 돌아오기 위해서 가는 것이다. 그들은 마차의 덮개를 덮고 비좁게 앉아서 묵묵히 조심하여 말도 하지 않고, 알지 못하는 땅의 공기에 감염될까 자기를 방비하며 여행한다."[7] 그런데 여행을 즐기는 그의 마음가짐은 이와는 전혀 다르다. 몽테뉴는 스스로 세상 그 누구보다도 새로운 환경에 잘 적응할 수 있는 체질을 지녔다고 자부한다. 나라마다 다른 다양한 문화도 그것이 음식이건 색다른 외양이건 그에게는 특별한 것이 아니다. 왜냐하면 나라마다 습속이 다른 것은 당연한 것이기 때문이라고 생각하기 때문이다("습속은 저마다 그 이치가 있다. *Chaque usage a sa raison.*"(*Essais III. 9* : 985)). 그래서 그는 "프랑스보다도 다른 데 나가 있을 때에는 누가 인사치레로 프랑스식으로 차려 낼 것인가 하고 물어 오면, 나는 사양하며 항상 외국인들이 가장 빽빽이 앉은 식탁으로 끼어든다."[8]고 말한다. 이렇게 그는 새로운 타자들과의 만남에서도 적극적이어서, 스스로 나아가 이들과 사귀고, 새로운 친구들을 관찰하는데 마음을 쓴다고 이야기한다. 중요한 것은 몽테뉴가 낯선 이들과의 만남에서 우월감을 느낀다든지 하는 허세를 부리지 않고 동등하게, 같이 어울린다는 점이다. 저마다 각기 자기의 것을 갖고 있을 뿐, "나는 그들에게서 우리 것보다 못

---

7) «*La plus part ne prennent l'aller que pour le venir. Ils voyagent couverts et resserrez d'une prudence taciturne et incommunicable, se defendans de la contagion d'un air incogneu.*»(*Essais III. 9* : 986)

8) «*Quand j'ay esté ailleurs qu'en France et que, pour me faire courtoisie, on m'a demandé si je vouloy estre servy à la Françoise, je m'en suis mocqué et me suis tousjours jetté aux tables les plus espesses d'estrangers.*»(*Essais III. 9* : 985)

한 방식이란 본 일은 없는 듯하다. *il me semble que je n'ay rencontré guere de manieres qui ne vaillent les nostres*"(*Essais III. 9* : 986)고 이야기 할 때, 우리는 다른 문화와 습속에서 느끼는 이질적이고 차이적인 것들을 받아들이는 그의 태도와 성정이 어떤 것인지 쉽게 짐작할 수 있다.

여행에 대한 이러한 생각은 우리가 오늘날 '문화상대주의(relativisme culturel)'라고 규정할 수 있는 것으로 『에세』 여러 곳에서 관찰된다. "산맥으로 제한되며, 산 하나만 넘으면 거짓이 되는 게 무슨 진리인가? *Quelle verité que ces montaignes bornent, qui est mensonge au monde qui se tient au delà?*"(*Essais II. 12* : 579) 몽테뉴는 좁은 우리에 갇힌 사고와 정신을 비판하고 이런 처방을 내놓는다. "사람들과의 교류 *le commerce des hommes*"와 "외국을 방문 *la visite des pays estrangers*"하는 일은 "다른 이의 머리를 빌려 자신의 머리를 닦고 다듬기 *frotter et limer nostre cervelle contre celle d'autruy*"(*Essais I. 26* : 153)위해, 즉 인격을 도야하고 수양하기 위해 꼭 필요한 것이다. 타자와의 만남을 함의하는 여행은 대화와 공통점이 많다. 둘 모두 모순과 대립들과의 만남이라는 점에서 그렇다. 하지만 몽테뉴에게는 타자와의 대화는 오히려 자신의 협소한 정신을 열린 공간으로 만들 수 있는 유익한 계제이다. 대화에서 빈번하게 오는 모순과 대립은 두렵고 불편한 것이 아니고, 오히려 자신의 사고를 일신해주므로 긍정적인 마음가짐으로 기꺼이 받아들여야 하는 것들이다. "판단의 모순은 내 감정을 상하게 하지도 나를 변하게 하지도 않는다. 단지 내 정신을 깨워 단련시킬 뿐이다."[9)]

여행이라는 경험을 통해 드러난 다른 문화와 그 습속에 대한 몽테

---

9) «*Les contradictions donc des jugemens ne m'offencent ny m'alterent; elles m'esveillent seulement et m'exercent.*»(*Essais III. 8* : 924)

뉴의 호기심과 개방적인 태도 기저에는, 앞서 언급한 문화상대주의와 더불어 '이방인'에 대한 환대와 배려, 혹은 톨레랑스(tolérance)가 놓여 있다. 몽테뉴의 신대륙 담론은 이러한 정신과 사고의 연속성 속에 위치하는, '이방인'에 대한 초대이자 대화이다. "나는 모든 인간들을 나의 동포로 보며, 폴란드인이라도 프랑스인과 마찬가지로 포옹한다."[10)]라는 몽테뉴의 언술은 신대륙의 원주민들에게도 그대로 적용될 수 있는 단언일 것이다.

그런데, 몽테뉴가 자세히 묘사하고 있는 신세계의 문화와 풍습, 그리고 원주민에 대한 지식은 어디서 온 것일까? 목적과 수단, 그리고 주체와 방식에는 차이가 있지만 신대륙 탐사 역시 하나의 여행이라고 할 수 있을 것이다. 그러나 몽테뉴 자신이 신대륙 탐사에 참여한 것은 아니었기에, 그의 신세계 담론은 유럽여행과는 달리 어디까지나 간접적인 경험에 기반을 둔 것이다. 하나의 이야기가 직접적인 경험을 통해 구성되는 경우가 아니라면, 그것은 다양한 유형의 간접 경험에 의지할 것이다. 우선 「식인종에 대하여」 장에서 확인되는 그의 주된 정보원은 무엇보다 몽테뉴의 수하에 있던 - 그가 소개해준 (여행 중에 만나 알고 지내던) 뱃사람과 장사꾼들도 포함해서(«*plusieurs matelots et marchans qu'il avoit cogneuz en ce voyage*»(*Essais I. 31* : 205) - 한 인물의 구술이다. 몽테뉴에 따르면, 이 인물은 거짓으로 제 얘기를 거짓으로 꾸며댄다든지 아니면 살을 붙여 말하지 않는 "단순하고 투박한 사람이어서 사실 그대로의 증언을 해주는데 적당하다."[11)] 몽테뉴로서는 이 간접적 경험을 신뢰하는 이유를 독자들에

10) «[...] *j'estime tous les hommes mes compatriotes, et embrasse un Polonois comme un François, postposant cette lyaison nationale à l'universelle et commune.*»(*Essais III. 9* : 973)

11) «[...] *homme simple et grossier, qui est une condition propre à rendre veritable tesmoignage.*»(*Essais I. 31* : 205)

게 제시해야할 필요성을 느껴서인지 신대륙에 대한 본격적인 이야기에 앞서 제법 길게 이 인물에 대한 믿음을 개진한다. 어떻게 보면, 몽테뉴가 이 인물을 묘사하는 대목에서 우리는 이 인물이 여전히 우리가 신뢰할 만한, 순수하고 단순한 한 '야만인'을 떠올리고 연계를 짓는 건 무리가 아니라는 생각이 든다. 특히 '*simple*'이라는 어휘는 이 인물뿐만 아니라 원주민의 묘사에도 반복적으로 여러 번 사용되고 있어 더욱 그렇다.

직접 경험한 이의 구술 외에도, 『에세』 초기 장들이 다양한 인간의 행동과 습속을 다루면서 책이라는 매개체를 통해 다양한 고전의 예들에 의지했듯이, 후세 학자들은 신대륙에 대한 몽테뉴의 생각도 다양한 서적을 통해 큰 도움을 받았을 것으로 추정한다. 특히 「식인종에 대하여」 장의 일부 내용은 1578년 출판된 장 드 레리(Jean de Léry)의 『브라질 여행기 *Histoire d'un voyage faict en la terre du Brésil*』의 해당 기술과 거의 유사한 것으로 보아 주된 참고 문헌일 것이라고 추측해볼 수 있을 것이다. 물론 이 책뿐만 아니라 몽테뉴가 신세계에 관한 다른 서적들 역시 읽고 참조했을 가능성(혹은 개연성)은 늘 남는다(Dupeyron 2013 : 51-57 참조).

신대륙에 대한 몽테뉴의 직·간접 경험을 두고 고려해야 할 또 하나의 특이한 사항은, 이러한 구술이나 여행기 등의 서적과는 별도로 몽테뉴 자신이 신대륙 원주민을 직접 접촉했다는 사실이다. 후술하겠지만 「식인종에 대하여」 장 후반에 묘사되고 있는 것처럼, 몽테뉴는 당시 프랑스 루앙(Rouen)에 와있던 세 명의 원주민들과 통역을 가운데 두고 대화를 나누었다. 통역에 대한 미덥지 않은 마음을 드러내기는 했지만, 이 직접적인 대면과 간접적인 대화는 아마도 자신이 "사람들이 내게 전해준 것에 따라 à *ce qu'on m'en a rapporté*"(*Essais I. 31* : 205) 알게 된 신세계에 대해, 스스로의 판단을 보충하고 확인하는 계기가 되었을 것으로 보인다.

3. 야만인, 미개인 그리고 문명인

「식인종에 대하여」장은 피로스(Pyrrhus)왕의 이야기로 시작한다. 몽테뉴는 과거 그리스인들이 이국(異國) 사람들을 호칭하던 관습에 따라 로마군대(로마인)를 '야만인'이라 부른 예를 들며 이 장의 서두를 뗀다. 도입부의 이러한 예의 인용은 우연이라기보다는 이 장의 전체에 걸친 글쓴이의 논증 전략과 밀접한 관련을 갖는다. 아울러 '식인종'이라는 평범하지 않은 제목 바로 다음에 '야만인'이라는 눈에 띄는 또 다른 어휘를 사용한다는 것도 분명한 의도적인 선택으로 보인다. 이 도입부는 사실상 당시 유럽 사회가 부여했던 '야만'에 대한 정의가 절대적인 것이 아니라 상대적인 것임을 선언하는 지점이다. 야만이란 개념은 본래적으로 인간에 대한 계층화를 담고 있고 그 계층의 상부와 하부의 결정에는 문명이라는 인자가 작동된다. 이 장은 시작부터, 독자들에게 식인종과 야만인에 대한 부정적인 시각을 완화시키는 느낌을 줌으로써 독자들에게 글쓴이의 주장이 무엇일지를 예단하게 한다. 여기서 우리는, 어떻게 보면 내용과는 어울리지 않는 제목과 더불어, 동시대인들을 비판하고 독자들을 설득하고자 하는 몽테뉴의 의도를 파악할 수가 있는 것이다.

몽테뉴는 잘못된 편견이 만들어낸 사람들의 실수를 비판하며 사안을 잘 헤아리는 혜안의 중요성을 이렇게 이야기한다. "그러니까 속인들의 의견에 매여 지내는 일이 없어야 하며, 그런 것을 일반 여론에 의함이 아니라 이성의 방법으로 판단해야 한다."[12] "아주 단순해서 *si*

12) «*voylà comment il se faut garder de s'atacher aux opinions*

simple" 신뢰할 만한 자기 사람의 증언을 토대로 몽테뉴는 "이 나라에는 야만적이며 미개한 것은 아무것도 없다. *il n'y a rien de barbare et de sauvage en cette nation.*"고 판단한다. 왜냐하면 그것은 "자기 습속이 아닌 것은 저마다 야만적이라고 하는 *chacun appelle barbarie ce qui n'est pas de son usage*"(*Essais I. 31* : 205) 사람들의 편견에서 오는 것이기 때문이다. 이러한 생각은 방금 전 여행관을 통해 엿본, 그의 세계관의 또 하나의 편린이다.[13] 여기서 식인종을 정의하는 서구문명의 또 다른 표현인 '미개(인)(*sauvage*)'이 출현한다. 야만과 미개라는 이 두 어휘는 식인종이라는 존재와 결부된 당시 서구인들의 인식을 충실히 보여주는 것이다. "거기에는 완전한 종교, 완전한 정치, 모든 사물들의 완전하고 완벽한 습관이 언제나 있다. *Là*

---

vulgaires, et les faut juger par la voye de la raison, non par la voix commune.»(*Essais III. 31* : 202)

13) 몽테뉴는 『에세』의 다른 곳에서도 이미 '야만'이라는 표현을 사용하며, 동시대인들의 정신적 편협함과 폐쇄성을 비꼰바 있다. 몽테뉴의 신대륙 담론을 관통하는 이 단어가 유럽 여행을 하면서 동시대인들이 보여준 행태들을 비판하는 곳에도 출현하고 있다. "우리나라 사람들이 이 어리석은 습성에 도취해서, 자기들 식과 반대되는 형식에 놀라는 꼴을 보면 남부끄러워진다. 그들은 자기 동네 밖으로 나가면 자기들 본질에서 벗어나는 듯이 여긴다. 어디를 가든지 그들은 자기네 식을 지키며, 다른 방식은 싫어하고 꺼린다. 어쩌다가 헝가리에 가서 우리나라 사람들을 만나면 무슨 큰일이나 난 것처럼 야단법석이다. 그들은 거기서 서로 뭉쳐 단합하며, 그들이 보는 그 많은 **야만적** 풍속을 비난한다. 그들은 프랑스식이 아닌데, 어째서 **야만**이 아니겠는가?"(강조는 필자의 것임) «*J'ay honte de voir noz hommes enyvrez de cette sotte humeur de s'effaroucher des formes contraires aux leurs: il leur semble estre hors de leur element quand ils sont hors de leur vilage. Où qu'ils aillent, ils se tiennent à leurs façons, et abominent les estrangeres. Retrouvent ils un compatriote en Hongrie, ils festoyent cette avanture: les voylà à se ralier et à se recoudre ensemble, à condamner tant de meurs* barbares *qu'ils voient. Pourquoy non* barbares*, puis qu'elles ne sont françoises?* »(*Essais III. 9* : 985)

est tousjours la parfaicte religion, la parfaicte police, perfect et accomply usage de toutes choses."(*ibid.* : 205) 문명인이라 자처하는 서구인들의 자기민족중심주의(ethnocentrisme) 시각을 비판하는 이 구절은 동일한 단어나 유사한 의미의 단어들(«*parfaicte*», «*perfect*», «*accomply*»)이 조롱하듯 반복되면서 단어 본연의 의미가 약화되고 전도되는 수사적 효과를 자아낸다.

몽테뉴가 '야만'이란 단어의 부정적인 면을 중화하는 방식은 그것이 의미적으로 긍정적인 함의를 갖도록 적극적으로 대변하는 것이다. 이러한 의도에서 식인종, 야만인, 미개인이라 불리는 신대륙 원주민들은 '야생 과일', 즉 '자연산 과일'에 유비된다. "그들이 야만인이라면, 그것은 자연이 스스로, 주어진 방식으로 키워낸 과실을 우리가 야생의 과실이라 부르는 것과 마찬가지라는 의미에서 그런 것이다."[14] '야만'은 더 이상 신대륙 원주민들을 규정하는 부정적인 의미가 아니라, 자연이 지닌 순수하고 질적으로 우월한 긍정적인 의미를 부여받게 된다. 반면에 이제 '야만'이라 불러야 할 대상은 "우리가 우리의 기교로 손상시키고 정상적인 질서에서 벗어나게 한 것들 *ce sont ceux que nous avons alterez par nostre artifice et detournez de l'ordre commun*"(*ibid.* : 205)이다. 몽테뉴에게 있어 서구 사회가 그 찬란한 문명 속에서 이루어 놓은 '과실들'은 오히려 '야생의 과일들'보다 질적으로 낮은 수준의 것들일 뿐만 아니라, 변질되고 부패된 모습들에 불과한 것이다. 신세계의 원주민들이 "참되고 유용하며 자연스런 도덕과 자질들 *les vrayes, et plus utiles et naturelles vertus et proprietez*"을 지니고 있다면, "우리 *nous*"는 이 도덕과 자질들을 퇴화시키고 "단지 우리

---

14) «*Ils sont sauvages, de mesmes que nous appellons sauvages les fruicts que nature, de soy et de son progrez ordinaire, a produicts.*»(*Essais I. 31* : 205)

의 퇴패적인 기호의 쾌락에 맞춰 놓고 *seulement accommodées au plaisir de nostre goust corrompu*"(*ibid.* : 205) 있다는 것이다.[15]

몽테뉴의 야만에 대한 정의에 이렇듯 자연의 역할은 매우 크다. 야만인에 대한 찬사는 자연에 대한 찬사와 결부되어 있다. 다시 말해, 몽테뉴에게 있어 "위대하고 강대한 우리의 어머니 대자연 *nostre grande et puissante mere nature*"에 누가 더 가까이 다가선 존재인가는 매우 중요한 사안인 것이다. '우리'가 문명의 이름으로 발전시킨 기술과 기교, 혹은 인공적인 열매들은 자연을 넘어서거나 대신할 수가 없다. 몽테뉴는 우리가 아무리 노력을 기울인다 하더라도, 거미가 만들어 내는 거미줄도, 새들이 지어내는 새집조차도 제대로 만들 능력은 없다고 주장한다. 오히려 자연이 만든 이러한 "작품의 미와 풍요로움 *la beauté et richesse de ses ouvrages*"은 '우리'의 개입으로 "질식 *estouffée*"(*ibid.* : 206)되어 버렸다. 자연은 그 자체로 "그 순수성 *sa pureté*"으로 빛나며, "우리의 경박하고 헛된 시도들이 얼마나 수치스러운지 알게 해준다."[16] 몽테뉴는 여기서 자연의 법칙과 인간이 만든 법률을 언급하는데, 인간의 법률도 결국은 자연에서 벗어난 것으로 우리도 그 영향의 피해자인 것을 말해준다. 즉 야만인들은 인간이 만든 법률의 나쁜 영향을 받지 않았기에 "여전히 자연의 법칙에 따르며 살고 있다. *Les loix naturelles leur commandent encores.*"(*ibid.*

15) 몽테뉴는 3권「역마차에 대하여」장에서도「식인종에 대하여」장에서처럼 신대륙 원주민들의 정신적인 측면이나 지적인 측면을 높이 평가함으로써 '문명화된' 유럽을 비판하는 방식을 취하고 있지만, 또한 이와 더불어 그들의 숙련된 수공과 예술적인 능력에 대한 찬사도 잊지 않는다("쿠스코 시와멕시코 시의 놀랄 만큼 장엄한 규모 *L'espouventable magnificence des villes de Cusco et de Mexico*",»와 "금으로 세공한 최고의 [...] *excellemment formez en or*" 등등) (*Essais III. 6* : 909)

16) «*elle[la nature] fait une merveilleuse honte à nos vaines et frivoles entreprinses.*»(*ibid.* : 206)

: 206). 따라서 이 나라 사람들은 자연이 준 "본래의 순진무구함을 거의 잃지 않고 간직하고 있어서 *estre encore fort voisines de leur naifveté originelle*"(*ibid.* : 206) 몽테뉴의 눈에는 '야만적'으로 보인다는 것이다.

몽테뉴의 자연 예찬은 단순이 야만인이나 식인종에 대한 이상화를 위한 것이 아니다. 몽테뉴가 인간이 본래 간직했고 머물렀던 상태가 문화/문명에 의해 타락되고 변질되었음을 강조하는 이유는 궁극적으로는 동시대의 사회와 문화를 비판하고 성찰하기 위한 것이다. 따라서 몽테뉴가 이를 위해 서구사회의 법과 철학의 전통을 상징하는 고대의 사상가들을 화두에 올린다는 것은 이러한 비판적 정신의 연속선상에서 보아야 한다. "이들의 순수한 상태를 보면, 나는 때로 먼 옛날 우리보다 더 판단력이 뛰어난 사람들이 있던 시대에 이 사람들이 알려지지 않은 게 안타깝다."[17] 철학자 플라톤(Platon)과 입법자 리

---

17) «[...] *c'est en telle pureté, qu'il me prend quelque fois desplaisir dequoy la cognoissance n'en soit venue plus-tost, du temps qu'il y avoit des hommes qui en eussent sceu mieux juger que nous.*»(*ibid.* : 206)
유사한 구절로, 몽테뉴는 3권 6장 「역마차에 대하여」에서 스페인 탐사대에 의해 침탈된 원주민들의 운명에 대해 통탄하며, 이루어질 수 없는 바람을 한탄스럽게 읊조린다. "어째서 이런 고귀한 정복이 알렉산드로스나 옛날의 그리스나 로마 사람들의 차지가 되지 않았던가! 어째서, 이렇게도 많은 제국들과 국민들의 위대한 변혁과 개화가 그들의 야만적인 면을 부드럽게 개척하고 닦아서, 대자연이 그곳에 이루어 놓은 좋은 씨앗에 힘을 주고 발전시켜서 땅의 경작과 도시의 장식에 대단히 필요했을 이곳의 예술을 보태어 주었을 뿐 아니라 그 고장에 있던 도덕에 그리스와 로마의 도덕을 보태 주지 않았던가!" «*Que n'est tombée soubs Alexandre ou soubs ces anciens Grecs et Romains une si noble conqueste, et une si grande mutation et alteration de tant d'empires et de peuples soubs des mains qui eussent doucement poly et defriché ce qu'il y avoit de sauvage, et eussent conforté et promeu les bonnes semences que nature y avoit produit, meslant non seulement à la culture des terres et ornement des*

쿠르고스(Lycurgue)가 이 나라 사람들을 알지 못한 게 몽테뉴에게는 매우 유감스러운 일이다. 아마도 자신의 정신을 단련시키고 살찌워 주었을 이 고대의 사상가들을 비판적인 시각으로 바라본다는 것은 그 반성이 결국은 자기 자신을 지향하고 있다는 점에서 더욱 의미가 있다. 몽테뉴는 이 두 고대 사상가들이 자신들의 사상 속에, 당시 유럽인들이 신대륙이라는 새로운 '유토피아'를 직접 보고 관찰한 '자연'과 '자연적인 것(le naturel)'의 순수함과 미를 충분히 담아내지 못했다고 생각한다. 또한 몽테뉴는 신대륙 담론을 통해 황금시대(L'Âge d'or)의 신화를 불러오면서도 그 신화의 상상계가 실현되는 구체적인 현실을 식인종의 삶의 방식에서 찾았다고 믿고 있다. "왜냐하면 우리가 이런 나라에서 실지로 관찰하는 것은 우리의 시가(詩歌)에 아름답게 묘사되던 황금시대의 일이나, 또는 행복한 인간의 조건을 상상해 보게 하는 그 모든 것들뿐만 아니라, 또한 철학이 보여준 개념과 욕망 자체를 넘어서는 것이기 때문이다."[18] 식인종들의 삶의 방식은, 문명이 아직 존재하지 않고 사람들이 자연과 조화를 이루며 행복하게 살던 황금시대의 상상력을 넘어서, 우리의 삶과 문화에 마치 현실적인 대안을 제시하는 것처럼 착각하게 만든다. 그러나 몽테뉴가 주장하는 바는 식인종이나 혹은 야만인의 삶으로 돌아가자고 하는 것은 아니다. 이 이국의 사람들은 사실 그에게는 거울과 같은 존재이기 때문이다.

---

villes les arts de deçà, en tant qu'elles y eussent esté necessaires, mais aussi meslant les vertus Grecques et Romaines aux originelles du pays!»(*Essais III. 6* : 910)

18) «*car il me semble que ce que nous voyons par experience en ces nations là, surpasse, non seulement toutes les peintures dequoy la poesie a embelly l'age doré, et toutes ses inventions à feindre une heureuse condition d'hommes, mais encore la conception et le desir mesme de la philosophie.*»(*ibid.* : 206)

이 지점에서 몽테뉴는 플라톤을 소환해 낸다. "나는 플라톤에게 말한다. *diroy je à Platon*"(*ibid.* : 206) 『에세』가 그 자체로, 나와 나, 나와 우리, 나와 너, 나와 독자 등등 다양한 유형의 '대화'로 구성된 것처럼, 몽테뉴와 플라톤의 대화도 그 중의 하나이다. 몽테뉴는 "인간의 행복한 조건 *une heureuse condition d'hommes*"이 무엇인지 소환된 플라톤에게 이야기 한다. 그 누구라도 "우리가 직접 겪어 본 것처럼 *nous voyons par experience/ comme nous la voyons par experience*" 야만인들의 삶에서 "그렇게 순수하고 순박한 순진무구함 *une nayfveté si pure et simple*"(*ibid.* : 206)을 보지 못했을 것이라고 몽테뉴는 장담한다. 인간이 만든 그 모든 인위적인 부산물들, 자연이라는 순수로부터 우리를 멀어지게 한 모든 것들, 그러니까 교역, 문자, 수학, 관리의 직명, 정치적인 우월성, 부자나 가난한 자의 제도, 계약이나 상속 혹은 분배 등이 이 나라에는 없다. 의복도 농사도 금속도 포도주나 곡식의 사용도 없다. 인간의 관계를 파괴시키는 거짓말, 배반, 은닉, 탐욕, 시기 등 온갖 유형의 악행을 의미하는 말도 없다. 몽테뉴의 이러한 예찬은 플라톤적 유토피아를 넘어서, 서구문명의 우월성을 보여주는 '발전'이란, 자연이라는 어머니 앞에서 보잘 것 없는 것이고 온갖 타락들을 양산해 낼뿐이라는 점을 다시 한 번 강조하는 것이다. '착한 미개인 bon sauvage' 신화의 시작은 이렇게 만들어 진다.

자연과의 조화로운 삶은 '이상적인' 사회생활을 영위하고 있음을 의미한다. 몽테뉴의 이야기는 야만인들의 사회적 삶이 우리의 그것과 어떻게 다른지 구체적인 예를 통해 독자에게 보여주려고 애쓴다. 특히 사회와 국가의 토대로서 '가족'의 모습은 매우 이상적으로 그려진다. 몽테뉴에 따르면 이들의 가족 공동체는 계층적으로 구성되는데, 그것이 서구의 것과는 매우 다르다. 우선 나이라는 인자가 이 계층의 상부를 점유하는 가장 결정적인 요소인 듯 보인다. 현 세대와 미래 세대가 공존하는 공동체 속에서 가족이라는 범주는 단순히 '나의 가족', '너의 가족'이라는, 저마다 유리되어 존재하는 개별적인 집합을 뜻하지 않는다. 나이의 많고 적음은 시간이라는 인자가 만들어 놓은 자연의 법칙에 속하는 것이다. 자연에 합당하게, 자연을 존중하는 이들의 삶에서 나이가 많은 노인은 누구의 아버지라는 특정한 개인이 아니고, "모두의 아버지이다. *les vieillards sont peres à tous les autres.*" 모두가 가족이고 노인들은 모두의 아버지인 가족 공동체에서, 당연히 "그들은 대개 나이가 같으면 형제라고 서로 부르고, 나이가 아래이면 어린이라고 부른다."[19] 과거 세대와 현재 세대, 그리고 미래세대는 하나의 가족 단위를 이루게 되는 것이다. 이러한 통합된 하나의 공동체적 삶에서 재산과 소유권의 문제는 전혀 발생하지 않는다. "노인들은 자신의 공동 상속인들에게, 자연이 그 피조물들을 세상에 내놓으며 준, 아주 순수한 것 외의 다른 자격을 보지 않고, 이 공동의 재산에 대한 온전한 소유권을 넘겨준다."[20] 경험이 많은 노인의 역할은 공동체의 삶 속에서 매우 중요한 것처럼 보인다. 노인들 중 하나는 아침나절 식사를 시작하기 전에 사람들을 한 곳에 모아 놓고 설교를 하는데, 공동체의 구성원들에게 하는 이야기는 두 가지뿐이다. 적과 싸울 때 용감할 것, 그리고 자신의 아내에게 다정할 것. 이 두 가지는 "이들의 윤리학 *toute leur science ethique*"(*ibid.* : 206)이 품고 있는 유일한 가치이다.

여기서 주목할 점은 전쟁 혹은 전투라는 인간의 살육적인 행위의 문제이다. 전쟁의 습속은 몽테뉴가 식인종의 사회와 문화를 이야기하

---

19) «*Ils s'entr'appellent generalement, ceux de mesme aage, freres; enfans, ceux qui sont au dessoubs.*»(*ibid.* : 210)

20) «*Ceux-cy laissent à leurs heritiers en commun cette pleine possession de biens par indivis, sans autre titre que celuy tout pur que nature donne à ses creatures, les produisant au monde.*»(*ibid.* : 210)

며 관심을 갖는 주요한 부분이기도 한데, 서구문화와의 차별성이 극명하게 드러나는 지점이다. 윤리적이거나 혹은 미덕의 개념을 전쟁에 부여할 수 있는 것인지 모르겠으나, 몽테뉴는 적어도 신대륙 담론을 통해서 '적을 먹는' 이 '신세계'의 전쟁 행위가 달리 해석될 수 있다고 생각하는 듯이 보인다. 적을 포로로 잡은 후 죽이는 일에서도 야만인들의 습속과 문명화된 포르투갈인들의 행태는 근본적으로 차이가 난다. 우선 야만인들이 전쟁 포로를 다루는 습속은 이렇다. 야만인들은 비록 포로로 잡혀 온 적일지라도 오랫동안 후한 대접을 해주고 허용할 수 있는 한 모든 편의를 제공해 준다. 때가 되면 포로의 "주인 *le maistre*"되는 자가 "지인들의 모임 *une grande assemblée de ses cognoissans*"을 소집해 놓고는 그 앞에서 포로를 칼로 쳐 살해한다. 그러고 나서는 그 죽은 포로를 구워서 "함께 *en commun*"(*ibid.* : 209) 먹는데, 그 자리에 없는 친구들의 몫도 따로 챙겨 놓는다. 몽테뉴는 생포한 적을 살해하고 먹는 행위에 상징적인 의미를 부여한다. 포로의 주인이 특별히 소집된 지인들과 더불어 살해된 포로의 살을 먹는 행위는 사회적인 성격의 집단적 의례행위라고 할 수 있을 것이다. 달리 말해서 이들이 인간의 살을 먹는 행위는 일상의 음식을 섭취하는 식용의 성격이 아니라, 특정한 목적과 의식을 따라 수행되는 과정이다. 이러한 의미에서 몽테뉴는 "이것은 사람들이 생각하는 것처럼 옛날 스키타이 족들이 하던 식으로 먹기 위한 것이 목적이 아니라 극단적인 복수를 보여주기 위한일이다."[21]라며 야만인들의 식인풍습을 두둔한다.

그런데 이러한 습속을 따르는 야만인들과 비교해서, 포르투갈인들

21) «*Ce n'est pas, comme on pense, pour s'en nourrir, ainsi que faisoient anciennement les Scythes: c'est pour representer une extreme vengeance.*»(*ibid.* : 209)

의 야만적인 자질은 포로들의 죽임과 처리 방식에서 차별적으로 드러난다. 몽테뉴에 따르면, 이들이 포로를 처형하는 방식은 우선 "이들을 허리까지 파묻고는 땅위로 나온 신체 부분에 화살을 퍼부은 다음 매달아 죽인다."[22] 문제는 그 다음이다. 자연의 순수함을 간직한 야만인들을 타락시키는 것은 바로 이 문명인들이기 때문이다. 새로운 방법으로 포로를 죽이는 모습을 본 원주민들은 이내 이들을 모방하고 같은 방식으로 잔인하게 포로를 처단하는 방식을 학습한다. 야만인들에게 "다른 세상에서 온 이 사람들은 *ces gens icy de l'autre monde*" "이런 모든 악덕의 행동에는 자신들보다 더 훨씬 뛰어난 솜씨를 가진 자들 *beaucoup plus grands maistres qu'eux en toute sorte de malice*"(*ibid.* : 209)임을 알게 되었다. 자연과 가까운 이들의 성정은 너무도 순수한 나머지 문명인들과 접촉하자마자 이내 불순한 습속으로 변질되는 것이다. 몽테뉴는 포르투갈인들이 보여준 포로의 잔인한 처형 행위를 "사람을 죽여 구워서 먹는 *que de le rostir et manger apres qu'il est trespassé*" 식인종보다도 더 "야만적인 행동 *l'horreur barbaresque*" 으로 규정하고, "우리"가 다른 사람들이 저지르는 잘못에 대해서는 비판을 하면서도 정작 "우리의 야만스런 행위는 주목하지 못하는 일이 슬프다. *nous soyons si aveuglez aux nostres*"고 탄식한다. 특히나 종교의 이름으로, 아직도 생명이 남아 있는 몸을 고문과 형벌로 찢고, 불에 달군 쇠로 지지고 개와 돼지에게 물어 뜯겨 죽게 하는 서구인들의 작태를 보면 "나는 산 사람을 잡아먹는 일이 사람을 죽여서 먹는 것보다 더 야만적이라고 생각한다."[23]

22) «[...] *les enterrer jusques à la ceinture, et tirer au demeurant du corps force coups de traict, et les pendre apres.*»(*ibid.* : 209)

23) 몽테뉴의 비판은 당시의 종교 탄압과 종교 내전에서 일어난 잔인한 행위들과 신대륙에서 저지른 비인간적인 행위 모두를 향한 것이었는데, 특히 「역마차에 대하여」에서는 유럽인이 신대륙 식민지에서 벌인 포악한 행동

게다가 식인 풍습이란 것도 이 이국의 아메리카 원주민들에게만 해당되는 것이 아님을 몽테뉴는 강조한다. 식량 생산을 위해 사람의 시체를 적절히 활용할 수 있다고 생각한 크리시푸스(«*Chrysippus*»)와 제논(«*Zenon*») 등과 같은 그리스인들이 있는가 하면, "우리의 조상들처럼 *comme nos ancestres*" 알렉시아(«*Alexia*»)카이사르(«*Caesar*»)에 포위에 맞서 싸우기 위해 사람의 살을 먹었던 역사적인 기록도 있고, 또한 의사들도 건강을 위해 사람의 고기를 약용으로 활용한다는 사실도 덧붙인다. 따라서 인간의 고기 혹은 살을 먹는다는 것 자체는 비난받을 일은 아닌 것이다. "그러나 우리가 예사롭게 저지르고 있는 배신, 불성실, 포학, 잔인성 등 도리에 어긋나는 행위는 어떠한 이유로도 변명될 수 없다."[24] 몽테뉴는 다시 또 반복하여 "우리"의 행태가 더

을 강력하게 공박한다. "나는 우리가 병폐에 감염되어 이 새 세상의 쇠퇴를 촉진시켰고, 그들에게 우리의 지식과 기술을 너무 비싸게 판 것이 되지나 않을까 두려워한다. 만일 우리의 용기와 타고난 힘이 그들보다 더 했던 탓으로 그들을 매질하여 우리의 훈련에 굴복시키지 않았던들, 그리고 정의와 선심을 베풀어 우리의 강력한 힘으로 굴복시키지 않았던들, 그곳은 아직도 어린아이의 세상으로 남아있을 것이다." «*Bien crains-je que nous aurons bien fort hasté sa declinaison et sa ruyne par nostre contagion, et que nous luy aurons bien cher vendu nos opinions et nos arts. C'estoit un monde enfant; si ne l'avons nous pas foité et soubmis à nostre discipline par l'avantage de nostre valeur et forces naturelles, ny ne l'avons practiqué par nostre justice et bonté, ny subjugué par nostre magnanimité.*»(*Essais III. 6* : 909) 혹은 "그 많은 도시들이 파괴되고, 그 많은 국가들이 초토화되었으며, 그 많은 사람들이 잔인하게 학살되었고, 세상에서 가장 풍요롭고 아름다운 곳이 진주와 후추 무역 때문에 엉망이 되었다. «*Tant de villes rasées, tant de nations exterminées, tant de millions de peuples passez au fil de l'espée, et la plus riche et belle partie du monde bouleversée pour la negotiation des perles et du poivre.*»(*ibid.* : 910)

24) «*mais il ne se trouva jamais aucune opinion si desreglée qui excusat la trahison, la desloyauté, la tyrannie, la cruauté, qui sont nos fautes ordinaires.*»(*Essais I. 31* : 210)

비난받을 일임을 강조한다. 여기서 '우리'라는 대명사로 표상된 자기성찰에는 독자를 포함한 모두임을 부인할 수 없을 것이다. "그러므로 우리는 이성의 법칙에 비추어서 그들을 야만인이라고 부를 수는 있지만, 우리와 비교해서 그들을 야만인이라고 부를 수는 없다. 모든 야만성에서 우리가 그들보다 훨씬 더 심하기 때문이다."[25)]

몽테뉴의 야만인 찬양은 이제 전쟁의 윤리와 미학의 차원으로까지 나아간다. '야만인들'에게 전쟁은 어떤 의미를 가지고 있는가? 몽테뉴에 따르면 "그들의 전쟁은 지극히 고결하고 용감하다. *Leur guerre est toute noble et genereuse.*"(*ibid.* : 210) 이 "고결한" 전쟁은 "인간의 이 병폐가 받을 수 있는 한의 변명과 고귀함을 지니고 있다."[26)] 전쟁이 고결한 이유는 이 야만인들이 비록 그것이 피비린내 나는 살육적인 전쟁일지라도 그들의 일상의 삶 속에서처럼 자연의 질서를 따르고 있기 때문이다. 그들에게 전쟁이란 자신들의 용감함을 보여주는 장이지, 신대륙을 정복한 문명국가들이 그런 것처럼 다른 영토를 침략하여 정복하려는데 있는 것이 아니다. 자연은 그들에게 노동과 수고를 하지 않더라도 필요한 것을 풍부하게 주기 때문이다.

식인종들에게 전쟁이란 고결함과 용감성을 보여주기 위한 장이라는 몽테뉴의 찬사 역시 앞서 살펴 본 포르투갈인들의 경우처럼, 서구의 전쟁 문화가 보여주는 비인간적인 잔인성과 파괴성을 드러내기 위함이다. 몽테뉴가 보기에 야만인이라 취급받는 이들의 전쟁은 우리의 전쟁보다 더 '야만적'이지 않다. 전쟁의 승리자가 얻고자 하는 것은 상

---

25) «*Nous les pouvons donq bien appeller barbares, eu esgard aux regles de la raison, mais non pas eu esgard à nous, qui les surpassons en toute sorte de barbarie.*»(*ibid.* : 210)

26) «[leur guerre] *a autant d'excuse et de beauté que cette maladie humaine en peut recevoir.*»(*ibid.* : 210)

대보다 더 용감하다는 우월감과 영광이 고작이기 때문이다. "달리 패자의 재산이란 아무 소용도 없는 것이다. 그들은 자기 나라로 돌아간다."[27)]

따라서 이들이 중요시 하는 가치를 볼 때, 전쟁이나 전투 자체는 별 의미가 없는 듯이 보인다. "한 인간의 품위와 가치는 그 마음과 의지로 이루어진다, 여기 그의 진실한 영광이 있다. 용감함이란 팔이나 다리가 아니고, 마음과 영혼의 견고성이다. 그것은 우리의 말이나 무기의 가치에 있지 않고 우리 자신에게 있는 것이다."[28)] 싸움의 승자와 패자가 존재하더라도 패자가 인정하지 않는 한 "진실한 승리 *la vraye victoire*"(*ibid.* : 211)는 없으며 전쟁의 승리도 무의미해지기 때문이다. 승자는 포로로 잡힌 패자에게 전투의 패배를 인정하라는 것 외에는 어떠한 몸값(«*autre rançon*»)도 요구하지 않는다. 하지만 패자는 "굽히지 않는 위대한 용기로 *un seul point d'une grandeur de courage invincible*" 승자의 요구에 응하지 않는다. 승자에 의해 죽임을 당하고 먹힐망정 목숨을 구걸하는 패자는 "백년을 두고도 *en tout un siecle*" "하나도 *pas un*"(*ibid.* : 210) 없다. 그렇게 그들은 용기로서 자신을 지키고 정체성도 명예롭게 보존한다. "그는 살해당한 것이지 패한 것이 아니다. *il est tué, non pas vaincu.*"(*ibid.* : 211)

「식인종에 대하여」 장에서 가장 흥미롭고 극적인 부분은 루앙(Rouen)에서 이루어진, 몽테뉴와 소위 식인종이라는 야만인들과의

27) «*car autrement ils n'ont que faire des biens des vaincus, et s'en retournent à leur pays,*[...]»(*ibid.* : 210)

28) «*L'estimation et le pris d'un homme consiste au coeur et en la volonté; c'est là où gist son vray honneur; la vaillance, c'est la fermeté, non pas des jambes et des bras, mais du courage et de l'ame; elle ne consiste pas en la valeur de nostre cheval, ny de nos armes, mais en la nostre.*»(*ibid.* : 211)

만남에 대한 묘사이다. 몽테뉴는 이 부분을 이 장의 말미에 놓고 있는데, 아마도 자신의 간접 경험에서 오는 신대륙에 대한 정보의 부족함이나 불충분함을 어느 정도 상쇄하려는 목적도 있었을 것이다. 만남에 대한 구체적인 묘사에 앞서 몽테뉴는 서구의 "부패한 지식 *la connoissance des corruptions*"이 가져다 줄 이들의 - 당시에 진행 중이던 - 몰락과 멸망을 안타까운 마음으로 이야기한다. 몽테뉴는 마치 그들의 입으로 직접 들어보고 판단하라는 듯, 자신들의 운명을 알지 못한 채 순진한 호기심으로 구대륙의 땅을 방문한 세 명의 식인종들의 입을 통해서 서구의 사회와 문명에 대한 비판적 의식을 보여주고자 한다. 몽테뉴에 따르면 이들은 먼저 당시 루앙에 와있던 샤를르 9세와 "오랜 시간" 이야기를 나누고는 이어서 문명인들이 마련한 서구 문명의 화려한 의식과 아름다운 도시의 풍물을 보게 된다. 그리고는 "누군가 *quelqu'un*" 이들에게 "감탄할 만 하다고 생각하는 게 있었는지 *ce qu'ils y avoient trouvé de plus admirable*"(*ibid.* : 213) 질문을 하였으며, 이 질문에 그들은 세 가지 대답을 내놓는다. 그런데 몽테뉴가 소개하는 식인종들의 대답은 둘뿐이다. 아마도 여러 번 『에세』에서 이야기 했듯이 그의 형편없는 기억력의 탓으로 돌려야할 지 모르겠으나, 몽테뉴는 이들이 남긴 세 가지 대답 중 마지막 것은 잊어버렸다고 이야기한다. 흥미롭게도 식인종들의 대답은 질문자가 알고 싶어했던 "감탄할만한" 것과는 동떨어진 대답을 문명인들에게 내놓는다. 몽테뉴가 우리에게 전해주는 식인종들의 첫 번째 대답은 이렇다. 그들이 보기에 "너무 이상한 *fort estrange*" 것은, 왕의 신변을 경호하는 (아마도) 스위스 친위병들이 힘이 세고 무장까지 하였는데도 "한 어린 아이에게 복종하고 있으며, 차라리 자기들 중에서 지휘관을 선출하지 않는다."[29]는 점이다. 식인종들의 대답은 오히려 문명인들에게 향하는

29) «[tant de grands hommes] [...] *se soubsmissent à obeyr à un*

질문처럼 느껴진다. 서구인들이 자랑스럽게 소개한 문명 속에서 제일 먼저 그들의 눈에 들어온 것은 이해할 수 없는 기이한 장면이었다. 당시 10대 초반의 왕이었던 샤를르 9세의 모습은 세습 군주제를 이해하지 못하는 이들의 눈에는 "어린 아이"에게 "복종"하는 어른들의 모습이 괴이하게 비춰졌을 것이다. 몽테뉴가 의도하건 의도하지 않건 이 구절은 어찌 보면 정치체제에 대한 비판으로 충분히 해석될 수 있는 부분이다. 몽테뉴는 태연히 식인종들의 눈과 입을 통해, 신대륙의 문화 논리에 따르면 어떠한 처방을 내릴 수가 있는지를 독자에게 들려준다.

식인종들의 두 번째 대답은 보다 의미적이다. 첫 번째 대답이 제도와 관련된 정치적인 것이었다면, 두 번째 것은 먹고 사는 문제와 관련된, 보다 사회적 성격을 띤다. 서로를 "반쪽 *moitié*"으로 부르며 상호 연대성을 중요시하는 식인종들의 눈에 서구사회의 사회적 정의와 평등은 많은 문제를 안고 있는 듯이 보인다. 극히 일부의 사람들이 부의 상당부분을 소유하고 있는 데도(«*des hommes pleins et gorgez de toutes sortes de commodite*»), 자신들 문 앞을 찾아오는 "배고프고 가난한 *décharnez de faim et de pauvreté*" 반쪽들이 어떻게 이 불의를 참고 저항을 하지 않는지 이것 또한 자신들의 눈에는 "이상한 *estrange*"것이라고 대답한다. '반쪽'의 권리와 나머지 '반쪽'의 의무를 강조하는 이 두 번째 대답조차도 이들이 서구의 문명인들에게 하고 싶은 질문일 것이다.

이 장의 마지막은 "누군가"가 아닌 몽테뉴 자신의 질문과 세 명의 식인종들 중 하나의 대답으로 장식된다. 선원들이 "왕 Roy"이라 부르던 "우두머리 *Capitaine*" 식인종에게 향한 몽테뉴의 질문은 보다 구

---

enfant, et qu'on ne choisissoit plus tost quelqu'un d'entr'eux pour commander.»(*ibid.* : 213)

체적이다. 첫 번째 질문은 그 나라에서 '왕'으로서 누리는 우월적 특권은 무엇인가였는데, 식인종은 "전쟁 때 앞장서서 나가는 것이다. *c'estoit marcher le premier à la guerre.*"라고 대답을 한다. 식인종 왕은 '이상적인 왕'이란 가장 위험한 순간에 어떠한 특권도 없이 백성들을 위하여 자신의 목숨까지도 던지며 보호하려는 존재라는 것을 문명인들에게 말해주는 것이다. 전쟁이 없는 평화의 시기라고 해도 특별히 왕에게 주어진 특권은 없다. 자신의 지배에 있는 마을들을 방문할 때면 사람들이 왕에 대한 존경심과 감사의 표시로 해주는 것은 그저 그가 편히 지나갈 수 있도록 숲 속의 길을 만들어 주는 것뿐이다. 비록 통역을 맡은 이의 능력이 형편없는 것에 대해 불만을 늘어놓았지만, 몽테뉴는 한 무리, 한 집단, 한 국가의 지도자가 갖추어야할 덕목이 무엇인지 식인종 우두머리의 입을 빌려 독자들에게 들려주고 싶어 했는지 모른다. 몽테뉴는 이 장의 처음부터 끝까지 야만인들을 변호하고 그들의 정신과 삶의 방식을 지지하는데, 마지막 구절의 반어법은 그 정점이다. "그런데 웬 말인가, 그들은 양복바지도 입지 않고 있다니. *mais quoy, ils ne portent point de haut de chausses.*" 벌거벗은 식인종과 문명인들의 차이는 그저 의복의 차이일 뿐! 결국 몽테뉴의 신세계 담론 논지는 투르농(Tournon, 2000: 219)이 지적한 것처럼 변화를 겪으면서, 이 장의 전체가 르네상스의 역설들의 논리적 모순들을 잘 보여주고 있다. 몽테뉴의 찬사는 우선 서구 문명이 이룩해놓은 대부분의 사회적 관습들을 경험하지 못한 채 살아가는 야만인들의 "본래의 순진무구함"에서 시작되었다. 자연에 가깝고 그 자연의 요청에 복종하며 살아가는 야만인들은 그 자체로 인간이 잃어버린 본연의 모습 그대로였다. 몽테뉴의 논지는 이러한 찬사에서 야만인들의 문화의 세련됨과 그 가치 체계의 발견으로 이동되면서 옹호의 방식은 전도된다. 다시 말해서 몽테뉴는 문화가 부재하다는 의미의 '야만'이,

인간을 타락시키고 부패하게 만드는 문명보다 더 우위에 있는 것임을 주장하고 난 연후, 사실 식인종들은 문명화된 인간들이라는 것. 그러나 그 문명이라는 것이 유럽인들의 것과는 다르게, 그리고 아마도 더 나은 방식으로 진보된 것이었음을 보여주고자 하는 것이다.

4. 타자라는 거울: 자아의 투영과 성찰

유럽 문명사에서 신대륙의 발견은 르네상스 시기 서구 중심의 자아 실현과 성찰과는 구분되는 또 다른 차원에서, 타자의 도래와 자아에 대한 각성을 자극한 계기였다고 할 수 있다. 위에서 간략하게 살펴본 「식인종에 대하여」 장은 - 특히 「역마차에 대하여」 장과 더불어 - 몽테뉴를 포함한 당시 지식인들에게 이 발견이 얼마나 큰 충격을 주었는지 짐작하게 한다. 새로운 땅의 발견은 동시에 새로운 타자의 존재를 의미하는 것이었다. 이 새로운 타자에 대한 관심과 숙고의 결과가 바로 『에세』의 일부를 구성하고, 전체를 관통하는 정신으로 거듭났다고 할 수 있다. 타자와 타자성에 대한 관심은 그 대상이 무엇이건 결국은 자연스럽게 자기 자신으로 돌아오기 마련이다. 또한 이는 자신이 속한 사회와 문화, 혹은 그것을 넘어서 인간조건에 대한 보편적 가치와 개념 등에 대한 숙고로 이어지는데, 몽테뉴의 성찰도 여기서 벗어나지 않는다.

「식인종에 대하여」 장에서 우리는 '황금시대'를 연상하게 될 만큼 자연과 더불어 순수하고 단순한 삶을 살아가는 사람들에게 매료된 몽테뉴를 발견한다. 그런데, 이 식인종 혹은 야만인이라는 존재를 통해 드러난 심층적인 타자성(altérité)은 몽테뉴의 자아의 성찰과 어떤 관계가 있는 것일까? 신대륙의 타자는 구대륙 혹은 유럽의 자아가 자신의 사회와 문화 속에서 만날 수 있는 타자는 아니다. 지리적으로 혹은 공간적으로 유리되어 있는 타자일 경우 무엇보다 상상력이 만든 공포의 대상이 될 수도 있는데, 이 새롭게 조우한 타자가 그 경우이다. 신대륙의 식인 타자는 사람을 잡아먹는, 문명화되지 않은 야만적인 존재로 유럽적 자아의 불신과 경멸이 대상이 되는 타자성을 간직하고 있다. 이러한 유럽인들의 태도에 대한 비판으로 규정되는 몽테뉴의 문화 상대주의는 결국 '이방인'이 된 '나'에 대한 숙고라고 말할 수 있다. 몽테뉴는 이방인이란 절대적인 개념이 아니라 상대적인 개념임을 신세계 담론 내내, 때로는 명시적으로 때로는 암시적으로 독자에게 주지시킨다. '당신은 누구인가?'라는 질문과 '나는 누구인가?'라는 질문은 서로 유리될 수 없는 것이다. 이방인이란 상대적으로 규정되는 것임을 세 명의 식인종과의 만남에서 시사되고 있지만, 「역마차에 대하여」에는 보다 흥미로운 장면이 묘사되고 있다. 신대륙에서 만난 두 주체, 혹은 두 이방인들의 장면이 그것이다. 바다를 통해 이방인의 영토에 내린 유럽인들이나, 그 땅의 주인으로서 이들을 처음 바라본 원주민들이나 서로의 모습에 놀라울 따름이었다. 아직 말(馬)도 본 일이 없고 사람을 태우거나 짐을 싣도록 길들인 짐승들도 없던 원주민들에게 "자신들과는 전혀 다르게 생긴 털보들이, 언어도 종교도 외모도 행동도 다른 자들이 *des gens barbus, divers en langage, religion, en forme et en contenance*" 지금까지 본 적도 없는 커다란 짐승을 타고 "사람이 살고 있으리라고는 전혀 생각지 못했던 먼 세상에서 *d'un endroict du monde si esloigné et où ils n'avoyent jamais imaginé qu'il y eust habitation quelconque*" 불시에 자신들의 나라에 닥쳐온 이 상황은 매우 놀랄 일이었을 것이라는 점을 몽테뉴는 길게 묘사해주고 있다. 이 순수한 원주민들의 눈에 비춰진 유럽인들도 그저 그 땅에서는 이방인에 불과했던 것이다.

몽테뉴의 신세계 담론은 유럽적 자아가 신세계 타자와의 조우를 통해 자신을 포함한 인간 자체에 대한 성찰로 나아갈 수 있음을 보여준다. 마치 타인의 시선으로 내 몸 곳곳을 훑어보듯이, 그들의 존재는 몽테뉴에게 있어, 마치 거울처럼 유럽의 정치, 사회, 경제의 모든 문제들을 들여다 볼 수 있게 해준다. "그들은 여전히 자연의 풍요를 누리며 *ils jouyssent encore de cette uberté naturelle*", "여전히 자신들의 본성이 느끼는 필요이상으로 욕심을 내지 않는 행복한 상태에 있다. 그 선을 넘어서는 것은 그들에게는 모두 불필요한 것이다."[30] 타자에게 이상적인 가치를 부여하는 일은 곧 자기 자신에 대한 비판적 반성으로 이어지는 것이다. 몽테뉴가 신세계 담론을 통해 하는 일은 야만인으로 간주된 신세계 타자의 정신을 유럽의 문명사 속에 자리 잡은 고대의 사례들과 유비하는 것이다. 이는 곧 유럽인들의 편견의 원인이 되었던, 식인 타자 고유의 순수함에 새로운 의미를 부여하여 부정적인 타자성을 완화하는 것이다. 이렇게 함으로써 신세계 타자는 유럽인들의 눈에 더 이상 두려워하거나 경멸해야할, 혹은 통제 불가능한 모습에서 벗어날 수가 있게 된다. 몽테뉴가 신세계 타자로부터 잃어버린 신화적 과거의 이상을 소환하는 일은 단순한 유비는 아니다. 플라톤과의 가상적 대화는 몽테뉴가 신화가 아닌 현실에서 이 유토피아를 찾았다는 믿음을 보여주고 있기 때문이다. 이러한 의미에서 신세계 타자는 세 명의 식인종과의 대화에서 보여주듯이, 어느 순간 더 이상 '야만인'이 아니라, '우리'의 것과는 완전히 다른 새로운 문명을 창조해 낸 존재로 이해된다. 토도로프는 몽테뉴의 이러한 담론이 유럽의 고전 문명에 의해 구현된, 자신의 개인적인 이상을 타자에

---

30) «*Ils sont encore en cet heureux point, de ne desirer qu'au tant que leurs necessitez naturelles leur ordonnent: tout ce qui est au delà, est superflu pour eux.*»(*ibid.* : 210)

게 투사시키는 것이라고 본다(Todorov 1989 : 60). 결국 몽테뉴의 관심은 무엇보다 타자 자체라기보다는 자기에 대한 성찰과 비판에 있다는 것이다. 토도로프의 이러한 주장은 아마도 뷔토르의 주장과 연결시켜 살펴볼 수 있을 것으로 보인다. 뷔토르(Butor, 1968: 64)에 따르면, 아버지의 열정으로 라틴어를 모국어로 여길 만큼 보통 이상의 교육을 받은 몽테뉴는 자신을 16세기 프랑스에 유배된 로마인으로 생각했다. 이러한 해석은 자기 안의 이상적인 모습을 타자에 투영함으로써 유럽적 자아에 대한 비판을 수행한 몽테뉴의 성찰방식을 이해하는데 도움이 될 것이다. “나는 남의 말을 하지 않지만 혹시 하게 된다면 저에 대해 말하기 위해서입니다. *Je ne dis les autres, sinon pour d'autant plus me dire.*”(*Essais I. 26* : 148) 아마도 몽테뉴의 신세계 담론도 이와 같은 그의 말 속에서 그 의미를 찾아야 할 것이다.

5. 신세계 담론으로 우리의 삶을 사유하기

지금까지 우리는 『에세』 1권 31장 「식인종에 대하여」 장을 중심으로 간략하게 몽테뉴의 신세계 담론이 지니고 있는 정신과 실천을 살펴보았다. 몽테뉴의 신세계 담론은 그의 비판정신이 인간 조건에 대한 보다 넓고 높고 깊은 이해의 차원 속에서 이루어지고 있음을 알게 해준다. 그의 신세계 담론은 종종 문화 상대주의로 규정되고 있지만, 주저하지 않고 모든 것에 대한 의심에서 출발하는 그의 회의주의적 성찰에서 그 토대를 찾을 수 있을 것이다.

몽테뉴의 신세계 담론은 ‘야만인’ 혹은 ‘미개인’이라는 표현으로 신세계 식인 타자를 향한 편견을 드러냈던 유럽인들에 대한 비판이지만, 『에세』의 독자로서 오늘의 한국사회를 사는 우리들에게 여전히 의미 있는 것으로 다가온다. 한국사회는 힘겹게 민주화의 단계로 접어든 현재에도 내부로부터 분출되는 사회통합문제로 갈등이 골이 심화되고 있다. 아울러 외부로부터 진입한 다문화현상은 문화적 갈등을 넘어 사회적, 정치적문제로까지 나아가는 모습을 보이고 있다. 다문화적 사유와 타자 지향적 응시에 익숙하지 못한 한국 사회가 다인종·다문화사회에 과연 타자를 포괄하는 조화롭고 평화로운 공동체를 형성하고 나아갈 수 있을지는 총체적인 사회적인 문제로 다가오고 있는 것이다. 우리는 피로 얼룩진 종교 전쟁과 페스트 그리고 잔인한 영토 확장이 이루어지던 16세기 후반, 관용과 배려, 그리고 인본주의에 토대를 둔 몽테뉴의 신세계 담론을 되새김하면서, 우리 사회의 갈등을 치유할 지혜들이 무엇인지 숙고해 볼 수 있을 것이다. 즉, 강요된 문화동화와 통합을 지양하면서도 타문화와 호혜적 교류를 어떻게 나눌 것인지에 대한 인문학적 성찰을 해볼 수 있을 것이다. 아울러 몽테뉴가 우리에게 알려준 것처럼, 타자와의 만남을 계기로 내부로 시선을 돌려 우리의 정체성을 응시하고 다양성과 공평, 그리고 사회적 정의에 대해 논의해야만 할 것이다.

참고문헌

몽테뉴, 2011, 『몽테뉴 수상록』, 손우성(역), 서울: 동서문화사.

Butor, Michel, *Essai sur les Essais*, Paris, Gallimard, 1968.

Dupeyron, Jean-François, *Montaigne et les Amérindiens*, Lormont, Le Bord de l'eau, (Collection «Des Mondes ordinaires»), 2013.

Montaigne, Michel de, *Les Essais. Livres I-III*, édition Villey-Saulnier, Paris, PUF (Collection «Quadrige»), 2004.

Nakam, Geralde, *Les Essais de Montaigne, miroir et procès de leur temps. Témoignage historique et création littéraire*, Edition revue, corrigée et mise à jour, avec une préface inédite, Paris, H. Champion, 2001.

Todorov, Tzvetan, *Nous et les autres. La réflexion française sur la diversité humaine*, Seuil, (Collection «Points Essais»), 1989.

Tournon, André, *Montaigne, la glose et l'essai*, Edition revue et corrigée, précédée d'un Réexamen, Paris, Champion, 2000.

VI 강요의 내러티브

6

강요의 내러티브

- 공익 캠페인을 중심으로

김 은 정

1. 조작된 정보의 강요

매체와 정보통신의 발달로 우리는 정보의 홍수 속에서 살아가고 있다. 매체와 정보 통신의 발달로 자신의 의지와는 관계없이 관심 밖의 정보나 알고 싶지 않은, 몰라도 되는 정보까지 수렴하게 되는 세상에서 살고 있는 것이다. 뉴스를 기사를 찾거나 이메일 확인을 위해 포털에 접속을 하면 인터넷 포털에 노출된 문자를 통해 관심 밖에 있는 문제나 보지도 않는 드라마의 내용은 물론이고 연예인의 사생활·연 수입·문자 내용까지 자신도 모르는 사이 섭렵하게 된다. 알 권리 속에서 모를 권리가 무시되고 있는 것이다. 이에 더해진 사회관계망 서비스(SNS)의 유행과 발달은 사생활 침해, 초상·음성·성명권 침해, 명예훼손 등의 인격권 침해를 야기하는데 한 몫을 하고 있다.

이에 대한 대응으로 '잊힐 권리(right to be forgotten)'[1]에 대한 논의를 전 세계적으로 촉발시킨 2014년 5월 13일 유럽사법재판소(ECJ)의 판결은 2014년 6월 국내에서도 찬반논쟁을 불러왔다. 잊힐 권리가 표현의 자유, 언론의 자유, 알 권리와 관련하여 사적 검열의 일종으로 악용의 소지가 많고, 인격권과 충돌을 야기하기 때문이다. 뿐만 아니라 잊힐 권리는 사실왜곡 또는 역사왜곡을 가능성이 크기 때문에 신중한 접근이 필요한 문제이다. 알 권리나 잊힐 권리 모두 인권 또는 정보와 관련된 문제이다.

정보는 사전적 의미로 "평가하여 얻은 구체적인이고 정확한 소식, 관찰이나 측정을 통하여 수집한 자료를 실제 문제에 도움이 될 수 있도록 정리한 지식. 또는 그 자료"[2]를 의미한다. 사전전 의미로 보았을 때 정보는 수집한 자료를 분석 정리한 자료로 구체성과 정확성이 있어야 정보적 '가치'가 있다고 할 수 있다. 그러나 우리가 접하는 무수한 정보 중 그러한 가치를 지니는 것은 많지 않다. 포털이나 뉴스보도의 방식이 기획자의 의도대로 정보의 중요성이나 순서를 배정할 수 있기 때문에 진정한 정보에 접근하기 위해서는 수많은 가십(gossip)성 기사의 늪을 건너야 한다. 즉 진짜 정보는 가십처럼 보이거나 '보여지는' 것이 아니라 '보아야하는' 것이기 때문이다.

그러나 어떤 사실에 대한 정보는 그것을 누가, 어떻게 활용하느냐

---

1) 잊힐 권리(right to be forgotten)는 정보 주체가 온라인상 자신과 관련된 모든 정보에 대한 삭제 및 확산 방지를 요구할 수 있는 자기결정권 및 통제 권리를 뜻한다. 1995년 유럽연합은 개인 정보 처리를 규정하는 유럽 정보 보호지침(European Data Protection Directive 95/46EC)을 채택했다.[이 지침은 현재 국제인권법의 한 요소로 간주되고 있다. 위키백과: http://ko.wikipedia.org/wiki/%EC%9E%8A%ED%9E%90_%EA%B6%8C%EB%A6%AC, 검색일 2015.3.12.

2) 국립국어원 표준국어대사전: http://stdweb2.korean.go.kr/search/List_dic.jsp, 검색일 2015. 3.9.

에 따라 참이 될 수 도 있고 거짓이 될 수도 있다. 또 특정 정보는 사회에 큰 영향력을 미치는데 그 정보가 거짓이며, 어떤 집단의 이익을 위해를 조작된 것이라면 국가에 큰 해를 끼칠 수도 있다. 현재로 우리는 매순간 조작된 정보에 노출되어 있으며, 조작된 정보의 강요 속에서 살고 있다. 가까운 예로 2009년 녹색성장을 좋아했던 정권이 원자력을 새 녹색 에너지로 홍보했던 것이 한 예이다. 이글에서는 조작된 정보를 통해 가치를 조작하고, 강제하는 강요의 서사를 공익광고를 통해 살펴보고자 한다.

2. 조작된 가치의 강요

정부는 정책을 홍보하고 국민과 소통하는 중요 수단으로 공익광고와 공적 캠페인을 활용하고 있다. 공익광고에 대한 개념에 있어 페이슬리(Paisley)는 『공익캠페인』에서 공익 캠페인이란 한 집단이 커뮤니케이션적인 노력을 통하여 다른 집단의 믿음, 행동에 영향을 미치려는 의도이며, 목표수용자들에게 매스미디어의 채널을 통해 전파되는 촉진성 공익 메시지로 정의하고 있다. 공익 광고 (公益廣告)[3]는 특정 상품의 선전이나 기업의 이미지 등을 나타내는 것을 목적으로 하지 않는, 공공의 이득을 도모하는 것을 목표로 만들어지는 광고들의 총칭이다. 한국방송광고 진흥공사(이하 코바코)는 공익광고를 다음과 같이 정의하고 있다. "인간존중의 정신을 바탕으로 사회 / 공동체의 발전을 위한 의식개혁을 목표로 하며 광고라는 설득 커뮤니케이션을 통

---

3) 국내에서는 1981년 첫 공익광고가 도입되었다. 김우성, 「한눈에 읽는 '공익광고' 변천사 시대 따라 모습 달리한 전 국민의 호감광고」, 『인터뷰 365』, 2008.03.22. http://interview365.mk.co.kr/news/823

하여 제반 사회문제에 초점을 맞추고 국민들의 태도를 공공의 이익을 지향하는 모습으로 변화시키는 것을 목적으로 하며, 휴머니즘, 공익성, 범국민성, 비영리성, 비정치성을 기본 이념으로"[4] 한다. '비영리성, 비상업성, 범국민성을 지향하는 공익광고는 광고주의 직간접적 이익을 추구하는 '공익성 광고'와는 구별'되며, 공공의 이익추구를 주목적으로 하고 있다. 일반 상업광고와 비교했을 때 공익광고가 전달하고자 하는 메시지는 이념, 대상, 실행 주체, 내용과 원칙, 수단과 목적이 매우 명백하기 때문에 명령적이고 선동적인 성격이 강하다. 따라서 주장의 근본이 되는 메시지 자체가 더 중요한 설득기제로서 작용하며[5], 공익적 문제를 다루기 때문에 공익광고 주제는 사회 구성원들이 동감해야하기 때문에 메시지 구성 전략에 있어 무엇을 다루느냐보다는 어떻게 전달하는가[6]가 보다 중요하다.

기존의 논문들을 검토해보면 양적인 면보다 질적인 면에서 성장을 이루었다는 평가가 지배적이다. 공익광고에 대한 긍정적인 평가로 창의성 증가를 들고 있는데 광고 전면에 이데올로기적 의미를 수용자에게 '강요'하지는 않지만, 은유적 매개물에서 전달되는 기호의 의미작용과 해석자의 의도에 대한 기호학적 접근 가능성이 확대된 것으로 받아들일 수 있다. 공익광고의 중요성이 재조명됨에 따라 일반 수용자가 공익광고를 만드는 과정에 참여할 수 있는 기회 역시 증대되고 있으며, 영상 표현 기술이 발전함에 따라 기호를 표현함에 있어서 기

4) KOBACO 한국방송광고 진흥: https://www.kobaco.co.kr/businessintro/about/about_view.asp, 검색일 2015..02.12.

5) 조용석, 황장선, 「공익광고의 주제 유형별 효과: 이슈 유형(사회적 - 개인적)에따른 메시지 및 수용자 변인의 영향」, 「한국광고홍보학보」, 9(4), 2007, pp. 71-104.

6) 이병관, 윤태웅, 「공익광고의 프레이밍 효과에 관한 연구: 메타분석」. 「한국광고홍보학보」, 14(2), 2012. pp. 33-60.

존의 공익광고와는 다른 성격의 다양한 상상력이 표출되고 있다. 이와 같이 공익광고의 위상과 제작환경의 변화는 1980년대의 공익광고처럼 직설적 화법으로 수용자에게 제언하는 형태를 벗어나 공익광고를 구성하는 기호가 내포하는 실질적인 의미를 더욱 심층적인 차원으로 사라지게 만드는 기회를 제공하였다[7]는 것이 일반적인 견해다.

물론 '선진조국 창조', '문화 창달', '저축 장려' 등과 같이 다소 막연하고 광범위한 내용과 물가안정, 간첩신고, 88올림픽을 겨냥한 거리청결, 질서유지, 청소년 탈선, 헌혈, 에너지 절약이 주를 이뤘던 설명적이고 계도적인 80년대에 비해 90년대 들어오면서부터 내용과 소재가 구체적이고 다양해진 것은 사실이며, 감성을 파고들면서 설득의 모양새를 갖추게 됐으나 자전거 타기, 독서 장려, 쓰레기 줄이기' 가정폭력, 청소년 탈선, 대화단절, 이웃간 배려 등 도덕성과 습관 등 생활 속의 구체적인 실천사상들을 권고 계도하고 있는 점은 다를 바가 없다. 광고의 역사를 보기 쉽게 기사화한 김우성은 "공익광고는 차원을 높

---

7) 송기인. 안주아, 「사회적 마케팅의 공익성 광고크리에이티브분석*- 공익성 정부광고와 공익광고를 중심으로」, 『광고연구』 제70호, 한국방송광고진흥공사, 2006. pp. 147-174.
이병관, 윤태웅, 「공익광고의 프레이밍 효과에 관한 연구: 메타분석」. 『한국광고홍보학보』 14(2), 2012. pp. 33-60.
이수범·심은정, 「공익광고에 나타난 의미구조와 이데올로기에 대한 연구」, 『광고연구』 Vol.- No.85, 한국광고 홍보학회, 2010, pp. 291-326.
조용석, 황장선, 「공익광고의 주제 유형별 효과: 이슈 유형(사회적 - 개인적)에따른 메시지 및 수용자 변인의 영향」, 『한국광고홍보학보』 9(4), 2007, pp. 71-104.
윤성옥. 「지상파방송 규제에 관한 비판적 고찰: 방송법상 공적 책무와 재원 관련 규정을 중심으로」, 『언론과 법』제10권 제1호, 한국언론법학회, 2011, pp. 29-62.
최선욱, 「공공정책의 대 국민 설득커뮤니케이션 전략과 효과에 관한 연구 -이명박 정부의 4대강 사업 분석을 중심으로-」, 『협상연구』16권 1호, 국협상학회, 2013. pp. 67-100.

여 인류가 직면하고 있는 각종 사회문제에 대해 '광고'라는 가장 현대적이고 설득력이 뛰어난 수단을 통해 해결하고자 하는 시도로 자리매김 하였다. 바로 여기에 공익광고의 가장 큰 의의가 있다고 할 수 있다."[8]로 자신의 기사를 마무리하고 있는데 그의 주장처럼 공익광고에 순기능만 있지 않다.

물론 공익광고가 지금까지 여러 나라에서 사회문제 해결을 위해 많은 기여한 것은 사실이나 반면 주제나 소재 선택의 한계, 과학적 접근의 부족, 국제적 연대를 위한 장치 부재 등의 한계도 노출했다. 공익광고도 광고목표 수행을 위한 커뮤니케이션 활동이고, 일반 시민에게 이해와 협력을 호소하여 설득한다는 점에서는 기업의 광고전략과 근본적인 차이가 없다. 특히 공익광고는 국가의 안정과 직결된 것이 많은 만큼 기호화 되면서 '사실'과 '진실'이 거세되는 결과도 초래하였다.

광고의 신화 개념의 기틀을 제공한 바르트(Barthe)는 소쉬르(Saussure)의 의미작용(signification) 개념을 확대하여 한 문화 속에서 기호들의 의미를 창출하는 방법에 적용함으로써 기호가 한 문화 내에서 해석되는 기제를 밝히고자 하였다. 기호는 외연적 의미(denotation)와 내연적 의미(connotation)로 작용하는데 첫 번째 의미작용의 단계인 외연적 의미는 상식적이고 명백한 의미로 작용하여 그 의미가 표면상에서 쉽게 이해된다. 두 번째 의미작용인 내연적 의미의 단계에서는 기호와 문화적 가치의 결합이 이루어진다. 기호는 사용자와 사용자가 속해 있는 문화 내의 사회·정서적 가치와 결합하여 새로운 의미를 만들어내는 것이다. 과정에서 나타나는 기표는 내연적 의미이며, 기의는 신화로 규정한다. 신화는 문화적으로 어떤 것을 생각하고 이해하는 방법이나 개념 즉, 문화적 의미를 말한다.[9] 또한 그는

8) 김우성, 위의 기사.
9) 이수범·심은정, 「공익광고에 나타난 의미구조와 이데올로기에 대한 연구」,

『현대의 신화』에서 그는 광고를 우익신화로 규정하고 신화학자처럼 사람들이 광고 속의 알리바이를 읽어낼 수 있어야한다고 주장한다. 그의 이러한 주장은 공익광고가 정보를 '전달'하고, 문제를 '보도'하는 뉴스와는 달리 그 실체를 포장하거나 미화해 보여주는 '조작' 또는 '구성'된 현실이기 때문이며, 공익광고에 제시되는 사회적 가치는 현재에 실재하지 않는 환상 또는 미래를 수용자에게 제시하는 데서 기인한다. 따라서 공익광고는 실현되어야할 가치를 기호화하여 전달한다는 점에서 공익을 결정하는 주체에 의해 주체의 사고 방식이나 가치관 또는 이데올로기가 개입될 여지를 제공한다. 특히 공익의 대상 주체와 결정의 주체가 수직적이고 지시적일 때, 다시 말해 공익이 국가 이익을 위해 국민들을 호명하는 형태[10]로 존재하거나 결정 주체에 의해 사실의 본질이 왜곡될 때 공익광고는 그야말로 공익이 아닌 국가 선전 도구로 전락하게 된다.

이명박 정부에 들어오면서 그나마 창의적이고 다양화 되었던 공익광고가 프로파간다를 목적으로 하는 일방향적 메시지를 담은 광고로 강화되는 모습을 보이는데 이것은 119절주운동과 생태계 파괴와 국고 낭비로 끝맺음한 녹색성장과 더불어 이명박 정부의 주력 사업이었던 4대강 사업 홍보 광고에서 강요의 강화를 찾을 수 있다. 전파매체에서 쉽게 접할 수 있는 공공캠페인의 내용을 살펴보면 사실상 피드백이 필요 없는 국민의 건강증진을 위한 금연캠페인과 국민의 생명을 위협하는 음주운전 금지 캠페인이 대부분이다. 이처럼 캠페인의 목적이 수용자에 대한 태도변화를 이끌어내는 것이라는 점에 주목한다면, 캠페인 형식의 설득메시지 전달은 국민의 이해와 동의를 구하기 위해 국민의 목소리에 귀 기울이는 것이 아닌 국민의 태도를 정부의

『광고연구』 Vol.- No.85, 한국광고 홍보학회, 2010, pp. 294-295.
10) 이수범·심은정, 위의 논문 p. 298.

입장대로 바꾸려는 의도가 더 부각될 수 있다. 그것을 적나라하게 보여주는 광고가 '119 술자리'이다.[11)]

119 술자리 (2009, 보건복지부)

(자막) 똑똑한 119 술자리 노하우

직원: 자 오늘도 폭탄가자구요

(나레이션) 폭탄주 좋아하다 진짜 폭탄될지 몰라요.

(나레이션과 자막) 1 섞지 말고 한 가지 술만!

부장: 우리 이차 가야지, 이차 이차

(나레이션) 이차는 필수코스가 아니죠.

(나레이션과 자막) 질질 끌지말고 1차만!

부장: 자 오늘도 한번 달려볼까

직원1: 예 부장님

직원2(빈잔을 내려 놓으면) 부장님 오늘은 여기까지 어떠세요

(나레이션) 밤새지 말고

(나레이션과 자막) 1가지 술로 1차만하고, 9시전에 끝내는 119 술자리

직원들: 아 아홉시다 (모두들 급하게 일어선다)

이 광고는 1970년대 새마을 운동을 연상시키는 광고로 '절주' 보다는 시민들의 놀이문화의 하나인 음주생활까지도 간섭·강제하겠다는 의미로 받아들여져 거부감을 불러일으킨다. '119 절주운동(1가지 술로, 1차만 하고, 9시 전에 끝내는 술자리)'을 선전하는 이 광고는 술로

---

11) 최선욱, 「공공정책의 대 국민 설득커뮤니케이션 전략과 효과에 관한 연구 -이명박 정부의 4대강 사업 분석을 중심으로-」, 『협상연구』16권 1호, 한국협상학회, 2013. pp. 71-72.

인해 유발될 수 있는 알코올성 정신병, 심근병증, 간질환, 식도암 등의 발병률을 줄이기 위한 일환이라고 보건복지부는 설명하고 있는데 숫자적 지시를 통해 음주문화의 방식은 물론 시간까지도 통제하려 한다는 점에서 일방향적이고, 계도적이다. 이 광고는 '절주'의 내용에는 일정정도 공감을 하지만 계도적·지시적 태도가 강요로 다가오기 때문에 저항감을 불러일으킨다.

해양부의 홍보부서에서 4대강 홍보비용으로 3년간 1백억 원이 넘는 비용을 사용했으나, 한국언론진흥 재단이 2011년 10월 홍보효과를 분석한 결과에 따르면 국민의 대다수가 4대강 홍보프로그램에 대해 모르거나 부정적인 시각을 가지고 있는 것으로 나타나 정부가 정책홍보에 사용한 예산에 비해 효과를 보지 못한[12] 광고를 살펴보면 다음과 같다.

대신할 수 없는 것 (2009, Kobaco 공익광고협의회)

(자막,내레이션)

쌀이 부족하다면,

---

12) 최선욱, 위의 논문, pp. 73-74. 최선욱은 이명박 정부의 가장 큰 공약사업의 하나였던 대운하 사업은 4대강 사업으로 변형돼 추진됐지만 2) 그 타당성을 검증하고 통상적으로 국민적 동의를 구하는 일이 필요하다는 사실을 간과했다고 지적하고 있다. 이명박 정부는 단일규모로는 최대사업인 4대강 살리기 사업에 대해 총 3년의 기간을 두고 홍보 전략을 수립하였는데 2008년 이명박 취임 당시 최대 국책 사업정책이었던 '한반도 대운하' 사업이 반대여론에 부딪히자 2009년 '4대강사업'으로 변경하여 국내의 각 매체별(신문, TV, 라디오, 온라인) 사업홍보를 전개하였다. 그가 2010년까지의 홍보 예산 집행을 분석해본 결과, 4대강 사업에 대한 주요전략 매체로써 전통 매스미디어매체에 대한 광고홍보가 주로 선택되었다고 한다. 전통 매스 미디어는 메시지 흐름이 다소 일방향적(one way)이라는 점을 감안하면, 이와 같은 분석결과는 그간 정부의 설득커뮤니케이션 전략에 있어 피드백을 받을 수 있는 매체에 대한 투자가 미비했다고 볼 수 있다는 것이 최선욱의 결론이다.

밀이 대신할 수 있습니다.

화력이 부족하다면,
풍력이 대신할 수 있습니다.

차에 기름이 부족하다면,
전기가 대신 할 수 있습니다.

물이 부족하다면?

물을 대신할 수 있는 건
물 밖에 없습니다.

위의 광고는 '대신할 수 없는 것'이라는 광고이다. 이 광고를 제작한 Kobaco는 기획의도를 '물부족 문제의 심각성을 다같이 공유하고 이를 해결하기 위함'이라고 밝히고 있다. 이 광고는 『2009 대한민국 공익 광고제』 공익광고 창작공모전에서 대상(대통령상)을수상한 작품으로 우리 실생활에 꼭 필요한 자원들의 대체재를 찾아보는 과정에서, 물을 대신할 수 있는 것은 없다는 메시지를 전달하고 있다. 이 광고는 카피에서 매 구(句)마다 '부족하다면~ 대신할 수 없습니다'라는 대구법을 통해 물을 중요성을 점층적으로 각인·환기 시키고 있다. 이 광고는문화체육관광부에서 에너지 정책홍보를 위해 만든 '녹색성장 선진 한국!' (2008)에 비하면 감성적이면서도 논리적이다. 그러나 이 광고가 단순한 물 절약 광고가 아니라는 점, 4대강 사업 홍보의 전초전에 나왔다는 사실이 국민들로부터 이 광고를 외면하게 했다.

이 광고 이후 정부는 노골적으로 4대강을 홍보하고, 4대강의 필요성을 감성적으로 전달하려고 노력한다. 그 예가 '4강 행복캠페인'과 '강은 돌아와야합니다'이다.

4강 행복캠페인(2009, 4대강살리기추진본부)

지팡이를 짚고 강가에 서있는 88세 박분석 할머니
(자막과 나레이션) 크고 작은 홍수를 겪었습니다
속타는 가뭄도 만났습니다
은어가 펄떡이는 강은
옛날이야기로만 전해들었습니다
더러워진 강을 보면 마음이 아픕니다

(강가에 서 있는 소년)
(자막과 나레이션) 크고 작은 홍수를 겪었습니다
속타는 가뭄도 만났습니다
은어가 펄떡이는 강은
옛날이야기로만 전해들었습니다
더러워진 강을 보면 마음이 아픕니다

(자막과 나레이션) 지금 살리지 않는다면,
이 이야기는 자손대대로 계속 이어집니다
(강가에 함께 서 있는 할머니와 소년의 실루엣)
(자막 좌측 상단: 행복4江 한강금강 낙동강 영산강/ 우측 하단: 4대강 살리기 추진본부)
(나레이션) 강이 행복해지면
우리가 더 행복해집니다.

이 광고의 주제는 강이 더럽다. 더러운 강 때문에 우리가 행복하지 않다는 것이다. 이 광고는 2009[13]~2010년[14] 자주 등장했던 한강 및 강의 수질오염 기사와 맞물려 있다. 이 광고는 할머니와 손자, 홍수와 가뭄, 옛날과 지금, 더러움과 죽음이라는 대비를 통해 감성을 자극하면서 깨끗함과 행복이라는 기호를 일반화하려하고 있다. 이 논리적이지 못한 광고를 뒷받침하여 논리적으로 설득하려한 정보가 한강과 팔당댐 수질 오염에 대한 기사와 보도들이다. 정부는 광고의 비논리성을 기사와, 보도를 통해 사실화하고 감성과 이성이라는 측면에서 4대강 사업의 당위성을 인식하기를 강요하고 있는 것이다.

강이 돌아와야 합니다 (2010년 국토해양부)

아이들의 웃음 소리가 돌아오려면
왜가리가 돌아오려면
물방개가 돌아와야 합니다.
물방개가 돌아오려면
송사리가 돌아와야 합니다.
송사리가 돌아오려면
물별이끼가 돌아와야 합니다.
물별이끼가 돌아오려면
강이 돌아와야 합니다.

---

13) 김현태, < 한강오염 현장대응 종합훈련>,《 연합뉴스》, 2009.10.28.
14) 서유정, <한강 수질 3년 연속 악화…환경부 '기후변화' 때문>,《뉴시스》, 2010.2.10.
임화섭, <팔당댐 등 한강 수질 3년 연속 악화>,《 연합뉴스》, 2010.2.10.
박은호, <수질 최악인데 팔당호 규제 더 풀어>,《조선일보》, 2010.2.11.

'강이 돌아와야 한다'는 이 광고는 '더럽다'는 표현을 사용하지 않음으로써 강의 오염에 대한 직접적인 표현은 하지 않지만 오염으로 생태계문제를 간접적으로 지적함으로써 4강 행복캠페인에 비해 감성은 물론 논리성 까지 확보하고 있다. 이 광고가 환경보호 캠페인이었다면 사람들에게 설득력 있게 다가갔을 것이다. 그러나 엄청난 비용을 소모해야하는 4대강 사업의 필요성을 단순한 강의 오염에 맞추고 있다는 점에서 국민들이 막대한 세금을 수질개선을 위해 낭비해야 한다는데 동의할 수 없는 광고이다. 이처럼 4대강 관련 광고들은 강의 오염을 인식시키기에 주력하고 있으며 감성을 자극하면서 강이 더럽다고 인정하기를 국민들에게 강요하고 있다.

3. 강요된 우리

공익광고에서 '우리'라는 단어가 자주 사용되고 있는데 '우리'라는 용어는 결속력을 심어주기도 하지만 일정적인 부분에서 의도하지 않았음에도 '우리'로 포괄되면서 '우리' 안에서 요구되는 의무 속에서 강요의 단어로 인식될 수도 있다.

1인칭 복수대명사 '우리'라는 말을 쓸 때는 일반적인 복수의 의미, 자신을 가리키는 단수적 '우리'나 혹은 주체 확대의 '우리', 친근감의 '우리'로 볼 수 있지만, 광고 언어에서는 그 광고의 효과를 좀 더 높이기 위해서 그런 의미를 표현 전략으로 쓸 수도 있다.[15] 이철우·이혁화, 「공익광고 언어의 표현 전략으로 본 '우리'의 의미」에서 공익광고 언어로 쓰인 '우리'가 텔레비전 방송을 통해 시청자들에게 어떤 영향을 미

15) 이철우·이혁화, 「공익광고 언어의 표현 전략으로 본 '우리'의 의미」, 『우리말글』 51, 2011, p. 118.

치기 위한 언어적 요소로 쓰인다고 볼 때 그 표현 전략을 찾아내기 위해서 의미를 다음과 같이 나누어 살피고 있다.

'우리'라는 표현 속에는 유대감이나 소속감 등의 여러 성격이 내포되어 있지만 그 정도의 차이에 따라 '우리'를 ① 유대 강조의 '우리'는 먼저 유대 강조의 '우리'는 '우리'라는 낱말이 '모두 함께 한다'는 의미로 쓰였을 때 가능한 것으로 본다. ② 지시 강조의 '우리'는 이때 '우리'는 모두 '나'의 '복수'라는 의미와는 사뭇 다르다. 이것은 어떤 복수의 의미도 아니며, 어떤 사람이 많이 모여 있는 무리를 가리키는 낱말도 아니다. 즉 집합의 의미를 강조하기보다는 시점이나 공간적인 위치를 강조하기 위해 사용하는 '우리'라고 봐야 한다. 하지만 이것은 단순히 자주 쓰이는 '이, 그, 저'를 사용했을 때보다는 훨씬 더 공공성을 갖기 위해 화자는 의도적으로 이러한 장치를 사용하는 것이다. 즉 '이 사회' 또는 '이 시대'라고 해도 될 것을 좀 더 공공의 목적을 갖고 접근하기 위해서 의도적으로 '이 사회', '이 시대' 대신에 '우리 사회', '우리 시대'라는 낱말을 사용하고 있다고 봐야 할 것이다. ③ 대표 강조의 '우리' 등으로 나누어 볼 수: 공익광고 언어에서 사용하는 상당수의 '우리'는 바로 이 대표 강조의 '우리'이다. 이는 '우리'라는 낱말 속에 갖고 있는 다양한 함축을 이용한기능인데 공익광고에서는 그 목적의 특성상 '국민', '한민족', '국가'라는 개념이 함축되어 있다. 따라서 이러한 공동체적인 특성을 살리는 것이 대표 강조의 '우리'인데 이것은 영어의 'we'가 대표 복수로서 쓰이는 예와 비슷하다고 할 수 있다. 즉 대표성을 갖고 있는 집단이 '우리' 라는 낱말 속에 살아있기 때문에 1인칭 복수의 인칭대명사와는 다른 범주의 '우리'라고 봐야 할 것이다. 이처럼 공익광고에서 사용하는 대표 강조의 '우리'는 그 속에 '민족' 혹은 '나라' 등 어떤 집단의 대표성을 함축하고 있다고 볼 수 있는데 이것은 공익

광고 언어에서 매우 많이 사용되고 있는 표현 전략이라 할 수 있다.[16)]

녹색성장 선진 한국! (2008, 문화체육관광부)

(나레이션) 대한민국에 녹색 바람이 붑니다,
(자막) 하늘
친환경 에너지로 앞서가겠습니다.

(나레이션) 우리가 만드는 것은 대한민국의 꿈입니다.
(자막) 땅
세계 4대 그린 카 강국도약
새로운 일자리가 늘어납니다

(나레이션) 우리가 찾는 것은 대한민국의 가능성입니다
(자막) 물
북극해 및 남극 연구개발
녹색기술 시장의 선도국이 되겠습니다.

(나레이션) 우리가 세우는 것은 대한민국의 미래입니다.
(자막) 불
그린홈 백만호 건설

(나레이션) 다가오는 60년
(자막) 에너지 독립국의 꿈을 실현하겠습니다.

---

16) 이철우 · 이혁화, 위의 논문, pp. 124-132.

(나레이션) 녹색성장으로 선진한국을 이룹니다

(자막) 녹색성장 선진 한국!

(나레이션) 위대한 국민 새로운 꿈

(자막) 대한민국

(나레이션) 대한민국

'녹색성장 선진한국!'은 '우리'를 ① 유대 강조, ② 지시 강조, ③ 대표 강조로 사용하고 있는 경우이다. 유대의 강조에서는 우리를 모두 함께하는 뜻의 강조로 '우리'라는 단어를 ' 모두'로 대체해도 무방하다.

'우리'는 주체를 어떤 하나의 주체로 모으기 위해 강조하는 성향 때문에 대체로 뒤에 '모두' 또는 '함께'라는 낱말이 같이 따라 붙는 경향이 있다. 여기서 사용되는 '우리'의 용법은 모든 주체를 묶으려는 성향이 있기 때문에 하나의 틀 안에 모으면 그 목적은 달성되기 때문에 굳이 '우리'라는 낱말을 쓰지 않아도 된다. 공익광고 언어에서 어떤 공동체를 하나의 개념적 틀로 모두 묶을 수 있는 표현을 하기 위해서는 복수의 의미가 들어 있는 '여러분', '우리' 등의 복수대명사에서 상황에 맞는 적절한 낱말을 선택해 그 유대성을 나타낸다. 따라서 유대 강조의 '우리'는 '하나로 묶는다'는 의미에서 '여러분'과 '우리'의 의미가 일맥상통하게 된다. 하지만 공익광고에서는 '여러분'이라는 용어를 써서 누군가를 호명하는 어감을 주기보다는 '우리'라는 낱말을 써서 좀 더 공익광고의 효과를 높이려고 하는 기능도 있다. 공익광고는 공공의 목적을 갖고 있고, 이 공공의 목적은 대중들을 의식했을 때 그 효과는 조금이라도 더 올라갈 수 있다. 그래서 일반 대중들을 하나의 무리, 같은 무리로 묶는데 여기에는 화자도 포함시키는 것이 설득력을 얻기에는 더 좋을 것이다. '여러분'이라고 해서 화자를 배제하는 것보다는 '우리'라고 하면서 '화자'를 포함한다면 같은 유대 관계 속에서 언어의 전달 내용은 한층 더 빠르게 공감대를 달성할 수 있으리라고 보는 것이다. 즉 이 공익광고를 듣는 일반 시청자들에게 '화자도 이메시지에 동조하면서 함께 하고자 하는 의지가 있다'는 것을 이 '우리'라는 용어를 통해서 보여줄 수 있는 것이다. '여러분'이라는 용어를 사용한다면 아무래도 청중들에 대한 연설조가 되기 싶고 대중들을 계몽하는 차원의 느낌이 강하기 때문이다.[17)]

또한 시점이나 공간적인 위치를 강조하기 위해 '우리'를 사용하고 있다. 우리는 '이 사회'나 '이 시대'로 대체해도 어색하지 않은 만큼 공공성을 강화하기 위해 이러한 장치를 사용한 것으로 보인다. 뿐만 아니라 '국민', '한민족', '국가'라는 개념이 함축되어 있다. 우리가 국민이며 대한민국임이 "위대한 국민 새로운 꿈 대한민국" 이라는 마지막 문장에서 드러나고 있어 대표강조로 쓰였음을 보여준다. 그런데 프로파간다적 성격이 강한 이 광고는 녹색성장과 대한민국이라는 단어의 나열 뿐 주제의식을 논리적으로 설명하지 못하고 있는 광고의 대표적인 예가 된다. 일례로 '세계 4대 그린 카 강국도약, 새로운 일자리가 늘어납니다'라는 내용과 함께 설계도를 보는 청년들의 모습이 그려지는데 그린 카와 일자리 창출의 연결은 논리적 비약이라 할 수 있다.

4강 행복캠페인(2009, 4대강살리기추진본부)

지팡이를 짚고 강가에 서있는 88세 박분석 할머니

(자막과 나레이션) 크고 작은 홍수를 겪었습니다

속타는 가뭄도 만났습니다

은어가 펄떡이는 강은

17) 이철우 · 이혁화, 위의 논문, pp. 127-128.

옛날이야기로만 전해들었습니다
더러워진 강을 보면 마음이 아픕니다

(강가에 서 있는 소년)
(자막과 나레이션) 크고 작은 홍수를 겪었습니다
속타는 가뭄도 만났습니다
은어가 펄떡이는 강은
옛날이야기로만 전해들었습니다
더러워진 강을 보면 마음이 아픕니다

(자막과 나레이션) 지금 살리지 않는다면,
이 이야기는 자손대대로 계속이어집니다
(강가에 함께 서 있는 할머니와 소년의 실루엣)
(자막 좌측 상단: 행복4江 한강금강 낙동강 영산강/ 우측 하단: 4대강살리기 추진본부)
(나레이션) 강이 행복해지면
우리가 더 행복해집니다.

'우리'는 '우리'가 갖고 있는 유대감과 대표성을 활용해서 공익광고의 공공 의식의 확장을 유도하고 있는데 위의 광고의 '우리'처럼 그것이 전체 메시지의 맨 마지막에 올때 그 효과는 훨씬 더 크게 작용할 수 있다고 한다. 이처럼 개개인을 우리로 기입하여 국민으로 묶으려는 시도를 통해 정부의 이름으로 대통령이라는 개인이 추진하는 사업을 '우리'를 통해 국가사업으로 이루고자하고 있는 것이다.

4. 애국심의 강요

'애국심은 무뢰한의 마지막 도피처'라는 말을 남겼다"면서 "애국심은 중요한 덕목이지만 강요한다고 생기는 것이 아니다. - 새뮤얼 존슨(Samuel Johnson)

애국심에 대한 강요가 극에 달했던 때는 박정희 정권 시절이었을 것이다. 초등학교에 들어가면 「국민교육헌장」을 외워야했으며, 전국민이 「국기에 대한 맹세」[18]를 외우고 국기 하강을 위한 애국가가 울려 퍼지면 하던 일을 멈추고 국기를 향해 경례를 해야 했다. 그런데 박정희 정권의 향수를 불러일으키는 사건이 2015년 3.1절을 앞두고 발생했다.

---

18) 1968년 충남도 교육위가 자발적으로 만들어 보급한 것이 시초다. 1972년 문교부가 이를 받아들여 전국의 각급 학교에서 시행하도록 하였고, 1980년 국무총리 지시로 국기에 대한 경례 시 '국기에 대한 맹세'를 병행 실시하도록 하였다. 이후 1984년 2월 '대한민국 국기에 관한 규정'(대통령령)으로 법제화되었다. 1996년에는 '대한민국 국기에 관한 규정'이 개정되어 국기 강하식 및 각종 행사에서 국기에 대한 경례 중 애국가를 연주할 경우 국기에 대한 맹세문 낭송을 생략하도록 하였다. 그리고 2007년 7월에는 '대한민국 국기법 시행령'의 제정·공포에 따라 행정자치부에서 시대의 변화상을 반영하여 새로운 국기에 대한 맹세문을 규정하였다.
「국기에 대한 맹세」는 세 번에 걸쳐 다음과 같이 변화한다.
- 나는 자랑스런 태극기 앞에 <u>조국의 통일과 번영을 위하여 정의와 진실로서</u> 충성을 다할 것을 다짐합니다.(1968년)
- 나는 자랑스런 태극기 앞에 <u>조국과 민족의 무궁한 영광을 위하여 몸과 마음을 바쳐</u> 충성을 다할 것을 굳게 다짐합니다.(1974년)
- 나는 자랑스러운 태극기 앞에 <u>자유롭고 정의로운 대한민국의 무궁한 영광을 위하여</u> 충성을 다할 것을 굳게 다짐합니다.(2007년) (밑줄 - 필자)

2007년 「국기에 대한 맹세」는 전체주의적 요소로 받아 들여질 수 있다는 지적과 다문화 국가로 가는 시대 흐름에 맞지 않다고 하여, 위의 밑줄 친 부분이 '자유롭고 정의로운 대한민국'으로 바뀌었다. 그러나 충성을 다한다는 문구를 살려둠으로써 전체주의적 요소를 완전하게 배제하지는 못하고 있다.

2015년 2월 26일부터 본격적으로 시작된 '태극기 달기 운동'이다.[19] 박근혜 정부에 들어서서는 애국심에 대한 강요가 다각도에서 진행되고 있다. 새누리당에서 애국 3법 법안[20]을 발의하면서 애국심 고취를 위해 함께 추진되고 있는 것이 태극기 게양식 및 하강식의 부활[21], 군인들[22]은 물론 경찰, 소방공무원 등의 제복[23]에 태극기 부착방안을 추진하고 있는 것이다. 군복에 태극기를 부착하면 군복무에 대한 자긍심이 생기는지 모르겠지만 흰색으로 태극기를 달아 일부러 적에서 노출시켜 전력을 약화시키겠다는 의도가 아니라면 군인의 군복에 국기를 부착 사업은 과한 애국심에서 야기된 시대착오적 발상이다. 이 시대착오적 발상에서 국가적 이익에 대한 관심은 보이지 않는다. 이에 발맞춰 3.1절 전후로 방영된 광고가 '나라사랑- 애국하는 시간' 이다. 이 광고는 애국심 강요의 궁극을 보여주고 있다.

---

19) 2월 27일부터는 아파트에서는 방송을 통해 국기를 달라고 독려하는 방송까지 내보내는 믿기지 않는 광경이 연출되기도 했다. 뿐만 아니라 공무원 자녀 태극기 인증샷에서 부터 관변단체와 청년회 등을 동원해 태극기 달기 운동을 벌인 곳도 상당수에 달했다.

20) 행사 중에 국민의례를 의무화하고 애국가와 무궁화를 국가와 국화로 명문화하는 것.

21) 최하얀, <정부, 국기 게양 '강제' 아닌 '권장'이라지만… ("국토부·교육부 난색에 '권장' 사업으로 변경"…야당 "애국심 강요")>,《프레시안》, 2015.2.24.

22) <앞으로 모든 군복에 태극기 부착한다>,《경향신문》, 2015. 3.26.

23) 조영달, <경찰-소방관 제복에도 태극기 부착 추진>,《동아일보》, 2015.3.28.

나라사랑 - 애국하는 시간 (Kobaco 공익광고협의회 2012)

나는 대한민국을 사랑합니다
(1년에 하루만)
나는 대한민국을 사랑합니다
(90분만)
나는 대한민국을 사랑합니다
(1분만)
당신의 나라사랑은 어떻습니까?

한국 방송 광고 진흥 공사(KOBACO)는 이 광고를 국민들의 자긍심을 높이고 올바른 시민의식을 함양하며 나라사랑을 실천해 나아갈 수 있도록 하고자 제작하였다고 밝히고 있지만 이 광고는 한국 방송 광고 진흥 공사(KOBACO)의 광고 중 가장 실패한 광고로 공익광고의 목표를 달성하지 못했다.

'나라사랑 - 애국하는 시간'은 아파트에 걸린 태극기, 태극기로 바디페인팅하고 태극기를 흔드는 붉은 악마의 축구응원, 축구경기가 끝난 후 버려진 태극기, 현충원에서의 묵념을 통해 애국심을 시간화하면서 당신은 애국심이 있냐고 묻고 있다. 받아들이는 사람에 따라 불쾌감을 느낄 수 있는 광고이다. 왜냐하면 이 광고는 국민들이 애국심이 없다는 전제하에서 만들었기 때문이다. 이 광고는 1년에 하루 다는 태극기, 축구 경기나 올림픽 등의 스포츠를 보면서 나라를 응원하는 행위, 선조나 애국지사의 묘 앞에서의 묵념 시간을 언급하면서 국민들의 애국심이 이토록 얕다며 조롱하고 있다. 따라서 애국하고 있다고 생각하는 사람들이 봤을 때 이 광고는 상당히 불쾌하게 다가올 수 있다. 365일 나라를 사랑하고, 국가를 생각하고, 선조의 영을 기리지 않으면 애국자가 아니라는 이러한 논리는 국민들에게 자괴감과 불쾌감만을 선사한다. 국민을 믿지 않는 정부의 시선이 광고에 그대로 노출되어 있기 때문이다.

이처럼 공익광고가 어느 사이엔가 강요수단으로 변질되고 있다. 실패할 것이 분명한 정책에 대한 동의를 강요하고, 애국심을 강요한다. 이와 같은 공익광고가 지니는 한계와 부정적 기능 때문에 공익광고의 규제에 대한 논의도 심심치 않게 벌어지고 있다. 공익광고는 현행 방송법령은 방송사업자로 하여금 '비상업적 공익광고'를 일정 비율이상 의무적으로 편성하도록 규정[24)]하고 있다.

> 공익광고는 정당법에 의해 정당의 일상적인 활동의 자유가 보장되고 있음에도 불구하고 정당은 특정 정책 이슈에 대한 의견을 방송광고의 형태로 알리는데 제한을 받는다. 유료 지불이더라도 마찬가지다. '4대강사업'이나 '한미FTA' 같은 특정 이슈와 관련해 비영리기관들이 제작해서 방송하려고 했던 방송광고물들이 불방된 사례에 비춰볼 때 '비상업적 공익광고'의 편성은 정부와 지자체 등의 정책적 주장을 일방적으로 방송하는데 악용됨으로써 의견의 다양성 훼손은 물론 방송의 공공성과 공정성을 침해할 가능성이 매우 높다. 현행 '공직선거

24) 방송법 제73조 제4항에 의하면 방송사업자는 공공의 이익을 증진시킬 목적으로 제작된 비상업적 공익광고를 편성해야 한다. 방송법] 제73조(방송광고 등) ④ 방송사업자 및 전광판방송사업자는 공공의 이익을 증진시킬 목적으로 제작된 비상업적 공익광고를 대통령령이 정하는 비율 이상 편성하여야 한다. ⑤ 지상파방송사업자는 한국방송광고공사 또는 대통령령이 정하는 방송광고판매대행사가 위탁하는 방송광고물 이외에는 방송광고를 할 수 없다. 다만, 대통령령이 정하는 방송광고에 대하여는 그러하지 아니하다. [방송법시행령] 제59조(방송광고) ⑥ 법 제73조제5항 단서에서 "대통령령이 정하는 방송광고"라 함은 다음 각 호의 방송광고물을 말한다. <개정 2007.8.7., 2008.2.29> 1. 국가 또는 지방자치단체의 방송광고물 2. 지상파방송사업자의 자체 행사 또는 그 사업을 소개하는 방송광고물. 이승선·홍은희,「비상업적 공익광고' 의무제공 규제의 타당성 연구」,『사회과학연구』, Vol.23 No.2, 충남대학교 사회과학연구소, 2012, p. 120.

법'[25]이 선거시기의 정당방송광고에 대해 대가를 보장해 줌으로써 국민의 알권리, 정당의 알릴권리, 그리고 방송사업자의 재산권 행사간의 조화를 도모하고 있다는 점에서 '비상업적 공익광고'의 무료 의무편성 규정은 재산권 침해라는 논란을 증폭시킨다.[26]

위의 인용은 공익광고를 정부와 기관이 독점함으로써 나타나는 폐해와 한계에 대해 지적하고 있다. 더 나아가 위의 글은 '4대강 사업'이나 '한미 FTA' 같은 특정 이슈와 관련하여 비영리기관들의 참여의 불발을 지적하면서 공익광고의 무료의무 편성이 특정 이슈에 있어서는 정부가 마음대로 사실을 왜곡·악용할 수 있는 길을 열어주고 있다고 비판하고 있다. 위의 글은 공익광고에 대한 감독·감시는 물론 제작에 있어 시민들의 참여의 필요성을 보여준다. 시민들의 참여는 비영리기관들의 공익광고 참여를 활성화 시키고 이슈에 대한 주제의 다양화는 물론 창의적이 광고 제작의 밑거름이 될 것이다.

애국심은 강요된다고 생기는 것도 아니고 지금은 근대가 아닌 현대이며, 전체주의가 아닌 민주주의 사회이다. 기득권의 이익이 아닌 집단에게 이익이 되는 정책을 홍보하는 공익광고일 때 국민들은 애국심 또는 동의를 강요받는다는 생각을 하지 않을 것이다.

비록 정부라 할지라도 정부의 의지나 방식을 국민에게 강요해서는 안 된다. 지금 현 정부가 벌이고 있는 애국 마케팅은 애국심의 맹목적인 강요 이상은 아니다. 시대착오적인 애국심의 강요는 국민들에게 사

25) [공직선거법] 제70조(방송광고) ⑧ 제1항의 규정에 의한 방송광고를 행하는 방송시설을 경영·관리하는 자는 그 광고비용을 산정함에 있어 선거기간 중 같은 방송시간대에 광고하는 상업·문화 기타 각종 광고의 요금 중 최저요금을 초과하여 후보자에게 청구하거나 받을 수 없다. <신설 1998.4.30.>, 이승선·홍은희, 위의 논문, p. 121.

26) 이승선·홍은희, 위의 논문, p. 121.

회에 대한 이해의 결핍과 피로감만 가중시킬 뿐이다. 그럼에도 국가적 강요의 서사는 아직까지는 현재진행이다. 이를 멈출 수 있는 것은 국민이다. 강요 받지 않은 삶, 정보 또한 선택할 수 있는 권리 또한 국민에 있다.

참고문헌

1. 기초자료

공익광고 『119 술자리』, 보건복지부, 2009.

공익광고, 『대신할 수 없는 것』, Kobaco 공익광고협의회, 2009.

공익광고, 『4강 행복캠페인』, 4대강 살리기 추진본부, 2009.

공익광고, 『강이 돌아와야 합니다』, 국토해양부, 2010.

공익광고, 『나라사랑 - 애국하는 시간』, Kobaco 공익광고협의회, 2015.

<앞으로 모든 군복에 태극기 부착한다>, 《경향신문》, 2015. 3.26.

김우성, 「한눈에 읽는 '공익광고' 변천사 시대 따라 모습 달리 한 전 국민의 호감광고」, 『인터뷰 365』, 2008.03.22. http://interview365.mk.co.kr/news/823

김현태, <한강오염 현장대응 종합훈련>, 《연합뉴스》, 2009.10.28.

박은호, <수질 최악인데 팔당호 규제 더 풀어>, 《조선일보》, 2010.2.11.

서유정, <한강 수질 3년 연속 악화…환경부 '기후변화' 때문>, 《뉴시스》, 2010.2.10.

임화섭, <팔당댐 등 한강 수질 3년 연속 악화>, 《연합뉴스》, 2010.2.10.

조영달, <경찰 - 소방관 제복에도 태극기 부착 추진>, 《동아일보》, 2015.3.28.

최하얀, <정부, 국기 게양 '강제' 아닌 '권장'이라지만… ("국토부·교육부 난색에 '권장' 사업으로 변경"…야당 "애국심 강요")> , 《프레시안》, 2015.2.24.

2. 단행본 및 논문

페이슬리(Paisley). 한정호. 이현우 역, 『공익캠페인』, 나남, 1999.

송기인 · 안주아, 「사회적 마케팅의 공익성 광고크리에이티브분석 - 공익성 정부광고와 공익광고를 중심으로」, 『광고연구』, 제70호, 한국방송광고진흥공사, 2006. pp.147-174.

이병관 · 윤태웅, 「공익광고의 프레이밍 효과에 관한 연구: 메타분석」. 『한국광고홍보학보』, 14(2), 2012. pp. 33-60.

이수범 · 심은정, 「공익광고에 나타난 의미구조와 이데올로기에 대한 연구」, 『광고연구』, Vol.- No.85, 한국광고 홍보학회, 2010, pp. 291-326.

이승선 · 홍은희, 「비상업적 공익광고' 의무제공 규제의 타당성 연구」, 『사회과학연구』, Vol.23 No.2, 충남대학교 사회과학연구소, 2012, pp. 115-138.

이철우 · 이혁화, 「공익광고 언어의 표현 전략으로 본 '우리'의 의미」, 『우리말글』 51, 2011, pp. 117-143.

윤성옥, 「지상파방송 규제에 관한 비판적 고찰: 방송법상 공적 책무와 재원 관련 규정을 중심으로」, 『언론과 법』 제10권 제1호, 한국언론법학회, 2011, pp.29-62.

조용석 · 황장선, 「공익광고의 주제 유형별 효과: 이슈 유형(사회적 - 개인적)에 따른 메시지 및 수용자 변인의 영향」, 『한국광고홍보학보』, 9(4), 2007, pp. 71-104.

최선욱, 「공공정책의 대 국민 설득커뮤니케이션 전략과 효과에 관한 연구 -이명박 정부의 4대강 사업 분석을 중심으로-」, 『협상연구』 16권 1호, 한국협상학회, 2013. pp.67-100

롤랑 바르트, 이화여자대학교 기호학 연구소 역, 『현대의 신화』, 동문선, 1997.

3. 기타

KOBACO 한국방송광고 진흥: https://www.kobaco.co.kr/businessintro/about/about_view.asp, 검색일 2015..02.12.

위키백과: http://ko.wikipedia.org/wiki/%EC%9E%8A%ED%9E%90_%EA%B6%8C%EB%A6%AC 검색일 2015.03.12.

국립국어원 표준국어대사전: http://stdweb2.korean.go.kr/search/List_dic.jsp, 검색일 2015. 03.09.

VII 진경(眞景)시대 자화상의 자기서사 비교

7

진경(眞景)시대 자화상의 자기서사 비교*

엄 소 연

1. 들어가며

"모두들 여기 생긴 그대로의 자연스럽고 평범하고 꾸밈없는 나를 보아 주기 바란다. 왜냐하면 **내가 묘사하는 것은 나 자신**이기 때문이다. 내 결점들이 여기에 있는 그대로 나온다."[1]

윗글은 몽테뉴(Michel de Montaigne, 1533-1592)의 『수상록(Les Essais)』서문의 한 부분이다. 그는 '나는 누구인가'를 자문하며 16세기의 르네상스를 사는 자신과 세상을 관찰했다. 이러한 증언을 통해 '중세의 인간'이 아닌 '정신적 인간'이 발견된 것이다. '내가 묘사하는 나

---

* 이 글은 졸고, 「김홍도 자화상의 자기서사(self-narrative) 방식」, 『예술과 미디어』 Vol.13, No.3(2014.8.)의 후속연구임을 밝혀둔다.

1) 몽테뉴/손우성 옮김, 『몽테뉴 나는 무엇을 아는가』, 동서문화사, 2005, p.35.

자신'을 스스로 그린 것이 자화상(self-portrait)이다. '자기가 인식한 자아'를 시각언어(visual language)로 서술한 일련의 자기인식 과정의 행위 및 재현이라는 점에서, 자화상은 '자기재현(self-representation)'의 이미지텔링(image telling)을 통한 '자기서사(self-narrative)'라 할 수 있다.

현존하는 조선시대의 자화상이 조선후기[2] 특히, '조선의 르네상스'라고 불리는 '진경(眞景)시대'[3]의 것이라는 사실을 우연으로 볼 수 없다. 이 시기의 자화상은 크게 초상화형식과 인물화형식으로 구분되지만, 남겨진 자화상은 그리 많지 않다. 이러한 특수성을 전제로 이 글은 다음과 같은 사항들을 고려하며 논의될 것이다. 자화상을 그린 화사(畵師)가 갖는 당시의 정치사회적·예술문화적 위치 및 관계는 어떠했는지, 무슨 계기와 예술정신에서 자화상을 그렸는지, 이를 통해서 자신을 어떻게 인식해 표명했는지 등이다.

무엇보다 진경시대 자화상의 자기서사를 규명하기위해, 서사자(敍事者)인 작가의 행위와 이야기를 추적해 볼만한 인물화형식 자화상인 겸재(謙齋) 정선(鄭敾)의 <독서여가도(讀書餘暇圖)>와 단원(檀園) 김홍도(金弘道)의 <포의풍류도(布衣風流圖)>에 나타난 자기재현을 중심으로 이들의 이미지텔링을 비교해 볼 것이다. 궁극적으로는 그것이 우리에게 주는 의미와 가치가 무엇인지 살펴보고자 한다.

---

2) 이 글에서는 역사학과 미술사학의 시대구분을 참조해 17세기부터 19세기까지로 한다.

3) 최완수가 제창한 문화사적 시대구분 명칭으로, 숙종(1675-1720 재위)부터 정조(1777-1800 재위)까지 125여년간 문화의 르네상스시기를 칭한다.

2. 초상화형식 자화상

조선시대의 자화상은 인물화인 "초상화에 있어서 그리는 화사(畵師)와 그려지는 대상 인물이 동일인인 경우"[4]를 말한다. 여기서 '화사'는 그림을 '업(業)'으로 한 전문 화공(畵工)과 그림을 '여기(餘技)'로 삼은 문인사대부화가를 포괄한다. 이처럼 '화사'는 신분제도에 예속된 정치적·사회적·문화적 맥락에 놓여있다. 따라서 '선비정신의 표출'을 지향하는 문인사대부화가가 자화상의 주체가 될 여지가 다분하며, 주로 이들이 자화상을 그렸음이 이를 예증한다.[5] 단, 전문 화공의 기법에 버금가는 고도의 화격(畵格)과 기량을 갖췄을 때 말이다.

원래 초상화는 그 기본화법인 '전신사조(傳神寫照)'[6]를 따른다. '터럭 한 오라기가 달라도 남이다(一毫不似 便是他人)'[7]라 했을 만큼 대상을 동일하게 그려야 한다. 그러나 이것은 단순한 사실성이 아니다. 오히려 그 대상[外面] 속에 숨겨진 불가시(不可視)의 '신(神; 인품, 학덕, 수양, 기질 등 정신적 내면 즉, 본질)'을 온전히 가시화[照]하기 위해 불가결하다. 즉, 사조(寫照)는 작가가 관조한 대상의 형상을 묘사함이며 전신(傳神)은 그 대상 속에 숨겨져 있는 신 즉, 정신을 그려내

---

4) 조선미, 『韓國肖像畵 硏究』, 열화당, 1983, p.328. 원래 화사는 '그림을 그리는 일을 '업(業)'으로 하는 사람으로 화공(畵工), 화수(畵手)와 같은 뜻'이나, 조선미는 자화상을 그린 문인사대부층을 포괄해 사용하고 있다.

5) 조선시대 자화상의 기록으로는 <김시습상(金時習像)>(『매월당집(梅月堂集)』), 허의(許懿, 1601-?), 김창업(金昌業, 1658-1721), 임희수(任希壽, 1733-1750), 허련(許鍊, 1808-1893) 등이 있다. 이원복, 『한국美의 재발견 6, 회화』, 솔, 2005, pp.69-70.

6) 동진(東晋)때 화가 고개지(顧愷之)가 『畵雲臺山記』, 『論畵人物』에서 처음 사용한 개념이다; "정신을 그리는 것은 눈동자에 있다(傳神寫照 正在阿堵中)".

7) 『肅宗實錄』 제19권 : "사람이 부모의 초상화를 그림에 있어서 터럭 하나라도 닮지 않으면 부모가 아니다".

는 것이다.[8] 현재 전존하는 공재(恭齋) 윤두서(尹斗緖, 1668-1715)[그림 1], 운곡(雲谷) 이광좌(李光佐, 1674-1740)[그림 2], 표암(豹菴) 강세황(姜世晃, 1713-1791)[그림 3] 등의 초상화형식 자화상 역시 '전신사조'를 준수하고 있다.

[그림 1] 윤두서 자화상 (국보 제240호) 지본담채, 18세기 초반, 38.5×20.5㎝, 해남 윤씨 종가 소장

[그림 2] 이광좌 초상 (출처: 조선총독부편, 『조선사료집해설』)

[그림 3] 강세황 70세 자화상 (보물 제590-1호) 견본담채, 1782년, 88.7x51cm, 진주 강씨 백각공파 종친회 기탁 (국립중앙박물관 보관)

공재는 대상을 면밀히 주시해 그 진형(眞形)을 파악하고서야 붓을 들었고,[9] 운곡은 자신의 자화상에 대해 "콧마루가 약간 닮았을 뿐 눈

8) '전신사조'란 형상을 통하여 정신을 전해나는 것을 의미한다고 할 수 있다. 그러나 神은 불가시적인 것이며 照는 가시적인 것이므로, 神은 반드시 照를 통하지 아니하고는 나타낼 수 없다(…)寫照란 傳神을 위한 것이므로 초상화에서는 이 神이 전달되었느냐에 따라 寫照의 가치가 결정된다. 조선미, 앞의 책, p.425.

9) 『東國文獻錄』. 윤두서의 친구 이하곤(李夏坤, 1677-1724)은 윤두서의 자화상을 보고 지은 찬시에서 '육척도 안 되는 몸으로 사해를 초월하려는 뜻이 있네/긴 수염 나부끼는 얼굴은 기름지고 붉으니/바라보는 자는 도사나 검객이 아닌가 의심하지만/저 진실로 자신을 양보하는 기품은 무릇 돈독한 군자로서 부끄러움이 없구나' 라고 공재의 모습과 풍격을 평했다.

도 전혀 닮지 않았고, 입술에는 반가운 기색이 없으며, 흰 눈동자에는 묘리가 없고, 검은 눈동자에는 정기가 없다."고 자평(自評)했다. 또한 표암은 "내가 일찍 직접 초상화를 그렸는데, 다만 그 정신만을 잡아서 그린 것이라, 속된 화공들이 그저 모습으로 묘사하는 것과는 현저하게 달랐다."[10]며 자신의 자화상에 대한 자신감을 여실히 드러냈다.[11]

그런데 [그림 3]에서 눈에 띄는 점은 '관직'을 표상하는 오사모(烏紗帽)에 관복이 아닌 평복을 입은 부조화이다. 그 이유는 다음의 화제(畵題)에서 찾을 수 있다.

> "저 사람이 누구인고? 수염과 눈썹이 새하얀데, 머리에는 사모를 쓰고 몸에는 평복을 입었으니, 이로써 마음은 산림에 즉, 시골에 가 있으되 이름은 조정의 벼슬아치가 되어 있는 것을 알겠도다. 가슴에 이유(二酉; 수많은 책)를 감추고 붓으로 오악(五嶽)을 흔들었네. 사람들이 어찌 알리오, 나 홀로 즐거움을 위함이다. 늙은이 나이는 칠십이고 늙은이 호(號)는 노죽(露竹)이다. 그 진(眞; 초상화)은 스스로 그렸고, 그 찬(贊)도 스스로 지었다. 때는 임인년(壬寅年, 1782)이다."[12]

'초상화를 그리라'는 정조의 전교(傳敎)를 받든 그림으로서 초상화의 양식적 엄숙주의[13]를 준수하지 않고 패러디했다는 것은 보통 일

10) 『豹菴自誌』
11) 표암의 초상화는 모두 10점이나 전존하고 있다. 다른 화가가 그린 초상화 6점과 임희수(任希壽, 1733-1759)의 《肖像帖》에 속한 것(견본채색, 직경 15㎝, 국립중앙박물관 소장), 유지본(지본담채, 28.6×19.8㎝, 개인소장), <자화소조(自畵小照)〉등 4점이다.
12) 오주석, 『오주석의 한국의 美 특강』, 솔, 2003, p.215.
13) 16세기부터 서원이 설치되면서 학덕과 인품이 뛰어난 인물의 초상화가 서원봉안용으로 제작됐다. 그 양식은 검정색 복건(幅巾)과 학창의(鶴氅衣;

이 아니다. 사실 표암은 18세기 조선의 지배세력인 서인(西人) - 노론계(老論系)[14]의 피해자였다. 북인(北人)의 후예이던 표암은 큰 형과 장인이 역모에 휘말리면서 몰락해 처갓집이 있는 안산으로 옮겨가야 했고, 처갓집의 경제적 도움 속에 시·서·화에 몰두하며 예원(藝苑)의 총수(總帥)로 자리매김했다. 이후 영조의 부름으로 환갑이 돼서야 벼슬길에 나갈 수 있었다. 이처럼 표암은 정치적 이유로 자신의 역량과 상관없이 거의 평생을 재야에 묻혀 지내다 말년에야 관직에 오르는 부조리를 겪었다. 하지만, 그간의 고뇌와 고초는 예술행위를 통해 문인의 자부심을 넘어 '자화자찬(自畵自讚)'으로 승화됐다. 자신을 '늙은 이'라는 제3자로 설정해 관찰자시점에서 서술했다는 것은, 자신에 대한 객관화가 이뤄졌음을 뜻한다. 비록 왕명에 대한 도리로 오사모는 썼지만, 이미 일상에서 '독락(獨樂)'을 즐기는 경지에 이르렀다는 강한 자아의식을 '평복'을 통해 표출하고 있다. 공재와 운곡의 자화상도 기존의 사대부상을 변형한 탕건(宕巾)과 도포의 평상복 차림이다. 표암처럼 이들 역시 17세기 중반이후 만연한 붕당(朋黨)정치의 여파로 고초를 겪은 '비주류'였다.[15]

중국 송나라에서 전래된 것으로 덕망 높은 도사나 학자가 입는 옷)이다. 한편, 조선후기에 제사가 일반화되면서 심의(深衣) 사대부상이 사당봉안용으로 그려졌다.

14) 조선후에 서인과 남인의 당화(黨禍)는 갑술환국(甲戌換局, 숙종20년, 1694)에 의해 서인(노론/소론)의 집권으로 정리됐다. 이후 노론은 영조 38년(1762) 장헌세자(莊獻世子: 思悼世子)의 폐위와 사사(死事)로 벽파(僻派)와 시파(時派)로 갈라졌다. 소론(少論)은 시파에 속했는데, 시파는 장헌세자의 불행한 죽음에 동정하는 당파이며 벽파는 세자의 죽음을 당연한 처사라고 주장하는 당파이다. 이들의 대립은 날이 갈수록 치열해졌으며, 영조 말에는 벽파가 우세했으나 정조 때에는 시파가 득세했다.

15) 공재는 남인(南人)가문으로 20세에 진사시(進士試)에 합격했으나, 숙종 때 남인과 서인(西人)의 극심한 당쟁의 폐해를 겪고 출사(出仕)를 포기한 뒤, 그 울분을 시서화(詩書畵)에 몰두하며 달래다 병사했다. 소론계(少論界)인 운곡 역시 20세(숙종 20년, 1694)에 별시문과(別試文科)에서 장원급제

이상의 초상화형식 자화상을 통해 우리는 당시 비주류 문인사대부(화가)의 정치사회적 위치와 스스로를 드러낼 수밖에 없었던 뼈아픈 '계기'를 목도한다. 이들은 자신의 학덕이나 인품과 무관하게 '타자'에 의해 치명적인 한계상황에 놓였다. 하지만, 이들은 '남이 알아주지 않는 나'에 울분을 토로하는데 그치지 않고, '내가 알아주는 나'의 본질과 정신을 자화상에 담고자 했던 것이다.

3. 인물화형식 자화상

인물화형식 자화상으로는 겸재 정선(鄭敾, 1676-1759)의 <독서여가도(讀書餘暇圖)>[그림 4]와 단원 김홍도(金弘道, 1745-1806 이후)의 <사인초상(士人肖像)>[그림 5], <포의풍류도(布衣風流圖)>[16][그림 6]가 현존한다.[17] 이 자화상들은 자신의 거처에서의 '취사'(趣事: 흥취 있는 일)를 포착했다는 측면에서, 사대부의 생활상을 보여주는 사인풍속화(士人風俗畵) 중 '설중방우도(雪中訪友圖)'[18][그림 7, 7-1]양식에

한 후, 영조연간 관직을 두루 거쳐 67세에 영의정의 반열에 올랐다. 하지만, 노론벽파에 밀린 운곡은 호역(護逆)한 죄로 탄핵을 받았고, 그 울분으로 단식 끝에 죽음을 맞이했다.

16) 화제(畵題)의 자전적 성격을 근거로 자화상으로 보는 견해(유홍준·이태호 편, 『遊戲三昧: 선비의 예술과 선비취미』, 학고재, 2003, p.174)와, 조선후기 소비사회 주체들의 호사(豪奢)취미를 긍정적으로 표현한 사인(士人)초상으로 보는 견해(장진성, 「조선 후기 고동서화(古董書畵) 수집열기의 성격: 김홍도의 <포의풍류도>와 <사인초상>에 대한 검토」, 『미술사와 시각문화』 Vol.3, 2004, p.154)가 있다. 이 글에서는 전자의 견해를 따랐다.

17) 이하 단원과 겸재에 대한 본고의 내용은 각각 졸고(2014.8.), 「'우정의 내러티브'로서의 정선(鄭敾)의 《경교명승첩(京郊名勝帖)》, 『예술과 미디어』 Vol.14, No.1(2015.2.) 참조.

18) 송(宋)의 태조 조광윤(趙匡胤)이 신하 조보(趙普)의 집을 방문해 나랏일을 의논했다는 일화를 나타낸 그림으로 조선시대에 즐겨 그려졌다. 원래 '설

[그림 4]
《경교명승첩》(상권), 독서여가도
정선, 견본채색, 1740-41년,
24×16.8cm, 간송미술관 소장

[그림 5] 사인초상
김홍도, 지본담채, 18세기,
27.5×43cm, 평양 조선미술박물관 소장

[그림 6] 포의풍류도
김홍도, 지본담채, 1800년경,
27.9×37cm, 개인 소장

중방우'는 중국 위진남북조시대 두 예술가, 왕휘지(王徽之, 336-386)와 그의 벗 대규(戴逵, 326-396)의 이야기에서 비롯했다. 왕휘지는 서예가 왕희지의 다섯째 아들이며 그 역시 저명한 서예가였다. 대규는 금(琴)을 잘 연주하고 그림도 그렸으며 박학다식했는데 한사코 출사하지 않았다. 송대 간행된 『世說新語』에 실린 이들의 '설중방우' 일화는 다음과 같다; 왕휘지가 산음(현 浙江省 紹興)에 머물 때였다. 밤에 큰 눈이 내렸다. 잠에서 깨어나 사방을 보니 세상이 하얗게 변해 있었다. 왕휘지가 술 한 잔에 시 한 수 노래하노라니, 문득 대규가 생각났다. 대규는 섬계(현 浙江省 紹州)에 살고 있었다. 왕휘지는 작은 배로 밤새 가서 대규의 집에 도착했다. 그러나 왕휘지는 대규 집 문 앞에서 배를 돌려 왔다. 사람들이 까닭을 물으니, 그의 답

[그림 7] 설중방우도
조영석, 지본담채, 18세기,
115x57cm, 개인 소장

[그림 7-1] 설중방우도(부분)

근접해 보인다. 하지만, 창의적 발상의 색다른 양식이다. [그림 4]는 마치 사랑방을 클로즈업(close-up)해 겸재의 '일상'을 들여다보는 느낌을 주며, [그림 5]는 [그림 3]과 같은 초상화양식에 배경을 더하고 있다. 심지어 [그림 6]은 배경조차 생략돼 있다.

이러한 변화상은 그림에 있어 진정한 '사의(寫意)'[19]를 전하기 위해 실재적인 '사생(寫生)'이 전제돼야한다는 당시의 새로운 예술경향과 무관하지 않다. 이 신경향은 17세기 이후 18세기 영·정조대에 무르익은 '진경시대'를 토대로 한다. 즉, 대상에 대한 자기애(自己愛)와 이를 우리 고유의 어법으로 '조선화(朝鮮化)'한다는 '조선중화주의(朝鮮中

이 이러했다. '내가 원래 흥을 타고 왔다가 흥이 다해 돌아가노라. 어찌 반드시 대규를 보아야 하겠는가(吾本乘興而來, 興盡而返. 何必見戴)'.

19) 사물에 의탁하여 도(道)와 진(眞)에 이르고자 하는 뜻을 그리는 것이다.

1.표암 2.담졸 3.겸재 4.관아재 5.단원

[그림 8]
《사인삼경도(士人三景圖)》중 사인휘호
강희언, 지본담채, 18세기 중엽, 26x21cm, 개인 소장

華主義)'의 시대적 이념 말이다. 예컨대 관아재(觀我齋) 조영석(趙榮祏, 1686-1761)은 [그림 7]에서 중국 '설중방우' 일화의 두 주인공을 조선 선비의 모습으로 치환했다. 그는 '조선중화주의'의 중심에 있던 노론낙론(老論洛論)[20]의 '장동(壯洞)김씨' 일가인 삼연(三淵) 김창흡(金昌翕, 1653-1722)의 문하생이었으며, 삼연의 형 농암(農巖) 김창협(金昌協, 1651-1708)의 문하생이던 겸재와 교류한 '농연(農淵)그룹'의 일원이었다.[21]

물론 겸재의 진경산수화(眞景山水畵)나 단원의 풍속화 등의 새로운 화풍은 진경시대의 대표적인 예증이다. 그러나 간과하지 말아야 할 점은, '진경'과 '일상'을 구현하며 변화된 18세기의 보편적 세계관과 현실적·경험적 예술관이다.[22]

가령 진경산수화의 경우, 겸재의 '진경'이 대상을 '천경기실(踐境記實)'[23]한 본인의 '감흥적 진경'에 주안점을 둔 것이라면, 표암은 '와유(臥遊)'[24]와 '사의(寫意)'라는 남종화(南宗畵)의 근본정신의 틀에서 '실

20) 노론은 18세기초반부터 19세기까지 '철학논쟁'을 벌였다. 이때 충청도지역 노론을 '호(湖)', 서울지역 노론을 '락(洛)'으로 지칭해 '호락논쟁(湖洛論爭)'이라 한다. 이들의 주요 쟁점은 다음 3가지이다; 인물성동이(人物性同異; 사람의 본성과 동물 따위의 본성의 차이), 미발심체(未發心體; 마음의 본질은 무엇인가), 성범심(聖凡心; 성인과 범인의 차이는 무엇인가). 낙론은 '인물성동이'의 경우, '인물성동론(人物性同論)'의 입장으로 대상[物]의 실재를 인정하고, 직접 경험을 통한 '흥취(興趣)'를 중시함으로써, 진경산수화(眞景山水畵) 및 진경산수시(眞景山水詩) 제작의 이론적 근거를 제공했다.

21) 농암과 삼연의 '농연그룹'에 대해서는 이경수, 「삼연 김창흡 한시의 금강산 표현」, 「인문과학연구」 44권(2015.3.) 참조.

22) 진경산수화는 조선중화주의라는 폐쇄적 이데올로기의 산물이라기보다는 풍속화나 서양화풍과 함께 이 시대의 진취적인 정신과 문화를 대변하는 장르로 대두된 것이었다. 홍선표, 「금강산도의 실상과 흐름」, 『월간미술』 4월호(1989. 4), pp.57-64.

23) 천기론(天機論)의 구체적인 방법론으로 뛰어나게 훌륭한 경치를 직접 답사하고 그것을 기록하는 것이다.

24) 누워서 유람한다는 뜻으로, 집에서 명승이나 고적을 그린 그림을 보며 즐

경(實景)'[25]을 들여온 '사의적 진경'을 추구했다. 나아가 단원은 실제 대상의 객관적 '실경' 묘사에 주력한 '사실적 진경'을 나타냈다.[26]

이러한 양상은 나[작가]와 대상[산수(山水)]의 '소격화(疏隔化)', 경험적 관찰(observation)을 통한 '주관의 객관화(objectification of subjectivity)', 실제 일상의 긍정성(positivity)을 노정한다. 2장에서 살펴본 초상화형식 자화상의 변형은 물론이거니와 앞서 예시한 인물화형식 자화상의 창의적 변이의 배후에는, 지금까지 논의한 세계관과 예술관의 변화가 자리하고 있는 것이다.

아울러 고려하지 않을 수 없는 점은 지금까지 등장한 자화상 작가들의 관련성 여부이다. 표현형식이나 시기는 달랐으나 자화상이라는 공통점에서 뭔가 교감이 있지 않았을까하는 추론이 생기기 때문이다.

사실 공재(남인), 운곡(소론), 표암(북인→소론)은 '비주류'로서, '조선중화주의'를 주도한 노론낙론계 겸재와는 정치이념적인 입장이 달랐다. 더욱이 겸재와 단원은 화원(畵員)이란 중인(中人)의 신분이었다. 또한, 나이를 봐도 공재와 단원은 약80년, 겸재와 단원은 약70년의 차

김을 이르는 말이다.

25) 표암이 39세 때 성호(星湖) 이익(李瀷)의 부탁으로 그린 <도산도(陶山圖)>의 제발(題跋)에 드러난다. "그림은 산수보다 어려운 것이 없다. 그것은 크기 때문이다. 또 실지의 진경(眞景)을 그리는 것보다 더 어려운 것이 없다. 그것은 닮게 그리기가 어렵기 때문이다. 또 우리나라 실경을 그리는 것보다 더 어려운 것이 없다. 그것은 실제와 다른 것을 숨기기가 어렵기 때문이다. 또 직접 보지 못한 지역을 그리는 것보다 더 어려운 것이 없다. 그것은 억측으로 닮게 할 수가 없기 때문이다."

26) 이태호, 『조선후기 초상화와 카메라 옵스쿠라, 옛 화가들은 우리 얼굴을 어떻게 그렸나』, 생각의 나무, 2008, p.106. 이태호는 영·정조시대 초상화의 양식변화를 김홍도의 풍속화 제작 및 진경산수화 변모의 맥락에서 보고, 과장과 변형이 심한 정선의 진경산수화풍이 시점에 따라 편안한 화각(畵角)으로 풍경을 포착해 현장을 닮게 사생하는 방식을 취한 김홍도에 의해, 현장 사생의 사실적 진경산수화가 완성됐다고 봤다.

이가 난다.

하지만, 다음의 [도식 1]은 예술문화계에서 만큼은 진경시대를 포함한 120여년의 긴 시간에 걸쳐, 정치적·신분적·예술적 측면이 교차된 교류관계가 이루어졌음을 보여준다. 예컨대 스승과 제자, 친구, 친척 등 직접적인 관계와 더불어 진경산수화나 풍속화 등 예술양식을 계승하는 간접적인 관계가 있었음을 확인할 수 있다.

특히, 예원의 총수인 표암과 그의 먼 친척으로 당시 예술문화계 인사들의 '사랑방' 역할을 다했던 중인 담졸(澹拙) 강희언(姜熙彦, 1710-1784)이 주목된다. 그는 34세 위의 선배 겸재와 이웃하며 그림을 배웠고, 표암과 교류했으며 35세나 아래인 단원과 교분이 있었다.[27)]

[도식 1] 자화상 작가를 중심으로 한 관계도(초상화형식 자화상 작가/ 인물화형식 자화상 작가)

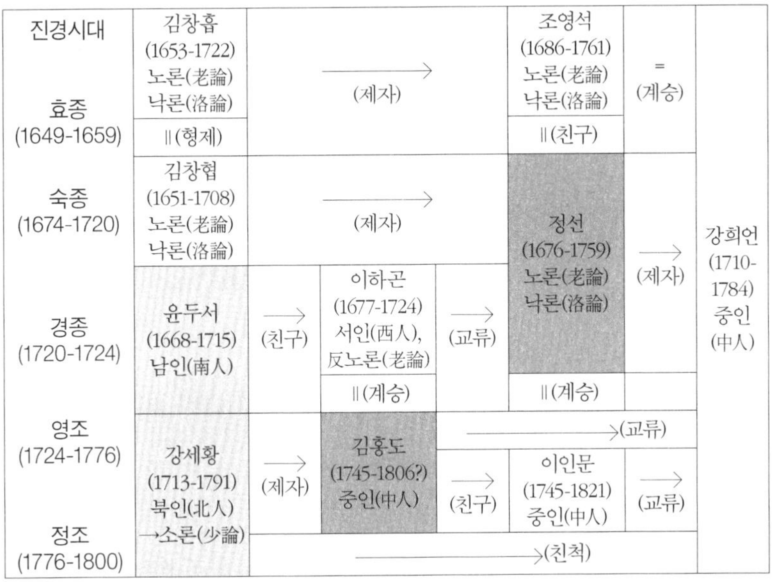

---

27) 단원의 <단원도>(지본담채, 1784년, 135x78.5cm, 개인 소장)에 거문고를 타는 단원이 담졸이 권하는 술을 마시며 담소를 나누는 장면이 나온다.

18세기 사인(士人)들의 일상을 그린 담졸의 <사인휘호(士人揮毫)>[그림 8]에는 표암, 겸재, 관아재, 단원, 그리고 담졸이 함께 그림을 그리는 모습이 담겨 이들의 밀접한 관계를 나타내고 있다.[28)]

4. 인물화형식 자화상의 자기서사 비교

앞의 2장과 3장은 인물화형식 자화상의 자기서사 비교를 위한 예비적 논의로 본 장에서 본격적으로 다룰 겸재와 단원의 삶과 세계관, 예술관, 사건, 교제방식 등의 자기서사 논의의 기술행위(discourse)가 될 것이다.[29)] 사실 그림은 이미지로 고정된 재현물로 인물을 행위주체(agent)로 간주한 내러티브의 규명이 쉽지 않다. 더욱이 자화상은 삶의 한 단면이나 순간을 재현한 장면이기에 이야기로서의 순차적 배열에도 한계가 있다.

그럼에도 불구하고, 그림은 하나의 미적 전언(message esthétique)[30)]으로 함축된 의미와 가치를 우리에게 끊임없이 전한다. 따라서 자화상의 이미지가 말해주는 이미지텔링의 자기재현을 해석함으로써, 작가의 자기서사를 파악할 가능성은 열려있다고 볼 수 있다.

---

28) 이경식, 『미쳐서 살고 정신 들어 죽다』, 휴먼앤북스, 2011, p.260.

29) 서사는 이야기를 기술하는 행위(discourse)와 그러한 이야기하는 행위에 의해 생산된 내용(story), 그리고 그 내용이 기록된 작품(text)을 통칭하는 개념이다. 미케 발/한용환·강덕화 역, 『서사란 무엇인가』, 문예출판사, 1999 참조.

30) 미적 전언은 그 자체 속에 가치를 지니고 있다. 이를테면 그것은 대상으로서의 전언(message-object)인 것이다. 미적 기호표현의 이 일체화(hypostase)야말로 야콥슨(Roman Jakobson)이 시적 기능(fonction poétique) 또는 미적 기능(fonction esthétique)이라고 정의한 것의 근본적 특성이라 할 것이다. 소두영, 『상징의 과학 記號學』, 인간사랑, 1991, p.111.

지금부터 논의하려는 겸재와 단원의 인물화형식 자화상은 배경을 통해 내러티브의 요소인 시간, 공간을 파악할 단서를 찾을 수 있는 한편, 그림 속 인물의 '시선'을 통해 행위자로서의 움직임으로 내러티브를 규명해 볼 수 있다. 즉, 시선과 화면구성요소의 거리 및 각도는 행위자의 이야기를 들려주며 미적 요소인 색, 구도 등은 텍스트의 표현형식으로 치환돼 자기서사의 내용을 알게 해준다. 이러한 관점에서 인물화형식 자화상인 겸재의 <독서여가도>와 단원의 <포의풍류도>의 자기서사를 자기재현의 이미지텔링을 통해 상세히 비교하고, 그 의미와 가치를 밝혀보고자 한다.

4.1. 겸재의 자기서사

먼저 겸재의 자화상인 <독서여가도>[그림 4]를 보자. 이 그림을 제작한 시기의 겸재는 65세의 나이에 양천현령(陽川縣令)으로 부임했다. 따라서 실제 장소는 양천관아의 거처일 수 있다. 또는 겸재의 고향집인 인왕산기슭의 '인곡정사(仁谷精舍)'일지 모른다. 어쨌든 장소는 사랑방이다. 이곳은 일상의 공간이자 접객용 외부공간이다. 겸재에게는 문사(文士)의 반열에 오른 유교적 공간이기도 하다. 몰락양반이던 겸재가 몽와(夢窩) 김창집(金昌集, 1648-1722)[31]의 천거로 화원이 된 이래, '장동김씨' 일가를 추종하며 맺은 결실에 대한 자신의 노력과 자부심이 공간에 물씬 드러난다.

그의 등 뒤로 방안 책장에 켜켜이 쌓인 서책들과 밤늦도록 독서에 몰두했음을 표징하는 촛대가 보인다. 사랑방 곁문이 열린 쪽에는 아름드리 향나무가 자리하고 있다. 향나무의 향기는 선비의 문향(文香)

31) 노론낙론의 '장동김씨' 일가인 김창협·김창흡의 형이다. 이른바 노론 4대신으로 불린다.

을 표상하며, 늘 푸른 만년송으로 학문탐구의 지속성과 선비의 인품을 상징한다. 그래서 선비의 사랑방 옆에는 늘 '보송(寶松)'이라 귀히 여기던 향나무가 심어졌다.

앞마당에는 상류층의 호사(豪奢)취미인 분재화분이 놓여 있다. 화분에는 군자(君子)의 기상을 뜻하는 난초와, '부귀(富貴)의 화상(花相)'으로 숭앙됐던 작약이 심어져 있다. 이러한 화면구성은 겸재 자신이 그저 직업적인 화원이 아닌 관직에 오른 문인사대부인 동시에 당시 경화세족(京華世族)의 취미를 즐길만한 여유와 자격이 있다는 미장센이 되고 있다.

특히, 겸재는 굳이 책장 문을 열어놔 자신의 작품인 <관폭도(觀瀑圖)>가 '보이도록' 했다. 이뿐 아니다. 그가 손에 쥔 쥘부채의 그림 역시 그가 그렸을 <산수도(山水圖)>이다. <관폭도>와 <산수도>는 자연속의 이치를 궁구했던 선비들이 선호했던 산수인물화[32)]이자, 노록낙론 및 겸재가 그토록 열망했던 '동국진경(東國眞景)'을 표현한 진경산수화이다. 이 두 그림은 일종의 '액자구조'로 작동된다. 즉, 겸재는 과거에 그렸던 작품들을 현재의 작품 속에 '끼어 넣음'으로써, 자신이 선비일 뿐만 아니라 진경산수화를 창출해낸 자신감을 드러내 강조한다. 그러므로 <독서여가도>의 사랑방은 진경산수화의 대가로 인정받은 예술적 공간이 된다.[33)]

---

32) 산수(山水) 속에 인물이 크게 부각된 그림으로, 인물로 묘사된 인간의 자연 관조(觀照)를 통해 일체의 경지를 추구한 장르이다. 관폭도 외에 관수도(觀水圖), 탁족도(濯足圖), 관월도(觀月圖), 관화도(觀花圖), 기려도(騎驢圖), 기마도(騎馬圖) 등이 여기에 속한다.

33) 겸재의 나이 62세(또는 63세) 때 그린 것으로 추정되는 13번째 화첩인 《구학첩(丘壑帖)》에 그의 벗 관아재는 다음과 같이 발문(跋文)을 달았다; "새로운 화법을 창출해 우리나라 산수화가들이 한결같은 방식으로 그리는 병폐와 누습을 씻어버리니, 조선적인 산수화법은 겸재에서 비로소 새롭게 출발하게 된 것이다". 당대 겸재는 그의 지우(知友)인 사천(槎川) 이

사랑방의 앞문과 곁문을 활짝 열어 제친 모양, 부채를 쥔 차림새, 활짝 핀 작약을 보면 초여름으로 짐작된다. 원래 독서는 선비들의 일상인 '연거(燕居)'[34]행위이자 집안에서 더위를 피하는 여가생활의 하나였다. 그런데 <독서여가도>의 겸재는 독서를 하는게 아니라, 마치 독서를 하다 잠시 쉬며 시간을 보내는 모습이다. 그는 사방관(四方冠)에 중치막의 평상복 차림으로 툇마루에 편히 앉은 안락좌(安樂座)를 취하고 있다.[그림 9] 선비로서의 자부심과 진경산수화법을 창출한 자의식을 여실히 보여주고자 하던 겸재가, 응당 독서하는 모습이 아닌 비정형적 이미지로 연출한 의도는 무엇인가.

그 단초는 겸재의 또 다른 작품인 <심화춘감도(尋花春酣圖)>[그림 10]에서 찾아 볼 수 있다. 중국 '어릉중자(於陵仲子)고사'[35]를 그린 듯한 이 그림에서 주인공의 자태와 구도가 [그림 9]와 매우 유사함을 알 수 있다.

춘산(春山)을 물들인 꽃들의 경색(景色)과 '진태(眞態)'에 취하고, 그 흥취에 술병을 다비우고 비스듬히 앉은 것처럼, 겸재는 자신의 일상의 공간이 '진경의 공간'이며 그 감흥에 취했음을 표명하고 있는 것은 아닐까. 다시 말해서, 자신이 이룩해낸 진경의 경지가 그의 일상 공간에 이미 구현돼있음을 뜻하는 것일지도 모른다. 따라서 '독서여가'라

병연(李秉淵, 1671-1751)의 진경산수시(眞景山水詩)와 함께 '좌사천우겸재(左槎川右謙齋)'라 불리며 쌍벽을 이뤘다.

34) 특별히 하는 일 없이 집안에 한가하게 있음을 뜻한다. 조선후기 산수화에 나타난 연거행위로는 관경(觀景), 복안(伏案), 독서(讀書), 완상(玩賞), 객담(客談), 작서(화)(作書/畫), 음주(다)(飮酒/茶), 한면(閑眠), 호동(呼童), 탄금(彈琴), 대기(對棋) 등 11가지의 유형으로 구분된다. 오혜진, 「조선 후기 산수화의 연거(燕居) 이미지」, 이화여자대학교 대학원 석사학위논문(2015).

35) 전국시대 초(楚)나라의 어릉중자는 꽃을 너무도 좋아한 나머지 꽃을 찾아 목숨까지 버렸다는 이야기이다.

는 일상의 시간은 절대적·이상적 시간으로 흐르며, 사실적이고 밝은 채색과 화면 도입부에 자리한 낙관(落款)은 자신이 진경을 이뤘다는 자신감과 당당함을 한층 견고하게 발화시켜주고 있다.

[그림 9] 독서여가도(부분)

[그림 10]
심화춘감도(부분) 정선, 견본담채,
18세기, 22.5x19.5cm,
고려대박물관 소장

[도식 2] 겸재의 자기서사

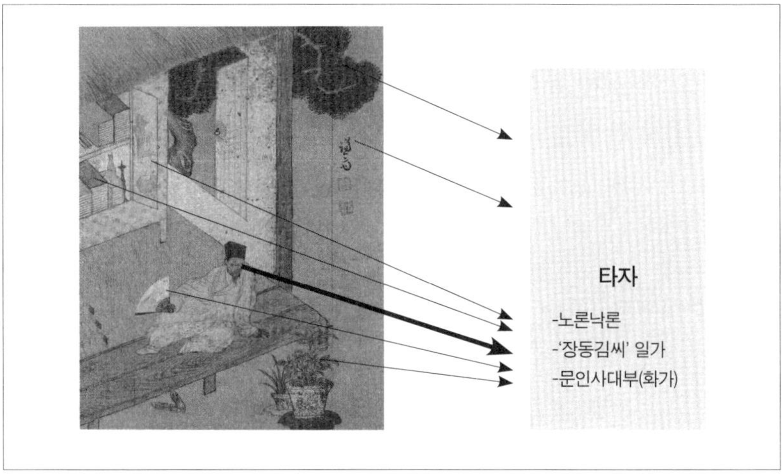

이와 같은 겸재의 자기서사는 [도식 2]와 같이 정리해 볼 수 있다. 보다시피 그의 자기서사는 모두 바깥을 향한 환유이며 화면을 뚫고 나올 만큼 힘차다. 무엇보다 겸재의 시선은 한 치의 동요 없이 직접적이고 강렬하다. 이것은 '타자(他者)동일화'를 통한 자기인식이라 할 수 있다. 겸재에게 '나는 누구인가'라는 근본적 질문은 '나는 무엇을 해냈는가'라는 자기 확인이며 그 답은 이미 내려져 있다.

4.2. 단원의 자기서사

이제 단원의 이야기를 들어보자. 그의 자화상 <포의풍류도>[그림 6]는 단원의 만년작이다. 장소는 방안으로 여겨지나 배경이 없어 애매하다. 사실 이때 이후로 단원이 어디 살았는지, 또 언제 죽었는지 등에 대한 기록이 전무하다. 단원이 사라진 것이다. 이러한 애매모호함과 미스터리를 풀기 위해, 단원의 '생애사(life history)'를 더 들여다볼 필요가 있다.

단원에게도 좋은 시절은 있었다. 한미한 무반가(武班家) 출신인 그에게는 든든한 지지자 2명이 있었다. 일찍이 그의 천부적 재능을 알아보고 화원으로 천거한 스승 표암과, 그의 예술정신을 높이 산 정조(正祖) 말이다. 그들은 누구보다 단원의 예술적 천재성과 풍류(風流)[36]를 아끼고 사랑했다. 표암은 자신의 문집에 단원에 대한 이야기만 모아 기록할 정도였으며[37] 정조는 군신(君臣)의 관계를 넘어 '예술가' 단원을 인정했다.[38] 단원으로서는 재능은 뛰어나되 미미한 신분

36) 자연을 가까이 하는 것, 멋이 있는 것, 음악을 아는 것, 예술에 대한 조예, 여유, 자유분방함, 즐거운 것 등 많은 뜻을 내포하는 용어이다. 한국정신문화연구원 편집부, 『한국민족문화대백과사전』, 한국정신문화연구원, 1991 참조.

37) 『豹菴遺稿』 4, 「檀園記」.

38) 29세(1773년)의 단원은 영조(英祖) 팔순상 어진도사(御眞圖事)의 공로로

이던 자신을 이해해주고 신임해준 두 사람으로 족했을 것이다. 더구나 한 사람은 지존(至尊)이 아닌가. 그에게는 감격과 망극(罔極) 그 자체였다.[39] 겸재가 '장동김씨'일가의 일원으로 진경산수화법에 정진해 60대 이후 대가가 됐다면, 단원은 이미 30대에 그의 천재성을 알아본 군주가 날개를 달아줬던 것이다.

그랬던 정조가 1800년 붕어(崩御)했다. <포의풍류도>는 이즈음 그려졌다고 알려져 있다.[40] 당시 50대 중반에 접어든 단원에게는 땅이 꺼지고 하늘이 무너지는 일이었으리라. 10여년전 스승 표암이 저 세상으로 떠난 슬픔도 있었으나, 정조의 파격적인 지시로 충청도 연풍현감(延豊縣監)[41]까지 오르는 영광도 누렸다. 이곳에서 늦둥이 아들 김양기(金良驥, 1792-1842경)를 얻는 기쁨도 있었다. 심지어 정조는 자유분방함과 세속적 습벽으로 인해 '불치감죄(不治勘罪)'의 명목으로 파면된 자신을 10일 만에 특별사면 해주고, 국왕직속 화원으로 다시 거둬준 절대적 지지자 아니던가.

이러한 정조의 죽음에 그의 참담함은 세상을 잃은 것과 같았으리라. 비탄과 절망의 시간 속에 단원은 참회한다. 정조의 성은(聖恩)과 은덕(恩德)을 제대로 갚지 못한 자신을 질책한다. 이곳은 반성과 허무의 공간이다. 단원을 둘러싼 배경은 허공이다. 겉잡을 수없이 공허한

화원의 최고영예인 어용화사의 반열에 올랐으며 호조소속 사재감(司宰監) 주부직이라는 문반 실직에 오르게 됐다. 10년 후인 1781년 정조 어진(御眞)의 어용화사(御用畵師)로 발탁됐고, 이듬해 정조와의 윤대 자리에서 단원은 정조로부터 "도화(圖畵) 정신에 볼 만한 것이 많다"(『承政院日記』, 正祖6年 11月 11日條)라는 높은 평가를 받았다.

39) "바깥사람 중에는 사실 아는 사람이 드물지만 임금께서는 미천하고 비루하다고 버려두지 않으셨으니, 김홍도는 밤마다 감격하여 눈물을 흘리면서 어떻게 보답해야 할지 몰라 했다."(『豹菴遺稿』 4,「檀園記」)

40) 오주석, 앞의 책, p.260.

41) 종6품 동반(東班) 외관직(外官職)에 해당한다.

단원의 마음처럼 그는 허공 속에 부유한다. 허전함과 흔들림 속에 단원은 그의 처절한 심경을 비파(琵琶)에 담아 읊조린다.

> 종이창에 흙벽 바르고 이 몸 다할 때까지(綺窓土壁終身)
>
> 벼슬 없이 시가나 읊조리련다(布衣嘯詠其中)

이제 자신의 본연인 풍류객(風流客)으로 돌아가려 한다. 한때 '사능(士能)'[42]과 '단원(檀園)'[43]이라 자칭하며 '문사(文士)'를 꿈꿨던 그였다. 당시 경화세족의 취미를 따라 고가의 고동서화(古董書畵)[44]와 진귀한 자명종를 수집하기도 했다.[그림 11] 그때의 단원은 '사인(士人)'으로서의 당당함과 세상에 대한 자신감을 보여줬다.[그림 12]

---

42) 단원의 자(字)로 "일정한 재산[恒産]이 없으면서도 한결같은 마음[恒心]을 갖는 것은 선비만이 가능하다"라는 『孟子』의 한 구절에서 따온 것이다.

43) 단원은 연풍현감으로 제수된 즈음에 '檀園'이란 호를 자작(自作) 후 사우(師友) 표암에게 글을 의뢰했다. 이에 표암은 다음과 같이 격려했다. "내가 생각해보니 단원은 명나라 이유방(李流芳)의 호인데, 그대가 이를 따서 자신의 호로 삼은 것은 그 뜻이 어디에 있는가. 단지 그가 문사로서 고상하고 맑으며 그림이 기이하고 고아한 것을 사모한 것에 불과할 뿐이다. 지금 김홍도의 사람됨이 얼굴이 아름답고 준수하며 마음이 탈속하고 깨끗하니, 그를 본 사람들은 모두 그 고아한 음악을 좋아하며 매번 꽃피고 달 밝은 밤이면 때때로 한두 곡을 연주하여 스스로 즐기니 그 기예가 곧 바로 옛사람에 육박함을 물론이고, 그 풍채와 정신이 빼어나고 뛰어나서 진나라와 당나라의 고사들에서나 그 짝을 구할 수 있다. 만약 이유방과 비교한다면 이미 그를 멀리 능가했을망정 미치지 못함이 없다". 송희경, 『조선후기 아회도』, 다할미디어, 2008, p.30.

44) 명청(明淸)시대 유행한 항궤(炕机), 벼루, 연적, 붓과 필통, 공작새 깃털[花翎]이 꽂힌 고(觚), 정(鼎), 서화권(書畵卷), 인장이 놓인 서책이다.

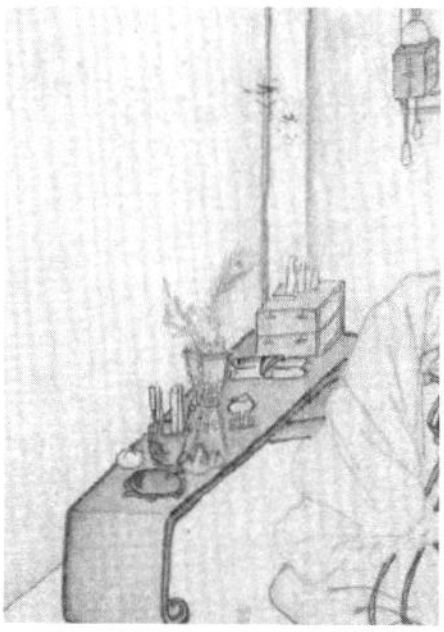
[그림 11] 사인초상(부분)

[그림 12] 사인초상(부분)

[그림 13] 포의풍류도(부분)

그러나 현실은 그의 명성을 탐한 문사들의 수응화(酬應畵)제작에 시달리고, 실경에 대한 탐구로 그린 풍속화는 '속된 그림[俗畵]'이라며 멸시받은 화원이었다. 막대한 돈은 들어오나 자신만의 예술세계에 몰두할 짬이 없었다. 예술가로서의 자유를 잃은 단원에게 돈과 명성은 아무 의미가 없었고 비난조차 부질없었다. 화면 속에 펼쳐진 기물들은 이런 속박과 답답한 심사를 달래줄 자신만의 해방구가 됐을 것이다. 하지만, 완물(玩物)에 미쳐 지낸 습벽(習癖)은 또 다른 구속으로 그를 옭맸다.

이제 이 세속적 습벽의 산물들은 본연의 모습으로 돌아가고자 하는 단원을 둘러싼 허공에 흩어져 있다. 그런데 어떻게 돌아갈 수 있을까. 너무 멀리 와버린 것은 아닐까. 이제라도 마음먹은 대로 할 수 있을까. 명분과 규범으로 가둔 성리학적 이념은 아무 도움이 되질 않는다. 그렇다면, 자신의 본질을 믿고 따라갈 수밖에 없다. 내면의 소리를 듣고 새로운 나로 거듭나야하는 것이다.

맨발로 비파를 연주하며 검(劍)을 바라보는 단원의 모습은 도교적 탈속의 선인(仙人)을 지향하는 표징이다. 왜냐하면, '맨발'은 탈속과 은둔을 표상하며 비파는 도교의식용 주요 악기였기 때문이다.[그림 13] 특히, '검'은 단원이 일생동안 흠모해마지 않았던 신선 여동빈(呂

洞賓)의 표지이다.[45] 그를 둘러싼 세속적 완물들은 탈속적 지물(持物)로의 변이가 이루어진다. 이제 생황(笙簧), 호리병, 정(鼎), 산호, 여의(如意), 파초는 도교 팔선(八仙)[46]의 선물(仙物)이 된다. 어쩌면 단원은 도를 닦아 신선이 된 여동빈처럼, '예술의 도(道)'를 통달해 신선이 되고픈 도교적 의식을 거행하고 있는지 모른다. 혹시 그가 사라져버린 이유가 신선이 되기 위한 '은화(隱化)'[47] 및 '시해(尸解)'[48]와 관련된 것은 아닐까.

그래서 단원이 있는 곳은 본연의 공간을 넘나드는 '초월의 공간'의 징후를 보인다. 그의 시선은 '검'을 따라 속계(俗界) 넘어 선계(仙界)를 꿈꾸는듯하다. 하지만 아직은 아련한 정적 속에 담백한 채색의 비파 소리만 뚫고 흐른다. 어느 순간 '檀園'은 사라질지 모른다.

이와 같은 단원의 자기서사는 [도식 3]과 같이 정리해 볼 수 있다.

---

45) 도사(道士)이자 도교 팔선(八仙) 중 한 명으로 도석화(道釋畵)와 화제(畫題)에 자주 등장한 인물이다. 여동빈 신앙은 송대에 시작됐으며 다양한 전설에 의한 도상(圖像)이 그려졌다. 검법에 뛰어났다는 설화 때문에 검을 든 모습이 많다. 편집부 편, 『미술대사전(인명편)』, 한국사전연구사, 1998 참조.

46) 민간에 전해져 오는 8명의 도교신선을 말한다. 한종리(漢鍾離 또는 鍾離權), 장과로(張果老), 한상자(韓湘子), 철괴리(鐵拐李 또는 李鐵拐), 조국구(曹國舅), 여동빈(呂洞賓), 남채화(藍采和), 하선고(何仙姑)이다.

47) 신선이 되는 방법으로는 선단(仙丹)을 먹거나 수련을 통해 공행(功行)을 쌓아 득도하는 등 다양하다. 가장 화려하고 찬란한 것은 비승(飛升)이다. 비승은 신선이 되어 날아서 천상 선계(仙界)로 올라가는 것이다. 은화는 비승같이 유별나게 선화(仙化)하는 것이 아니고 세상에 드러나지 않는 길로 신선이 되는 것이다. 비승과 달리 선화는 죽음의 형식을 취해야 하지만, 실제로는 죽지 않고 죽는 시늉만 취해 신선이 되는 길을 터놓았다. http://encykorea.aks.ac.kr/Contents/Index.

48) 선화법(仙化法) 중 또 하나는 시해(尸解)이다. 일례로 오행의 금시해(金尸解)에 속하는 검시해(劍尸解)는, 평소 지니고 다니던 검을 임종하는 자리에 세워 놓고 임종을 하면 사람은 신선이 되어 선계로 올라가고, 지켜보는 가족에게는 그 검이 시신으로 보여 그것을 매장한다는 순서이다. http://encykorea.aks.ac.kr/Contents/Index.

새로운 자기를 되찾으려 한 단원은 타자를 부정하고 초탈의 경지를 준비하며 자신의 내면에 집중한다. 그러나 아직은 미완의 단계이다. 따라서 그의 시선은 암시적으로 응축된다. 오직 자신을 선계(仙界)로 인도해줄 '검'에 집중하며 선화(仙化)를 염원하는 비파소리로 허공을 두드린다.

[도식 3] 단원의 자기서사

과연 단원은 신선이 됐을까. <포의풍류도>를 그린 6여년 후, 회갑을 맞은 단원의 현실은 병고에 시달리며 취식을 걱정할 정도였다.[49] 결국 그는 '은화(隱化)'를 위한 형식적 죽음이 아닌 실제 죽음을 맞이한듯하다. 죽음 앞에서 모두 허무하고 덧없는 일이 돼버렸다. 죽음을 예감

49) 전라도 관찰사 심상규(沈象奎)의 편지에 "김홍도가 굶주리고 아픈 상태로 취식을 위해 이곳에 왔다", "지금 한낱 애석한 호환으로 어렵고 딱하기가 이와 같으니 동국의 타고난 재주로 가당치도 않다". 홍선표, 「김홍도 생애의 재구성」, 『美術史論壇』 제34호, 2012, p.133.

한 단원은 마지막으로 자신이 이루지 못한 염원을 그림으로나마 남기고, 그 안타까운 소회를 구양수(歐陽脩)의 「추성부(秋聲賦)」[50]를 빌려 말한다. 이것이 <추성부도(秋聲賦圖)>[그림 14][51]이다. 그가 죽기 1년 전의 마지막 자화상이라 할 수 있다.

화면 오른쪽 [그림 14-1]은 단원이 끝내 도달하지 못한 선계(仙界)이다. 여기서 단원은 도복(道服)을 입은 신선의 모습으로 초옥(草屋)의 방안에 정좌해있다. 주위에는 장수와 영생을 상징하는 기암괴석과 선학(仙鶴) 1쌍이 보인다. 그러나 선동(仙童)은 인생의 적막함을 표상하는 '가을의 소리'가 나는 쪽을 단원에게 가리키고 있다. 이것은 단원에게 죽음이 멀지않았음을 예고하는 소리이기도 하다. 그래서 단원은 화면 왼쪽에 「추성부」를 쓰고 현실의 자신을 탄식한다. <추성부도>는 단원이 마지막으로 남긴 유서일지도 모른다.

[그림 14] 추성부도(보물 제1393호)
견본담채, 1805년, 214x56cm, 삼성리움미술관 소장

50) 송대의 문인 구양수가 가을밤의 적막함과 스산함을 인간사와 연관시켜, 인생의 무상함을 탄식한 글이다. 이중에서 <추성부도>는 "별과 달이 환히 빛날 뿐/사방에 인적은 없고/소리는 나무 사이에서 납니다"라는 구절을 재현한 것이다.

51) 이 그림에서 단원은 '단구(丹丘: 신선이 산다는 곳. 밤도 낮과 같이 늘 밝다고 함)'라는 호를 쓰고 있다.

[그림 14-1] 추성부도(부분)

[그림 15] ≪퇴우이선생진적첩≫,
인곡정사도(보물 제585호)
지본담채, 1746년,
32.3×22cm, 개인 소장

반면에 겸재는 말년으로 갈수록 자신의 사회적·예술적 입지를 한층 공고화 할 수 있었던 것으로 보인다. <독서여가도>의 5년여 뒤에 그려진 <인곡정사도(仁谷精舍圖)>(『퇴우이선생진적첩(退尤二先生眞蹟帖)』 중)[그림 15]는 인왕산 동쪽기슭[52]에 있던 실제 자신의 거처를 진경산수화풍으로 재현한 것이다. 현실에 대한 반동으로 탈속을 지향했던 단원과 달리, 겸재는 현실을 기반으로 한 진경을 추구해 나갔다.

화면의 짙고 강인한 먹색, 대범한 경물의 묘사는 자신이 진경산수화의 대가라는 자부심을 여실히 보여준다. 자신이 있는 '여기'가 곧 도(道)가 구현된 아취(雅趣)의 공간이라 함은, 자신의 내면 또한 그 경지에 있음을 의미한다. 겸재는 화면에 부재(不在)하는게 아니라 스며있다.

---

52) 현 종로구 옥인동 자수궁터 부근이다.

5. 맺으며

지금까지 진경시대 자화상의 자기서사를 논의하면서 먼저 눈에 띄었던 점은, 자화상의 서사자(敍事者)가 정치사회적 '비주류' 집단에 속했다는 것이다. 예컨대 몰락가문의 문사(文士), 조선후기의 지배계층인 노론과 대척한 양반, 그리고 중인계층인 화원 등이었다. 자화상은 이들이 화법적 기량의 '전문성'을 통해 세상과 자신의 간극을 메우기 위한 '자기고백'의 산물로 볼 수 있다. 다시 말해서, 자화상을 그리는 자전적 행위로 자신의 정체성을 구체화하려 했던 것이다. 이러한 '고백하기'는 공재처럼 타자와의 대립을 위한 '자기응시'일수도, 겸재처럼 타자와의 합일을 위한 '자기확인'일수도, 단원처럼 타자와의 결별을 위한 '자기대결'일수도 있다. 그렇더라도, 이들 모두 타자와의 관계방식에 있어 객관화된 '자기인식'이 전제돼있다.

이러한 양상의 배후에는 진경시대가 갖는 사회적 맥락의 특수성이 있다. 예컨대 당파간의 균형을 도모한 영조의 탕평책이나 '조선의 르네상스'를 주도한 정조의 정책 등 정치적 변화상을 간과할 수는 없다. 아울러 진경시대를 관통한 정신적 기류에 주목해야한다. '조선성리학'이 추구한 '동국진경' 즉, 조선[東國]의 독자성과 실재 대상의 본질[天;道;理]이 중요하다는 이념은, 그 구현 과정을 통해 나와 대상의 소격화, 대상에 대한 경험적 관찰 및 주관적 느낌[興趣]의 중요성, 객관화된 정체성, 현실과 일상의 본질탐구 등, 새로운 예술관 및 세계관을 형성했다.

겸재와 단원이 각각 진경시대의 18세기 전반과 후반의 주역이었음을 환기해야한다. 전자의 '감흥적 진경'으로부터 후자의 '사실적 진경'으로 계승되면서 궁구된 '실경(實景; 形似)-흥취(興趣; 感性)-진경(眞景; 神似)'은, 나[眞體-眞我]와 대상[眞體-眞態]의 본질 및 관계에 대한 객관적 인식을 야기했다. 이와 같은 '진경'의 모색 속에서 인물화형식 자화상과 같은 새로운 유형이 일종의 '전경화(foregrounding)'로 산출될 수 있었던 것으로 보인다. 따라서 정조 사후(死後) 진경시대의 퇴색은 인물화형식 자화상의 소멸을 의미한다.

앞서 몽테뉴가 언급한 '있는 그대로의 나'라는 16세기 르네상스의 자기인식과, 겸재와 단원이 인물화형식 자화상에서 보여준 18세기 '조선르네상스'의 '관계 속에 있는 나'라는 자기인식이 동일하다고 할 수는 없다. 그럼에도 불구하고, 우리는 겸재와 단원의 자화상에 담긴 자기서사를 통해, 전근대적 신분사회의 화원으로서 갖는 한계 속에서도 잃지 않은 본질적 자아의 추구와 그 객관적·창조적 발현을 확인할 수 있다. 이들의 자화상이 오늘 우리에게 반향(反響)하는 것은 이러한 자기인식의 진실성과 창조적 예술성에 있는 것은 아닐까.

향후 동서양 자화상의 자기서사 비교, 조선후기 자화상과 자서전의 자기서사 방식 등을 연구해 이상의 논의 결과를 보다 풍부히 하고자 한다.

참고문헌

소두영, 『상징의 과학 記號學』, 인간사랑, 1991.

송희경, 『조선후기 아회도』, 다할미디어, 2008.

오주석, 『오주석의 한국의 美 특강』, 솔, 2003.

유홍준·이태호 편, 『遊戲三昧: 선비의 예술과 선비취미』, 학고재, 2003.

이경식, 『미쳐서 살고 정신 들어 죽다』, 휴먼앤북스, 2011.

이원복, 『한국美의 재발견 6, 회화』, 솔, 2005.

이태호, 『조선후기 초상화와 카메라 옵스쿠라, 옛 화가들은 우리 얼굴을 어떻게 그렸나』, 생각의 나무, 2008.

조선미, 『韓國肖像畫 硏究』, 열화당, 1983.

몽테뉴/손우성 옮김, 『몽테뉴 나는 무엇을 아는가』, 동서문화사, 2005.

미케 발/한용환·강덕화 역, 『서사란 무엇인가』, 문예출판사, 1999.

오혜진, 「조선 후기 산수화의 연거(燕居) 이미지」, 이화여자대학교 대학원 석사학위논문(2015).

엄소연, 「김홍도 자화상의 자기서사(self-narrative) 방식」, 『예술과 미디어』 Vol.13, No.3(2014.8.).

엄소연, 「'우정의 내러티브'로서의 정선(鄭敾)의 《경교명승첩(京郊名勝帖)》」, 『예술과 미디어』 Vol.14, No.1(2015.2.).

이경수, 「삼연 김창흡 한시의 금강산 표현」, 『인문과학연구』 44권 (2015.3.).

장진성, 「조선 후기 고동서화(古董書畵) 수집열기의 성격: 김홍도의 <포의풍류도>와 <사인초상>에 대한 검토」, 『미술사와 시각문화』 Vol.3(2004).
홍선표, 「김홍도 생애의 재구성」, 『美術史論壇』 제34호(2012).
홍선표, 「금강산도의 실상과 흐름」, 『월간미술』 4월호(1989. 4).

편집부 편, 『미술대사전(인명편)』, 한국사전연구사, 1998.
한국정신문화연구원 편집부, 『한국민족문화대백과사전』, 한국정신문화연구원, 1991.

http://encykorea.aks.ac.kr/Contents/Index.

| 세미오시스 학술총서 06 |

SEMIOSIS

내러티브와 자아

초판인쇄 2015년 8월 13일
초판발행 2015년 8월 20일

지 은 이 세미오시스 연구센터
발 행 인 김인철
발 행 처 한국외국어대학교 지식출판원
02450 서울특별시 동대문구 이문로 107
전화 02)2173-2493~7
FAX 02)2173-3363
홈페이지 http://press.hufs.ac.kr
전자우편 press@hufs.ac.kr
출판등록 제6-6호(1969. 4. 30)
편집·디자인 (주)이환디앤비 02)2254-4301
인쇄·제본 SM C&P 02) 468-6100

ISBN 978-89-7464-015-6 94800 정가 17,000원
ISBN 978-89-7464-831-2 94080 (총서)

〈세미오시스 학술총서 06〉

*잘못된 책은 교환하여 드립니다.

HUINE은 한국외국어대학교 지식출판원의 어학도서, 사회과학도서, 지역학도서 Sub Brand이다. 한국외대의 영문명인 HUFS, 현명한 국제전문가 양성(International +Intelligent)의 의미를 담고 있으며, 휴인(携引)의 뜻인 '이끌다, 끌고 나가다'라는 의미처럼 출판계를 이끄는 리더로서, 혁신의 이미지를 담고 있다.